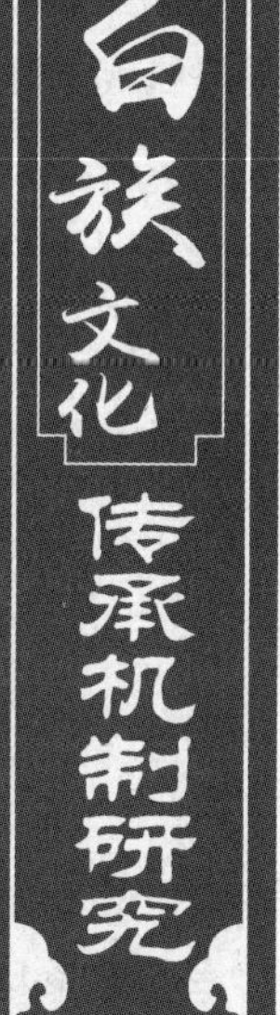

白族文化传承机制研究

——以大理湾桥为例

李秀芳 著

吉林大学出版社

图书在版编目(CIP)数据

村落白族文化传承机制研究 ： 以大理湾桥为例 / 李秀芳著. —长春 ： 吉林大学出版社， 2019.3
ISBN 978-7-5692-4441-0

Ⅰ. ①村… Ⅱ. ①李… Ⅲ. ①白族—民族文化—研究—大理市 Ⅳ. ①K285.2

中国版本图书馆 CIP 数据核字（2019）第 049317 号

书　　名：村落白族文化传承机制研究——以大理湾桥为例
CUNLUO BAIZU WENHUA CHUANCHENG JIZHI YANJIU——YI DALIWAN QIAO WEI LI

作　　者：李秀芳　著
策划编辑：邵宇彤
责任编辑：邵宇彤
责任校对：韩蓉晖
装帧设计：优盛文化
出版发行：吉林大学出版社
社　　址：长春市人民大街 4059 号
邮政编码：130021
发行电话：0431-89580028/29/21
网　　址：http://www.jlup.com.cn
电子邮箱：jdcbs@jlu.edu.cn
印　　刷：三河市华晨印务有限公司
开　　本：170mm × 240mm　　1/16
印　　张：12
字　　数：204 千字
版　　次：2019 年 3 月第 1 版
印　　次：2019 年 3 月第 1 次
书　　号：ISBN 978-7-5692-4441-0
定　　价：49.00 元

中文摘要

每一个民族都有保留自己的优秀文化、保持自身民族性的需求。如何更好地传承民族文化是每个民族都要思考的问题。当前的民族文化研究中多强调政策立法、学校教育以及政府行为等外在的推动力量，对民族文化传承内在的传承机制的研究却是不充分的。本书认为在民族文化传承的过程中，民族文化内在的生命力和传承机制是根本。由此引发笔者思考以下问题：白族文化的内在生命力如何表现？白族具有怎样一套传递并延续民族文化的手段，而这些文化传承的具体手段又是怎样整合成一个具有稳定性和持久性的传承机制？伴随着民族地区现代化、城镇化进程的加深，白族文化处在更加复杂的变革中，面临着诸多的问题，对此，白族文化传承的机制应如何进行积极调适？

本书要解决的关键问题是“白族文化是如何传承的”和“白族文化传承机制如何应对现代危机”。对此进行哲学层面的理性思考将有助于我们高屋建瓴地审视民族文化传承问题。因此，先以文献研究法梳理出文化传承的理论研究成果，汲取其中的精华为我所用。但理性思考是不够的，接下来就需要进行深入细致的田野调查，了解民族文化传承的生动过程，进而使理性思考更加完善。本书以大理湾桥白族文化传承为个案，运用教育人类学的研究方法对其进行全面的研究，综合运用了参与式观察法、访谈法、问卷法等方法。通过长期的生活体验和有目的的参与式观察以及对村落中的白族人进行深入细致的访谈，积累了丰富的研究资料，并依据资料展开分析。一是概述了湾桥白族文化生态系统；二是从白族文化传承的场域、传承的内容与方法、传承的主体 3 个方面分析白族文化传承机制；三是分析当前白族文化传承面临的危机，提出白族文化变迁过程中文化传承机制的调适策略；四是总结白族文化传承的有益经验，反思民族教育的本质。通过研究，发现湾桥白族文化的特点和需要调适的传承机制。

湾桥白族文化具有强大的“文化基因”，并形成了一个丰富多样的传承方式体系。湾桥白族文化传承中的“文化基因”的传承方式包括口头语言、物化象征和言传身教。根据历史和少数民族语文学术界的研究，白族有“方块白文”和“拼音白文”两种文字。但由于掌握两种文字的人才较少，且普及和重视程度不够，因此在大理白族人民的生活中较少使用。白语既是白族文化的重要内容，又是传承白族文化的重要方式，对白语的高度认同是湾桥白族文化传承的一个特点。湾桥白族在语言认同上呈现出“复合”的特点，白语中吸收了许多汉语的成分，也保留着独特的语法，白族人既认同白语，也认同汉语。作为口头文学作品的白族神话故事和民歌小调中也蕴含了多重的民族文化意义，并在讲述和传唱的过程中自然地传递着其中的文化及其精神信念。白族神话中包含着白族的历史记忆、自然观、人生观和宇宙观；民歌小调中凝聚着湾桥白族的情感和审美心理，表达了白族人对田园生活的热爱，对美好爱情的向往，对真善美的追求等。器物作为民族文化的载体，是人们在与自然环境交互作用过程中的产物，是民族意识的一种象征。“生皮”是白族人与祖先和神灵共享的食物，它以一种亲切而具体的方式维持了祖先、神灵与白族人之间的关系；“桑林舞”作为一种祭祀舞蹈，反映了白族人多元而开放的信仰体系。湾桥白族文化具有很典型的实践特征。仪式作为一种典型的实践知识，是文化传承过程中的重要篇章。湾桥白族的本主节仪式中蕴含着深刻的教育意义，仪式展演中呈现的集体表象强化了白族人的民族认同，增强了民族的凝聚力。

湾桥白族文化形成了内在的传承机制。这一机制包含内在的“文化传承场”，丰富的内容、方法体系和主动建构的传承主体。一个民族的文化一旦凝结成具有固定内核的结构性组织，那它也就形成了一个强有力的“文化心理场”。从空间维度来看，“文化传承场”包括各种“人化”的自然景观和人造景观，是静态的场。时间维度的“文化传承场”是动态的存在，既包含了民族的历史与现实之间的连续性，又包含了在一定的社会时空下，文化与人之间的交流与沟通、转化与创新。精神维度的文化传承场则是内在的、隐性的。它由民族的信仰和社会的规范价值观等组成。文化传承机制的运行离不开“传者”的主体建构和“承者”的自主学习。民族文化的传承，一方面是民族文化知识的获得，另一反面是文化中人的切切实实的行动和体验，只有将文化传承作为一种个体存在的方式，才能最终在内心形成一种自觉而坚定的文化信念。

湾桥白族文化传承机制需要积极地进行调适。现代化进程对湾桥文化产生了重要的影响。随着湾桥社会经济的转型和文化的变迁，湾桥白族文化原有的传承场域被瓦解，出现了传承内容碎片化、传承过程商业化、传承效果弱化等问题，湾桥的现代学校教育也未能充分发挥其作用，在教育的空间、教育的目的和教育的内容等方面与民族文化十分疏离。同时，伴随着村落文化价值观念的转变，年轻人对白族文化的认同感减弱，出现了文化传承后继乏人的危机。这需要文化传承的机制进行积极调适，否则民族文化将会处在被动的情境中。为解决上述问题，需要采取积极的措施来促进文化传承机制的调适。第一，文化传承的内源性动力来自居于白族传统文化中主体的文化自觉，因此需要在多元文化整合教育中培养立体的文化人。第二，积极地发挥“民族文化心理场”的作用，在文化交流过程中坚持“既交流又抵抗”，保持民族文化的内化式传承。同时，积极地构建“和谐共生”的教育模式，充分发挥学校教育传承民族文化的功能。

本书最后回归到分析民族文化传承和民族教育发展的关系，认为民族教育不应该局限于学校教育的范畴之内，应该将学校外广阔天地中生动的民族文化传承过程纳入其中。民族教育的发展，应该是学校教育和以民族文化传承为主的传统教育的和谐发展，而如何将少数民族内生的传统的教育方式维持下去并保持生命力是更重要的事情。本书还认为，湾桥白族文化可以为少数民族文化传承提供这样的经验：要保持民族文化的“民族性”，必须重视民族社会内生的传统的传承方式；要实现民族文化的“现代性”，必须以开放的心态积极地融入时代的发展潮流中，进行积极的调适。

关键词：白族；文化传承；文化心理场

A Study on Traditional Culture Inheritance of Bai Nationality in Wanqiao Town

Abstract

No matter in any time, every nation needs to retain their own excellent culture and maintain their own national character. How to inherit the national culture better is a question that every nation should think about. At present, the research of national culture emphasizes on the external thrust of policy legislation, government behavior and school education, but the research on the intrinsic cultural heritage structure of the national culture is not sufficient. In the course of the national culture inheritance, the inner vitality and the inheritance structure of the national culture are the basic. This study led to the following questions: what is the intrinsic vitality of Bai culture? What kind of inheritance way system of Bai culture? How to integrate these traditions into a stable and durable structure? In the new situation, whether the Bai culture has the structure of self adjustment, and how to adjust it?

The choice of research methods based on the nature of the research questions. The key problem of this research is to study how the "Bai culture inherent vitality" and "cultural inheritance structure". In this regard, a rational thought on philosophy level is of course necessary, which will help us to operate from a strategically advantageous position to examine the inheritance of ethnic culture. We sort out the theory of cultural heritage by using of literature research method. But rational thinking is not enough, we need in-depth and detailed field investigation to understand the vivid process of national cultural heritage, and make rational thinking more perfect. Through the long-term life experience and the purpose of participatory observation, and in-depth and detailed interviews with the Bai people in the village, a large amount of research data have been accumulated in this study. Our analysis is based on the information. First of all, this paper has summed up Bai culture system in Wanqiao town; and then, we analyses the culture gene and inheritance way of Bai culture; then we. construct inheritance structure of Bai culture; and then analyze Bai culture change impact on cultural heritage structure. Finally, the paper summarizes the characteristics of Bai culture heritage and to reflect on the nature of the national education, and sum up the available reference experience for other ethnic minorities. Through in–depth research and analysis, it' s found that:

Bai culture has a variety of ways of inheritance, The Bai Village has a set of complete cultural inheritance system. Including oral heritage, physical and chemical symbols and collective representation. Speaking is a very important way for the nation without a word. As an important part of Bai culture, Bai language is an important way to inherit Bai culture. Bai people have a identification of Bai language and Chinese. The Bai myths and folk songs also contain rich national culture. In the process of telling stories and singing folk songs, The Bai culture passed down. The Bai myth contains the historical memory of the Bai nationality, the view of nature, the outlook on life and the outlook of the universe. The emotional and aesthetic psychology of the Bai nationality in the minor of the folk song. Songs expressed the love of Bai people on land, rice, the love of rural life, the yearning for a better love, the pursuit of truth, good beauty, etc. Objects as the carrier of national culture has an important role. The Bai people share the food named "shengpi" with the ancestors and their god. Objects in sacrificial dance reflect the diverse and open belief system of the Bai people. The ceremony called "benzhu Festival" of the Bai nationality contains profound educational significance.

The Bai culture has formed a stable and lasting cultural heritage structure. The structure of the Bai nationality's cultural heritage includes an external element and an inner element. External factors are called cultural psychological field, and external factors are social forces. People are the core elements of the structure of cultural heritage, and the main body of cultural heritage. From the perspective of spatial dimension, cultural psychology field includes natural landscape and human landscape. It is a static inheritance structure. From the perspective of time, it is a dynamic structure. It contains the continuity between the nation's history and reality. It also contains the exchange and communication between culture and people, transformation and innovation among different cultures, in a certain social space and time. Social force is an indispensable driving force in the cultural heritage. We divide the force of society into three types, one is family code of ethics, two is the supervision from customary law, promoting of the government's strength is three. The cultural heritage of the Bai nationality can not be separated from the active construction of the adults and the autonomous learning of the minors. Cultural heritage is not only the knowledge gain but also the shaping of behavior and the formation of belief.

Bai culture in the process of inheritance should actively adapt to changes. There are many factors that affect the inheritance of Bai culture. In this study, the most important two factors were analyzed. One factor is the development of education, and the other is the transformation of economic lifestyle. These two factors have caused the change of the Bai culture. It promotes the positive adaptation of Bai culture in the process of inheritance. Confucianism's entry has broken the original cultural pattern of the Wanqiao society. In the process of interaction between Bai culture and Confucianism, Bai culture absorbs the essence of Confucian culture, but also to maintain the original characteristics. Finally completed the process of the localization of Confucianism. It is a fact that between modern school education and national cultural heritage, there is a trend of conflict and fusion. Currently, school education in the education pattern of Wanqiao occupies a dominant position, but the Bai culture still has the potential power to sustain itself and regulate itself.

This study further analyzes the relationship between the national cultural heritage and the development of national education. We believe that national education should not be confined to the category of school education; The ethnic education should include the practice of the cultural heritage of the people in the village. In terms of ethnic villages, traditional education with national characteristics is endogenous. The school education which is characterized by modernity is the form of external education. The traditional modes of education and modern education have different roles. The development of national education should be the harmonious development of school education and the traditional education with the inheritance of national culture. It is more important to maintain and maintain the vitality of the traditional education of the minority nationality. The school education should respect the national culture, respect the original education system of the national society, and make full use of the wisdom of the national cultural heritage to nourish their own.

Keyword: The Bai nationality   Culture Enculturation   wanqiao

目 录

导 论 / 001

第一章 湾桥白族的族源和文化生态系统 / 019

第二章 湾桥白族文化传承的场域 / 043

第三章 湾桥白族文化传承的内容和方法 / 053

第四章 学校教育传承 / 097

第五章 湾桥白族文化传承的主体 / 111

第六章 湾桥白族文化传承的现代危机 / 118

第七章 湾桥白族文化传承机制的调适 / 129

结论与反思 / 141

第一节 结论 / 141

第二节 研究反思 / 144

参考文献 / 149

附　录 / 160

附录一　湾桥白族文化传承调查提纲 / 160
附录二　主要访谈人信息 / 166
附录三　湾桥白族“桑林舞” / 171
附录四　湾桥本主节仪式 / 173

后　记 / 178

导 论

一、选题缘由

（一）基于对少数民族文化传承重要意义的思考

第一，少数民族文化传承对于维持人类文化多样性有重要意义。随着社会的进步，人们越来越意识到社会和自然界必须遵循“单一性导致脆弱性，多样性导致稳定性”的规律。由此，全球化情境下的人类文化多元共存成为越来越关注的话题，而在现代化与传统文化之间寻找平衡更是成为每一个民族都要考虑的问题。一方面，现代化是任何一个民族繁荣发展的必由之路，不论哪个民族都不应当也不能拒绝现代化；另一方面，每一个繁荣昌盛的民族都应当保持自己优秀的传统文化，都应保有本民族的基本特性。拒绝现代化意味着民族社会将走向贫穷、封闭和停滞，民族传统文化的丧失则可能意味着一个民族的消亡。由此催生的一个重要问题，那就是在现代化背景下如何保护民族传统文化、如何平衡现代性和民族性之间的关系，实现人类社会多种文明的源远流长。

第二，少数民族文化传承是其民族性得以保存的必要条件。每一个民族都在其世代居住的天地系统中创造了属于本民族的文化，民族文化反过来也造就了每一个民族成员。民族认同是以民族文化认同为核心的，如果一个民族没有对自身民族文化的认同，那么就会在时代发展中迷失自己。也可以这样理解，民族文化与民族是共存亡的。因此，不论是出于维护人类文化多样性的需要，还是出于保护和延续民族性的需要，民族文化的传承都是十分必要的。倘若民族文化没有了自己的独特性，那么在文化交流的过程中，它将拿不出值得交流的东西，失去民族文化自养的机会。只有保持自身的文化独特性，才有与其他文化进行交流的资本，才能取其精华以补己短，民族与民族之间才能有更深入的了解和尊重，从而更好地继承和发展本民族文化。

第三，人类文化多样性和民族文化独特性的保持统一于民族文化传承的过程中，文化交流是必然的，也是一个复杂的过程。国家主流文化与少数民族文化进行互动，往往出现文化的“传统”与“现代”以及“国家”与“地方”之争，而许多学者认为忽视和封闭的文化态度往往将少数民族文化推到了濒临消亡的边缘，但传承本民族文化是不可能在一个封闭的空间中进行的，任何民族文化都不可能独善其身。正如列维－施特劳斯所说：“每一个文化都是以与其他文化交流以自养的。但它应当在交流中加以某种抵抗，如果没有这种抵抗，那么很快它就不再有任何属于它自己的东西可以交流。[①]”我国有56个民族，汉族和其他少数民族在历史发展过程中形成了与其生态环境相适应的独特文化。在漫长的历史发展过程中，各民族自我文化的传递和民族间的文化交流，逐步形成了各民族文化“你中有我，我中有你”的特点，即形成了文化上的“多元一体”格局。

（二）基于对湾桥白族文化传承危机的思考

作为生于斯长于斯的湾桥人，笔者对湾桥白族文化的变迁有着很深的感触。记忆中，湾桥虽然是一个小地方，但其白族文化在洱海周边诸村落当中还是非常突出的。湾桥有杨黼，有《山花碑》，有保存了上千年的古老习俗“绕桑林”“三月三”，有大理地区保存最完整的古老的“祭海”仪式。浓厚的白族文化氛围获得了社会的褒奖，被认为“最系得住乡愁”。湾桥的村落文化丰富而完整，一直以来较好地保留了白族文化的特色，这与其内生的文化传承机制有着密切的关系。但在现代化的过程中，湾桥白族文化传承也出现了危机：现代的生活方式取代了传统的生活方式，祖屋、村庙、火塘等传统的文化传承场域被瓦解。旅游情境中的白族文化的再生，包含了太多对文化的不合理的扬弃，为了适应“快餐式”的旅游文化的需求，使原来丰富立体的文化变得平庸而简单。旅游者和当地人的交往是短暂而不固定的，这种交往很难使双方获得对彼此文化的深入了解，由此带来的文化交流也是肤浅的，其中往往会有对他文化的误解和误读。原有的文化传承机制的作用弱化了，文化传承过程中出现了碎片化、商业化、认同弱化等问题，极大地影响了文化传承的效果。

与此同时，湾桥的学校教育与白族文化呈现出疏离的状态，不能很好地发挥其传承民族文化的功能。义务教育在我国的教育体系中居于重要的地位，具有普遍性，同时是培养国民性的国民教育。义务教育的客观结果就是通过统一的教育

① ［法］克洛德·列维－施特劳斯．结构人类学[M]．张祖建，译．北京：中国人民大学出版社，2006．

目标、课程设置和教学内容，实施一系列的正规课程、非正规课程和学校的各种组织和活动，培养学生统一的价值观、政治信仰、社会理想、道德品质和行为规范。因此，义务教育无法顾及文化多样性的问题。在不断普及和推进义务教育的背景下，湾桥的儿童必须进入国家公立的学校内接受学校教育。从这一层面看，白族文化面临着被主流文化冲击的危险，白语和许多文化传统因为后继乏人而面临着逐渐消亡的危险。同时，现代传播媒介的引入，严重破坏了白族文化原生环境，年轻的民族成员的文化价值观发生了很大的变化，尤其技术对民族文化传承的消极影响更加显而易见。现代媒介技术如何更好地运用于民族文化传承，还需要解决更多的难题。

如何适应现代化以及更好地传承白族文化是湾桥白族文化面临的重要的发展难题，解决这一问题具有紧迫性和现实性。

（三）出于个人兴趣及其可能的研究优势

选取白族作为此研究的个案，处于一个最直接也最真实的原因——笔者是白族人，从小到大的耳濡目染使笔者对本民族文化有比较深入的了解。这是作为“圈内人”的优势。首先，作为白族人，笔者对自己所属的民族和文化有很深的认同，认同产生情感，情感催生使命感。这种使命感大都来自于在白族现实生活中的真实体验，即对白族文化的浓厚兴趣和对白族文化未来命运的关心。其次，选题也来源于笔者在湾桥村落中的观察和思考，即那些多年萦绕在自己脑海中的问题，那些关于白族族性以及白族文化命运的问题。笔者对本民族的文化有多方位的一个了解，了解的途径包括生活经历、田野调查、文本资料学习等。笔者通晓白族语言，调研过程中是作为“自己人”的角色与被访者交往，能与村里的白族人无障碍地进行对话，也能准确地理解白语所表达的意思，因此能较深入地总体把握白族文化传承的特点。除此之外，作为圈内人，笔者可以利用自己的社会关系展开调研，即可以保证立足于一个村，对白族村落中文化传承进行细致的田野考察，然后辐射到一个更大的文化社区。再次，因个人的成长经历。读书的过程在观念上是一个和过去的生活、经验不断交换信息的过程，也是个人对成长经历的探讨。因此，笔者时常对照汉白文化之间的异同，留意民族文化之间的互动关系，这样的文化参照对比，可以帮助笔者避免可能存在的“习焉不察”的弊端，克服主观民族情怀的影响，从不一样的角度来观察和审视白族文化，保持一种好奇心，以便发现新的问题。

另外，在中国各少数民族中，就白族本身的特点而言，也是可以作为个案的。一方面，白族是一个边疆少数民族，自汉唐以来就一直与中央政权有长期的接触，这其中有多种文化的碰撞、磨合，更有生动的文化互动和融合的过程，这是我国少数民族尤其是无文字民族的一大特点。虽然白族也和蒙、藏等民族一样曾经作为独立少数民族政权存在，且与中原王朝长期保持和平友好的关系，白族人对汉文化表示出独特的亲和性，并在汉字的影响下，创造了方块白文。但由于历史久远，精通方块白文的人才极少。建国以后，根据新中国的民族政策，又创生了拼音白文，由于普及力度不够，也没能在白族群众中广泛使用。相比较而言，白语口语的使用和流传要更好更广一些。白族相对聚居，并保存着自己较为完整的白语体系，民族文化特性非常突出。白族文化既有本民族的文化独特性，也与其他少数民族存在某些共同性，尤其与无文字民族具有较多相似的文化特点。这是笔者选择白族作为研究对象的一个原因。

二、概念界定

（一）传承机制

在古代汉语中，“传承”和“机制”并不是固定的词汇，“传”“承”“机”“制”是分离使用的。《汉语大字典》中对“传”的释义有延续、承继、继、相传继续、延、父子相传、承继、继续、传继等。据《辞源》和《中华大词典》解释，“传”的释义有授、送、至、布、延、转达、流布等，“承”的释义有受、继、下受上、下载上、继承、接续等。一般来讲，与传承对应的英文为 inheritance。《英汉大词典》中 inheritance 解释为继承、继承物、继承权、遗传、遗产、世袭权等。综合起来，传承有从前人那里继承某个东西并将它传递下去的意思。“文化传承是文化在族群共同体内部代际间的一种纵向传承。它受到文化内在机制的制约，并且具有稳定性、延续性、完整性和再生性等特征。[①]”文化传承涉及民族文化的保存和延续等问题。

《汉语大字典》中“机”的释义：事物变化的缘由。古人解释为“机者发动，所谓造化也。”“机，发动所由也。”。《汉语大字典》中“制”的释义：法度、制度、度等。综合起来，机制含有事物变化的缘由和规则这样的含义。机制英文一般翻译为 mechanism，该词最早源于希腊文，原指机器的构造和工作原理，有机构、结构、机理、机制、工作方式等含义。我们可以将机制理解为是系统内部各关键要素之间的相互作用、相互制约、相互联系的形式。这里把它理解为是系统各关键要素之间互动结构及其作用方式。

① 赵世林．云南少数民族文化传承论纲［M］．昆明：云南民族出版社，2002：10．

所以，本书将文化传承机制界定为使文化具有延续性和稳定性的诸要素和这些要素之间的互动结构及其作用方式，诸要素包括传承的场域、传承的内容和方法、传承的主体等。

（二）调适

《汉语大字典》对“调”的释义一：和谐、协调、适合。《说文·言部》曰：“调，和也。”《玉篇·言部》曰：“调，和也。”《诗·小雅·车攻》认为“弓矢既调”，郑玄笺认为：“调，谓弓强弱与矢轻重相得。”《淮南子·说林》中说：“梨橘枣栗不同味，而皆调于口。”高诱注：“调，适也。”《汉语大字典》对“适”的释义有符合、适合、和谐、顺适等。综合起来看，中文的调适有使不同的要素和谐、恰当这层意思。英文当中往往用 adaption 来翻译调适，有适应某种变化并加以调节的含义。本书中我们将文化传承机制的调适这样解释：随着民族文化的变迁，文化传承机制所作出的适宜的调整，这种调整是符合民族文化发展的内在要求的。在使用调适这个词的时候，我们必须“考虑文化自身的主体和能动性，即承认社会文化有选择、拒斥及整合文化外来要素的能力”[①]，同时应考虑到文化传承机制的调适与文化变迁应当是同步的，即“变化所采取的最常见的形式便是适应，即持续、细致地对据认为是传承而来的普遍经验与传承的方式进行调整”[②]。因此，本书所说的文化传承机制的调适是一种继承原有“经验”过程中，以不割裂传统与现代关系的方式作出调整以适应时代变化。

三、研究方法

（一）文献法

文献法是社会科学研究中常用的一种方法，通过对文献的搜集、鉴别和分析，系统地掌握研究对象的概况，获得对某一事实的科学的认识。首先，通过广泛的搜集和阅读湾桥白族文化的相关文献，如关于湾桥白族生计方式、历史发展、宗教信仰、风俗习惯等社会文化的要素进行全面记载的方志、史料等，梳理湾桥白族文化形成的语言文字历史过程，并初步概括湾桥白族文化的体系及其特色，重点把握湾桥白族文化与儒家文化、佛道文化具有长期交流融合的历史，思考在历

① 庄孔韶．人类学通论[M]．太原：山西教育出版，2003：48.

② 华勒斯坦．开放的社会科学：重建社会科学报告书[M]．刘锋，译．北京：生活·读书·新知三联书店，1999：154.

史上是如何形成“既交流又抵抗”的文化传承特色的。其次，搜集和阅读现代人对湾桥白族文化的现代审视，了解他人是如何看待和分析当代的白族文化传承问题的，总结其中有益的经验是什么，哪些问题需要进一步的研究，从而找准本研究的基本问题。同时，搜集并以基于深入的文本阅读分析湾桥当地的白族文化的文本资料，如神话、民间故事、宗教经书、乐谱、大本曲、民歌等，挖掘文本背后的信息。

（二）田野调查法

本书借鉴了教育人类学的方法，尝试使用张诗亚提出的“三足鼎立”的研究方式，基于文献研究进行人类学的田野考察，扎根于田野中获得一种现场感，对笔者所关注的问题进行深入的思考。由于历史和现实的原因，方块白文和拼音白文的文献较少。许多文化事象存在于村落生活中，缺乏文字史料的记载，而人类学的研究方法恰恰可以取得更为生动的研究材料。尤其是有关民族文化的历史与记忆的东西，只能通过用田野作业来重构历史现场，使资料的来源多样化，发掘那些被忽视的事实以及那些被官方教育学排除在研究领域之外的白族人自己的文化传承方式。另外，“文化传承”存在于日常生活和各种社交活动当中，外部的观察无法体会到这些活动的深刻意义，所以需要亲自参与到这些生活和活动中去，与当地人进行充分的交流，才能捕捉到深层次的“文化传承”的机理。田野工作的日程见表 0-1。

表0-1　田野工作日程

调查日期	工作事项
2013.6—2013.7	持续时间：5 周
	调查地点：上湾、石岭、古生、甸中、云峰、下阳溪
	调查内容：村落环境、生计方式、家庭生活、婚姻、宗教信仰等的概况。重点调查了其中的烤烟生产、捕鱼、集市贸易、婚俗、葬礼、火把节、中元节
2013.9	持续时间：1 周
	调查地点：上湾、甸中、南庄、钏邑、大宁邑
	调查内容：秋收、中秋节，本主庙中莲池会和洞经堂的活动

续 表

调查日期	工作事项
2013.12	持续时间：4 周
	调查地点：湾桥中心完小、湾桥保中中学
	调查内容：学校的教学活动、教师和学生的日常生活、学校运动会和元旦联欢会、教师和学生访谈
2014.3—2014.5	持续时间：7 周
	调查地点：北庄、庆洞、上湾、古生
	调查内容：以湾桥白族的重要节庆为主，包括“三月三”保和会、“绕桑林”活动、“四月十五”蝴蝶会，并访谈民间艺人，搜集了民间的传说故事
2015.2—2015.3	持续时间：4 周
	调查地点：上湾、古生、下阳溪
	调查内容：以湾桥白族的宗教生活和仪式为主，全程参与上湾村“接本主”仪式和古生村的祭洱海仪式，访谈相关人员

田野调查一般采用以下四种方法。

（1）参与式观察。以圈内人的身份，深入村落，观察村落的日常生活和重大活动；观察村落中白族人的一日生活；参与并观察村落中重要节庆、宗教典仪等文化活动；观察村落中的白族人在生活中如何实践文化传承。

（2）访谈调查法。主要用于了解湾桥的口述史，包含村落历史、族源、宗族，特别是教育和地方文化的发展历程，了解白族的文化精英、群众、教师和学生这些主要社会群体的文化态度，特别是对文化传承的实践经验、主要态度、意见和建议。

（3）问卷调查。问卷主要调查白族青少年对白语认同的情况，作为本文选题的一个参考依据。分三个子维度，每一子维度有 5 个题目，从态度、价值观、生活习惯、好恶、行为等考察湾桥白族学生对本民族文化的认知、态度和行为，分别对湾桥的初中学生、高中生、小学生进行了随机抽样调查。

（4）作品分析法。主要收集和分析湾桥现存的民间歌谣、故事、传说、大本曲剧本、莲池会经书等以及湾桥白族中小学生的作品（作文、日记、绘画、手工），附带收集和分析村落中的白族文化精英和白族教师的书面文学作品、书籍和论文，从中透视湾桥白族人对本民族文化的态度、情感和想象。

四、文献综述

在查阅文献的过程中，笔者发现外文中很难找到一个和“民族文化传承”相对应的概念。可能是因为“民族文化传承”在国外并不作为一个学术概念使用，但有一些相似的表述，如本土遗产（indigenous heritage），它强调的是文化遗产与其所在社区的一种原生的关系，它并不将某类遗产归于某类人，即便从民族文化传统（inheritance of ethnic culture）的角度来说，国外学者也往往注重的是“遗产和传统”本身，缺乏我国文化传承意义的理解[①]。所以，关于“民族文化传承”的国外研究现状暂不纳入本书文献的分类视野。

（一）民族文化传承的理论研究

首先，关于文化传承的实质问题。赵世林是国内比较早关注到这一问题的学者。在其论文集《云南少数民族文化传承论纲》中有民族文化传承过程是民族文化再生产的过程，文化传承是在复制“文化基因”这样的观点。他是这样表述的：文化是人类适应生活环境的社会成果，文化传承的核心是民族性，文化传承正是文化民族性得以保持的内在机制。他将文化传承的本质概括为文化传承是民族群体的自我完善，文化传承的实质是文化再生产。文化传承传递着某种权利和义务，具有不可选择性和社会强制性，是深层次的民族意识的积累，是“文化基因”的纵向的复制，是构成民族认同感和内聚力的核心，文化与民族须臾不能分离。文化传承还需要社会组织作结构支撑，并具有符号传递的特点[②]。他对民族文化传承实质的分析比较庞杂，本书将其概括为“本质是民族群体的自我完善，表现为文化基因的纵向复制，其完成需要社会组织的支撑”。他的观点为我们提供了思考文化传承的多个角度，将有助于我们更深刻地把握文化传承的含义。

其次，文化传承的内容问题。泰勒在其著作《原始文化》中对文化的定义具有经典性：“包括知识、信仰、艺术、法律、道德、风俗以及作为一个社会成员所获得的能力与习惯的复杂整体。”这一定义阐明了文化要素的范畴，并为后来的研究者提供了参照。学者们也根据对文化的定义给出文化传承的内容。随后的研究者越发关注到了文化作为一个群体的重要属性，哈经雄与滕星在《民族教育学通

---

① 罗正副．调适与演进：无字民族文化传承——以布依族为个案的研究［D］．厦门：厦门大学，2008.

② 赵世林．云南少数民族文化传承论纲［M］．昆明：云南人民出版社，2011：15-26.

论》中认为“民族传统文化是特定民族在历史实践活动中创造和积淀的文明成果，是民族共同体生存和发展的重要条件。相对于外来文化来说，是指母文化或本土文化；相对于现代文化来说，是指历史上流传下来的文化。它或表现于物质载体，如建筑、雕塑、生产工具、生活用品；或表现于各种知识信息的积累、储蓄[①]”。由此看来，学者们还是倾向于从比较宽泛的视野来定义文化，甚至可以说由此引申出来的文化传承的内容都是无所不包的。而卡西尔则认为人是符号的动物，人类的文化是一个符号的体系。他的观点既具有语言学的特点也具有结构主义思想的特色，非常强调文化的内在结构，或者说文化所体现的人的内在思维和精神。卡西尔的定义尤其受到了结构人类学派的赞赏。他对于文化的深入探讨也促使学者们在确定文化传承的内容时更深入地进行分析。

白庚胜在谈及“民间”文化传承时概括了7个传承的内容：民族精神、民族标识、社会制度、民族文化的传人、学术资源、知识系统以及民族情感宝库。同时将传承方式概括为教育（包括家庭教育和社区教育）、媒体、产业、学术、民间5种[②]。此观点较为全面地概括了民族文化传承的内容，具有一定的代表性。

第三个问题是文化怎样传承。每个民族都有自己的文化和传统，每种民族文化都是代代相传的，民族文化之所以能够延续生命力，其原因在于民族自身具有的文化传承的内在机制[③]。那么，文化传承的机制是什么呢？有的学者提出了“文化传承场”这一概念。赵世林认为，民族文化传承存在一个如同“磁场”一样的结构，称为传承场。就广泛的意义来说，因为传承是指人习得文化和传递文化的总体过程，所以一切人与人、人与社会接触的空间组合都可以是传承场；文化的传承场与传承方式是统一的。传承场的形成涉及各民族的文化生成机制。民族文化总是在一定的环境中产生、传递，而这种环境本身就是文化传承机制的组成部分，构成文化传承的硬件。它包括自然环境和文化环境等，诸如丛林、火塘、寺庙、仪式、市场、学校等传承场对文化传承具有重要意义[④]。学者张福三认为，当前我国社会正处于转型时期，随着现代化的进程加快，现代传媒的发展与普及，使民间文化及其传承体系正受到前所未有的冲击，在这一背景下他提出了“民间文化传承场”的概念。传承场是民间文化传承的中介实体，是民间文化传承和发

① 滕星，哈经雄．民族教育学通论[M]．中央民族大学出版社，2006: 558.

② 白庚胜．民间文化传承论[J]．河南大学学报（社会科学版），2007(1): 28-34.

③ 赵世林．云南少数民族文化传承论纲[M]．昆明：云南人民出版社．2011: 84.

④ 赵世林．云南少数民族文化传承论纲[M]．昆明：云南人民出版社，2011: 84.

展的空间、平台和通道，是自然场、社会场和思维场整合的结果[①]。以上两位学者的观点得到不少同行的认同，笔者认为他们提出“传承场”的概念是具有意义的，这是对民族文化传承机理的一种理论探索。

随着社会的发展，现代化、全球化进程给我国社会的生产和生活带来了很大的冲击，社会发生了重大转型，“转型”对少数民族文化的传承影响最根本的方面莫过于传承机制。有学者注意到了文化传承与文化的静态保护是不同的，文化传承强调的是一个动态的过程。在探讨民族文化传承与发展时，以下三个问题值得我们认真思考：一是全面认识少数民族文化是传承和发展少数民族文化的基础；二是采取正确的态度是传承和发展少数民族文化的关键；三是实现民族文化的现代化是少数民族文化传承的趋势[②]。刘宗碧以黔东南苗族、侗族作为案例，分析了社会转型对于民族文化传承的影响：一是从过去以族内传承为主的方式向与族外交往为中介的传承模式过渡；二是文化传承逐步走向以现代生产方式转型与重构来实现；三是经济一体化使民族文化的社会生存处于弱势状态，其传承更多地依赖政府力量。为此，对少数民族文化的抢救、保护，必须着眼于传承机制的这些变化来实施，在保护的形式、重心、主体、中介以及政府着力点等方面进行适当的调整[③]。

（二）学校教育与民族文化传承的关系研究

国内有关少数民族教育与文化传承关系的研究成果很多，尤其是20世纪80年代以后，中国学者开始广泛研究少数民族教育与文化问题。中国学者对少数民族学校教育的研究主要集中在教育发展史、少数民族教育政策与发展、少数民族教育与经济、少数民族教育与文化、特定区域少数民族教育发展等方面。教育人类学方面的研究成果主要有《西南研究书系》（张诗亚，2001），其中《祭坛与讲坛：西南民族宗教教育比较研究》《西南民族教育文化溯源》等书包含着丰富的田野调查资料，展现了西南地区少数民族教育的丰富多样；“教育人类学研究”丛书第一辑（滕星，2001）、第二辑（滕星，2009）、第三辑（滕星，2011）以及《人类学与中国教育的进程：文化连续性，文化对比与文人角色》（庄孔韶，1999）等论著。

① 张福三．论民间文化传承场[J]. 民族艺术研究，2004(2): 29-36.

② 王彦达．全球化视野下民族文化传承与发展问题的几点思考[J]. 中国民族，2004(11): 14-16.

③ 刘宗碧．我国少数民族文化传承机制的当代变迁及其因应问题——以黔东南苗族侗族为例[J]. 贵州民族研究，2008(3): 160-166.

丁钢主编的《中国教育：研究与评论》中也有不少教育人类学研究方面的论文。这些研究主要就学校教育与民族文化、族群认同之间的关系问题进行了探讨。

2000年以来，探讨学校教育如何促进民族文化传承和发展的文章也非常多。张蓉蓉认为，有选择的文化传承是现代学校教育的重要特征之一，也是阻碍少数民族文化传承的主要根源。民族地区如贵州、云南等地民族文化的多元性与现代学校教育的排他性之间就长期存在着矛盾，其根源在于高度集中的教育管理制度、文化商业功利性和少数民族话语权缺失①。但是，不少学者仍认为学校教育是传承民族文化的一个非常重要的途径，如王凌的研究致力探讨如何以学校教育促进民族文化传承。此外，不少学者在文化学视角下，探讨了现代化语境中学校教育传承民族文化的必要性和可行性。张爱琴通过对少数民族非物质文化遗产相关政策的价值选择及其合法性分析，提出改革教育评价体制，加强少数民族非物质文化遗产学校教育网络资源开发②。也有人以贵州省民族地区为例，从构建学校教育，传承民族文化的宣教机制、教学机制、活动机制、保障机制入手，阐述了推进学校教育传承少数民族文化制度化、规范化、长效化的途径③。王景认为，学校可通过民族文化校本课程、双语教育和社区学习中心等途径实现民族文化的传承④。朱翠容在《论多元文化背景下少数民族文化的传承问题》中认为，学校不仅要传授现代的科学技术知识，也要传授优秀的民族文化传统，因为学校是传承民族文化的重要场所。杨其勇等人在《浅论学校教育与少数民族文化传承》中提出，学校教育与民族文化相互依存、相互促进、共同发展。为了更好地实现民族文化对教育发展的促进作用，实现学校教育对民族文化的传承功能，他主张树立新的教育理念，培养学生学习民族文化，加强少数民族地区师资培训，积极开发有民族特色的地方课程和校本课程，加强学校与社会、家庭的合作。

在学校教育如何促进民族文化传承的问题上，学者们对于课程的重视是一致的。王鉴的《我国民族地区地方课程开发研究》等一系列文章很好地论述了在“中华民族多元一体格局”理论指导下，民族地区地方课程开发应具备的模式、理论

---

① 张蓉蓉．教育与文化传承贵州少数民族教育存在的两个问题[J]．贵州民族研究，2006(4)：157-160.

② 张爱琴．我国少数民族非物质文化遗产学校传承的政策分析[J]．民族教育研究，2010(2)：19-23.

③ 薛丽娥．论学校教育传承少数民族文化机制的构建[J]．贵州民族学院学报（哲学社会科学版），2010（10）：173-176.

④ 王景．学校教育传承民族文化初探[J]．当代教育论坛（上半月刊），2009（1）：25-26.

基础、目标、内容等。童绍英的研究发现，香格里拉县汤堆小学充分利用村落社区传统知识作为课程资源，取得了非常好的效果，得到了村民们的积极支持。与民族社区结合的校本课程增强了村民与学校的互动，在互动的过程中抛开了成见，重新关注学校教育的现实功能，这一举措实现了村民对学校教育的期望与新课程改革对学生培养理念的吻合以及村落文化传承的需求与学校教育发挥文化传递功能的吻合，使学校和村落社区融为一体。学校与村落社区对学生教育要求的一致性，构成了二者沟通的纽带[①]。从这些学者的研究中可以得知，少数民族地区学校教育的民族文化传承，是文化全球化和多元化发展的必然走向，是构建社会主义和谐社会的必然要求，是促进少数民族地区经济和社会发展的必然选择。少数民族地区学校教育传承民族文化的目标，主要是使学生在了解和掌握本民族优秀文化成果的同时，形成对本民族文化应有的情感态度和价值观。

高等学校应该成为民族文化传承的一个非常重要的主体，应批判性地继承民族文化遗产，促进民族文化自身的充实和更新。为此，高校要在教材选择、课程设置、教学方法等方面予以保证。王军、董艳主编的《民族文化传承与教育》，分别从民族文化传承的教育人类学意义、民族文化传承对人的智力因素和非智力因素、民族文化传承中知识与技能的获得、人类学坐标下的教育评价及民族文化传承面临的危机与挑战等方面进行了细致深入的分析研究，并通过个案研究的方式，如皮影、春节、舞龙运动及蒙古族搏克、侗族大歌等专题展开多方面的研究[②]。

这些成果对民族文化传承与教育人类学研究领域产生了积极的影响，不仅是该领域研究的重大发展，也是成果的系统总结，给我们提供了这样的一个思路：学校教育传承民族文化的关键在于“校本课程”的建构，校本课程构建过程中必须积极地吸收民族文化原有的传承方式中的智慧，校本课程的实施必须关注学校与社区的融合问题。

（三）区域以及族别文化传承研究

研究民族文化传承的文献从地域上来看，多集中在西南民族地区和西北民族地区，这两个地区的研究成果丰富且已显示出一定的规模，相对来讲，其他地区的研究较少。依据自身的区位优势展开研究是一种不错的选择，一方面有研究的便利条件，另一方面西南和西北地区在漫长的历史过程中，形成了多姿多彩、风

① 童绍英．教育人类学视野传统文化传承与学校教育结合——以汤堆小学校本课程开发为例[J]. 黑龙江史志 2008(12): 103.

② 王军，董艳．民族文化传承与教育[M]. 北京：中央民族大学出版社，2007: 125.

格迥异的民族文化，况且少数民族在其社会生产生活中形成了一套独特的文化传承方式，是非常值得研究的。基于上述优势，区域和族别文化传承研究可以比较系统和深入，有一些新的视点。

首先是云南的少数民族文化传承研究。相关研究结合了众多云南少数民族地区以及旅游业发达的特点，比较重视民族文化产业的开发。笔者对民族文化传承的现实功能和开发前景进行了初步探讨。和晓蓉、和继全主编的《民族文化保护与传承的实践总结和理论探索》也涉及傣族、纳西族等民族文化的产业化开发的问题。另外，桂蓉等学者从丽江古城的旅游文化构建的角度分析了纳西族文化空间的再生产问题。

其次，贵州少数民族文化传承研究注重民族文化的现代转型问题。索晓霞的研究指出，较多地将视线放在“口耳相传”这一基本特征上是不够的。由于历史的原因，贵州很多少数民族大多没有本民族原生的文字，生产和生活中确实需要口口相传来实现教育，但是对少数民族传统文化的传承再深入研究一些就会发现，少数民族的文化传承绝非“口耳相传”这么简单。每个民族都有自己的一整套保存和延续民族文化的机制，有各种各样的传承方式，还有在文化传承中起着特殊作用的人和其他非文字的载体。索晓霞认为，制度和法规形成的社会强制，生活中的潜移默化，道德和禁忌形成的心理约束，是隐藏在各种文化传承现象背后“看不见的文法”。吕虹认为，当前贵州的多元民族民间文化价值凸显，应全面地、创造性地探索建立民族民间文化传承的长效机制。西部大开发的浪潮，既是机遇也是挑战，现代文化将越来越深入和全面地影响贵州少数民族文化的发展。处理好民族文化与现代文化之间的冲突和矛盾是必要的也是迫切的，其事关民族地区的社会稳定和经济文化的繁荣发展①。还有关注少数民族文化发源地原住民脱贫并实现现代化，享受现代文明成果的愿望是原生态文化传承和发展的内在动因，传承是少数民族原生态文化发展的应有之义，发展是少数民族原生态文化传承的必由之路。保护好民族的根源文化、精神植被和实现少数民族原生态文化发源地原住民的现代化愿望不是非此即彼，而是辩证统一的②。

最后，还有不少学者关注广西、重庆等地的民族文化传承③，这些研究中透露

---

① 索晓霞．西部大开发与民族文化传承—以贵州为例[J]．贵州社会科学，2000(5)：31-35.

② 李辅敏．少数民族原生态文化传承中的伦理思考——以贵州为例[J]．贵州民族研究，2008(5)：106-111.

③ 彭静．失落与新生——从广西民间歌咏习俗看民族文化传承[J]．黔东南民族师范高等专科学校学报，2003（2）：63-66.

出在民族文化传承中所面临的一些共同的问题，即少数民族文化受到了现代化的巨大的冲击，产生了不同程度的文化变迁，出现了商业化、同化等问题，针对这些问题提出切实可行的措施是研究者共同关心的话题。

对不同的少数民族的文化传承的研究则更多。一是对各族宗教教育与文化传承关系的研究。较为全面和系统的专著有张诗亚的《祭坛与讲坛——西南民族宗教教育的比较研究》，该书表明民族文化的核心构成是宗教，而宗教的传承则全仗宗教教育。因此，宗教教育常常在民族教育中决定和影响其他的教育实践活动[①]。专题的研究则更多，如对苗族、哈尼族、佤族、羌族、瑶族等的研究。有学者认为，在某种意义上，苗族文化的传承机制，就是苗族巫文化的传承机制，即指负载着苗族民间文化传承发扬与发挥其苗巫文化功能及社会效应的运作体。研究这一运作体有利于人们对苗族传统文化进行由表及里的研究，这对民族文化的推陈出新是非常重要的[②]。哈尼族的原始宗教是哈尼文化传承的特定模式和运行机制，作为其原始宗教持事的摩匹在哈尼族社会中有极高的文化地位，并担负着文化传承的作用[③]。有人还通过分析佤族原始宗教与佤族文化相互包容的现象，证明佤族文化依靠佤族的原始宗教来实现文化传承，认为佤族原始宗教是佤族文化传承的主要载体[④]。岷江上游羌族的“释比”巫师是民族文化传承的主导者，甚至许多民间舞蹈形式，多是在“释比”主持的民俗活动中进行和延续的[⑤]。这些研究表明，宗教包括原始宗教在民族文化传承中有着重要甚至是主要的作用和地位。

二是对民族艺术的传承研究。有人认为在旅游市场经济发展的背景下，对侗歌文化的功能进行全面革新，消解了侗歌文化传统的自主延续性，影响着侗歌文化的传承轨迹。从民族社会学的观点看，烟盒舞和彝族的社会历史密切相关，具有特殊的文化传承功能。刘志扬分析了藏族农村社区饮食结构和习俗在多元文化互动和现代化进程中的变迁，认为其所显现出来的传统文化与现代化关系问题是明显的。

---

① 张诗亚．祭坛与讲坛——西南民族宗教教育的比较研究[M]．昆明：云南教育出版社，1992.

② 石宗仁．苗族文化的传承机制[J]．中南民族大学学报（人文社会科学版），1993(3)：59-63.

③ 李宣林．哈尼族的原始宗教与民族文化传承[J]．云南民族大学学报（哲学社会科学版），200(6)：81-83.

④ 周家瑜．佤族的原始宗教与民族文化传承[J]．楚雄师范学院学报，2005（2）：75-79.

⑤ 罗雄岩．羌族舞蹈文化传承与发展规律的探索[J]．阿坝师范高等专科学校学报，2007(2)：30-34.

学者罗正副对民族文化传承研究的文献进行了分类整理，他认为就现有成果来归纳总结，民族文化传承大致可以分为民族文化传承理论研究、学校教育与民族文化传承、地域民族文化传承、族别或族群文化传承、民族文化传承等几大类别，大的类别又可以进行小的分类①。他的分类大体还是比较清晰的，虽然不同类别间有不同程度的重复，但仍然为笔者提供了很大的帮助。

综上所述，这些研究成果为本书提供了支撑。首先，诸多研究证明了民族文化传承的重要性以及进行此项研究的重要意义，为本书选题的合理性提供了依据。其次，前人的研究还提供了一些可以参照的研究范例，凸显了本书研究领域内的核心问题，即文化传承的机制及其动力问题。当然，就现有研究来看，存在的问题和没有涉及的领域也是有的，我们对这些问题进行讨论，以期为今后的研究提供思路。

一是当前的民族文化传承的推进策略过于强调外力的干预。呼吁政府部门重视民族文化的保护和传承，加大投入，加强立法，甚至从国家层面对少数民族文化进行博物馆式的保护。这对民族文化的保护和传承起到了一定的积极影响，但也有明显的副作用。因其缺乏对民族文化生成土壤的认识以及对文化传承深层的传承机制的认识，反而会人为地“搅乱”甚至破坏文化传承的内在机制，遏制了民族文化本身的自我调适功能和生命力。因此，对民族文化传承的深层机制的探讨仍然是重要的课题。

二是当前学者对学校教育在促进民族文化传承中的作用过于乐观。有些研究者注意到了学校教育与民族文化传承之间的关系，既充分肯定了学校教育在文化传承中的重要作用，也指出在学校教育中传承民族文化的一些误区。具体而言存在以下不足。①学者主张通过“民族文化进校园”和“开发民族地区特色地方课程”的方式传承民族文化，但在实践中其效果往往大打折扣。②以民族文化为资源编制的地方课程在与国家课程的博弈中往往处于劣势，在实践中往往将地方课程放在可有可无的位置，甚至迫于升学的压力还极力地压缩地方课程的份额，以地方课程传承民族文化“有名无实”。学校教育在传承民族文化传承过程中应是怎样的角色，应承担多大的责任，这些问题的探讨仍然是有必要的。

（四）关于大理白族文化传承的研究

20 世纪 90 年代后，白族文化的研究进入了一个发展期，产生了大批学术论

① 罗正副．调适与演进：无文字民族的文化传承——以布依族为个案的研究[D]．厦门：厦门大学，2008.

著和研究论文，《大理白族史探索》（张旭，1991）、《南诏与白族文化》（张锡禄，1992）、《大理历史文化论集》（周祜，1993）等论文中也在大理白族地区的文化、语言、宗教、考古、宗族等方面进行了一定的研究。《白族家谱及其研究价值》（张锡禄，1995）一文根据白族家谱中保存着的残存碑刻、人口发展和土地变迁资料，探讨了南诏大理国时期白族的社会经济、家族组织和宗教制度；《大理古代文化史稿》（徐嘉瑞，2005）根据考古发掘的材料对大理文化追根溯源，论述了大理文化和青海、陕甘文化的渊源关系。《白族简史》（《白族简史》编写组，2008）除个别地方对 1988 年版书中历史的部分加了补注外，对新中国成立 50 多年以来的变化，编写者在原有的框架中还适当进行了补写。对于白族语言文字的研究也是白族文化研究的重要内容，如周祜《白文考证》、赵橹《僰文考略》、段伶《大理白族自治州方言志》、《白语歌谣译注》、《白语熟语译注》。还有王锋、张霞等其他学者就白语的语音、词汇、语法方面也进行了丰富探索。此外，还有《大理文化论》《南诏大理历史文化国际学术讨论会论文集》（赵寅松，2006），《大理民族文化研究论丛》（赵怀仁，2006）等，搜集了研究大理文化的诸多论文，主要涉及大理白族的历史、宗教、文学、舞蹈、音乐、民俗等多方面。《大树底下谁乘凉——（祖荫下）重访与西镇人族群认同的变迁》（段伟菊，2004）对现代化背景下喜洲白族族群认同进行了跟踪研究；《人口流动与白族文化变迁》（王积超，2005）探讨了人口流动与白族家族文化变迁之间的关系，指出大理白族家族文化所具备的祭祀、教化、经济、族内纠纷的调解和娱乐等方面的职能。

有关白族的学术论文也较多，这些研究多基于上文中提及的白族文化论著，在理论和方法上并无较大创新，故不作详细说明。

笔者搜集到的以“白族文化传承”或者“白族教育”为关键词的研究论文有 136 篇，这些论文绝大多数从教育学和教育人类学的视角出发，分析大理白族传统文化的教育意蕴和功能。有关大理白族教育的博士论文以上述类型的研究为主，如《云南大理白族本主崇拜中的教育功能研究》（陈继扬，2007），《云南大理白族祖光崇拜中的孝道化育机制研究》（黄雪梅，2008），《白族母性文化的道德教育功能研究》（何志魁，2008），《喜洲白族传统民居的教化功能研究》（江净帆，2008），《文化认同视域下的大理白族教育互补机制研究》（田夏彪，2011）。一般性的期刊论文有《大理乡土文化的教育价值述略》(何贵荣，2000),《从大理白族民歌传唱看大理白族传统音乐教育》（丁慧，2007），《民族礼俗的教育内涵、价值与启示——以大理白族礼俗为个案》（田夏彪，2009），《云南大理地区白族家庭教育调查研究——以剑川作为个案》（李乾夫，2011）等。此类研究主要从人类学、文化学视角出发，分为两类。第一类是对大理白族族群生活世界中的文化类型和文化事象进行教育价值剖析，阐述白族族群传统文化与白族社会发展和族群成员精神世界的关系。这类研究的意义在于既能观照到白族族群传统文化的教育意义，又涉及白族族群传统文化的保护和传承。第二类是对白族学校教育之外的教育形态，如家庭教育、社会教育等进行探讨。

综上所述，关于大理白族教育和文化传承的论著及文章虽然不多，特别是白族文化传承的论述较零散，但通过已有的这些文献资料的梳理，我们基本能够理清大理白族教育发展和文化传承的脉络和内容，这为后续的研究提供了十分宝贵的基础。当然，这些已有的研究还可进一步深入下去。结合主题来说，大理白族文化传承的整体态势是怎样的？大理白族文化传承有没有一个稳定的机制？在现代化的进程中，白族文化传承应如何应对？这些问题在上述白族教育研究文献中涉及不多，或者没有进行专门的讨论。从中我们可以找到研究的关注点和研究的价值所在。

五、论文的结构

本书试图通过研究分析以下问题：湾桥白族文化是如何传承的？传承的机制是什么？现在碰上了什么难题？要怎么解决碰到的难题？因此，文章是这样构思的。

首先，通过大量的地方史志文献的阅读以及长期的田野调查，较为系统地把握湾桥白族的历史和文化的整体面貌。概述湾桥白族的历史和文化生态系统，采用文化人类学中常用的对文化生态系统的分类，分别从自然环境、社会环境和精神文化环境来描述。自然环境包含生存环境和生计方式，社会环境包含婚姻形态和家庭结构，精神环境包含湾桥宗教信仰和伦理道德等。每一个民族的文化都在其独特的天地系统中形成了自己的文化生态系统。文化传承活动在文化生态系统中进行，文化生态系统是文化传承的基础。

其次，基于对“湾桥白族文化如何传承”这一核心问题的思考，依据文化传承机制的定义，对湾桥白族文化的传承机制的四大要素进行深入分析。第二章分析了湾桥白族文化传承的文化心理场，探讨文化心理场的内涵、功能和构成。第三章根据田野考察所得，分析湾桥白族文化传承的内容和方法，从口语传承、物化象征和仪式展演三方面进行论述，着重于阐述白族特殊的语言观念、民族精神（如信仰、道德、情感以及自然观、生存观和宇宙观等），借助语言、服饰、饮食习惯、宗教仪式等来解读湾桥白族文化中的个体或者群体继承、延续传统的过程。第四章尝试着分析湾桥白族文化传承的主体，对作为“传者”的文化能人的养成和作为“承者”的民族年轻人的自主学习进行分析，同时分析二者在文化传承过程中的互动关系。

再次，基于白族文化传承现代境况和未来走向进行思考。第五章结合田野考察的相关内容，从文化变迁的角度分析湾桥白族文化传承机制遭遇的现代困境。第六章提出湾桥白族文化传承机制的调适策略。

第一章　湾桥白族的族源和文化生态系统

一、湾桥白族的称谓及其族源

（一）湾桥白族的称谓

族称的确定基于族性的确定。《麦克米伦人类学大辞典》对族性这样规定：族性是区分不同群体或者不同类别的人的标识，且包含着对不同的群体或显或隐的对比。正如英国人类学家理查德·谢默霍恩所说："在一个较大社区中的群体，它具有真实或假想的共同祖先，享有共同的历史记忆，用一个或数个象征因素作为文化焦点，以体现自身的群体性。[①]"在历史上，白族的族性模糊，且因白族文化具有多元复合的特点，更增加了其族性确定的难度。因此，在中国西南人类学研究中，白族族性的有无问题曾形成了激烈的讨论，使白族族性讨论成为一个世纪以来最有意思的一个案例。

在汉文古代典籍中，白族的称谓很多，有昆弥、弥羌、西爨白蛮、西洱河蛮、僰人、民家、白人等。"昆明""滇僰"是汉代时期的称谓，魏晋时期以"昆""僰""叟""爨"居多，而在唐宋时期称为"乌蛮"（东爨乌蛮）与"白蛮"（西爨白蛮），而"民家"是元明之后的称谓。白族人自称白尼、白子、白伙、刷白尼。他称有"来补"或"那马""勒墨""勒博"。

《史记·西南夷列传》中记载："其（夜郎、滇、邛都等）外，西自同师以东，北至叶榆，名为嶲、昆明，皆编发，随畜迁徙，毋长处，毋君长，地方可数千里。"叶榆是洱海周边地区的古称，其地理范围与今日的大理市相对应。"昆明"是汉代至唐代期间云南境内少数民族的称呼。唐初的文献中记载着"昆明"人居于洱海地区，过着游牧生活。《新唐书·昆明蛮传》说："爨蛮西有昆明蛮，一曰

① 沈海梅．白族人的族性与白族研究学术史[J]．学术探索，2010（1）：82.

昆弥，以西洱河为境，即叶榆河也，距京师九千里……宜粳稻、人辫发、左衽，与突厥同。随水草畜牧，夏处高山，冬人深谷。尚战死，恶病亡，胜兵数万。”汉唐间，昆明人已从今滇西与川西南的广大地区，向东发展到了今滇东北和川南及黔西，其前锋达今黔东南的都匀，均出现“昆明”这一名称。汉以后的南中地区为多民族杂居之地，其中“叟人”最有影响。《华阳国志》称：“夷有大种曰昆，小种曰叟。”叟是古代氐羌系统的一个民族称呼，三国魏晋时期逐步取代了“昆”，成为西南地区夷系民族最普遍的族称[①]。唐宋时称之为“西爨白蛮”。“爨”是西南古地域名和古族群名，是从南中大姓发展出来的，出自于氐叟，史称爨氏。唐时有滇东两爨，称“东爨乌蛮”和“西爨白蛮”，前者是由南中叟人融合了其他民族组成，后者由滇僰融合了其他民族组成。滇僰、叟、爨氏是居住在同一地区的族群在不同时期的名称[②]。白蛮形成于晋至唐初，与古代氐羌族系有密切的渊源关系，在形成过程中融入了大量的汉族。南诏王皮罗阁统一六诏之后，借助唐王朝与爨氏的矛盾，东进滇池地区，最终控制了两爨。他将原居于滇池地区的西爨白蛮迁往滇西永昌郡，加快了西爨白蛮与洱海地区白蛮的融合，再加上唐与南诏战争中遗留在洱海地区的内地汉人以及其他民族，最终形成了以洱海为中心的白蛮共同体。而“民家”是元明以后的一种称谓，有人称为“明家”或者“名家”，有强调汉文化的影响以及与“官家”相对应的民间含义，是大理地区的汉人对白族的称呼。“勒墨”是傈僳族对居住在怒江沿岸的白族人的称呼。“那马”是白族对居住在澜沧江沿岸的白族人的称呼。洱海周边的白族多自称为“刷白尼”，意为“说白语的人”，由此可以看出，白族人将语言看作是确定民族身份的一个非常重要的因素。而大理本地人多按照地域来区分不同的群体，城镇汉人称村落里的汉人为“民家”，海东白族人称湾桥一带的白族人为“高赛尼”（海西人）或者“湾桥尼”。

20 世纪 50 年代的民族确认过程中，经过长时间的多方协商之后，于 1956 年正式确定族称为“白族”。学者沈海梅认为，白族人在“依据国家法律建立白族自治州”这一共同的政治诉求基础上达成了一致，使“白族”这一政治共同体在获得这一名称时就具有了工具主义的性质。尽管表面看本民族自称“白子”，成为民族名称“白族”的内涵实质，然而从“白子”到“白族”名称的转换，已经将这一社会人群从文化、生物的族群性意义转向了实用主义的意义，白族人的族群

① 金尤国．中国少数民族文化史图典（西南卷下．第七册）[M]．桂林：广西教育出版社，1999.

② 云南各族古代史略编写组．云南各族古代史略 [M]．昆明：云南人民出版社，1977.

性实质在发生改变。[①] 因此，本书也只在工具主义的层面上使用“白族”这一称谓。

（二）湾桥白族的族源

对白族族源问题的追索是白族族性大讨论过程的一部分。陈碧笙在 1954 年最早提出了白族的族源问题。后来，在《白族简史》编撰过程中以及在大理白族自治州成立之际，学术界就白族起源和形成问题展开热烈讨论。这次白族族源争论综合概括为四种说法：第一，白族是白子国之后，滇中土著；第二，白族是氐羌的一支，由西北高原迁来，或是秦汉汉族移民的后裔；第三，白族是汉族之后；第四，白族是原有居民与外来族系融合而成的。

在族源问题上，大多数白族学者持土著说和融合说。《白族简史》中认为，汉唐时期的白族先民的主体是爨（西爨白蛮、滇僰和叟。）白族在其发展过程中既有融合，又有分化。马曜先生经过多年研究，提出了白族“异源同流”说，认为白族是以生长于洱海地区到商代进入青铜文化时期的洱滨人为主体，不断同化或融合了西迁的僰人、蜀（叟）人、楚人、秦人、汉人以及周围的一些民族的人，同时吸收了大量汉族及其他民族的文化，而形成的一个开放性的民族共同体。或至少强调白族与中原民族（尤其是汉族）关系密切。有民族语言，属于汉藏语系滇缅语族白语支。白族历史上曾经根据汉字造僰文，即方块白文，明代白族学者杨黼的《山花碑》即是方块白文书写的著名文献，至今仍在使用。白族与中原民族（尤其是汉族）关系密切。白族文化的多元复合属性在诸多的历史文献中也能得到佐证。元代郭松年《大理行记》中记载：“其宫室、楼观、言语、书数，以至冠婚丧祭之礼，干戈战阵之法，虽不能尽善尽美，其规模、服色、动作、云为，略本于汉。自今观之，犹有故国之遗风焉。”清代康熙年间的《楚雄府志》中也有“僰白人，别有乡语，居室器用与汉人同”“白（僰）人，有白（僰）字，善夷语，信佛事巫，常持斋诵经，然性勤俭，力田，颇读书，习礼教，通仕籍，汉人无异”等说法。“白族接触汉文化的时间较早，在接触的过程中吸收了汉文化的精华，更为重要的是，白族逐步形成了较为开放的文化心态以及善吸收外来先进文化的性格，同时对本民族文化的继承和保护表现出积极的态度。”[②]“白族是云南较早接触汉文化的古老民族之一，同时是汉文化水平比较高的少数民族之一。”[③] 可见，从民族文化的特点上来看，白族的确具有多个族源的特征。

① 沈海梅．白族人的族性与白族研究学术史[J]．学术探索，2010年（1）：87.

② 赵寅松．白族文化研究[M]．北京：民族出版社，2002.

③ 张锡禄．南诏与白族文化[M]．北京：华夏出版社，1992.

事实上，任何一种观点都无法解释全部，而只能解释白族形成过程中的某一方面状况。沈海梅认为，白族历史的构建要比白族的识别复杂和困难得多，研究者的分析方式和立场都会影响到这一过程。学者的研究如果仅依靠汉文的文献就难以脱离汉文化为中心的范式。[①] 为了克服这一弊端，不少学者开始从民族地区的考古发现中寻找佐证，如大理银梭岛新时期时代遗址、祥云大波那战国墓葬、苍山马耳峰新石器时代遗址、剑川海门口青铜时代早期遗址等的相继发掘，出土的大量文物证明大理洱海地区有较早的文明历史。从新石器时代晚期，到青铜器时代早期，再到铁器时代，至元明清时期，这一区域一直都有人在上面生息繁衍，说明洱海地区有着丰富的史前文化，这为白族“土著说”及其“文化独立起源论”提供了许多新的证据和材料。

以上所论述的乃是大理白族的族源，那么湾桥白族（图 1–1）又是从哪里来的呢？我们依据湾桥本地的史料以及湾桥人的记忆来分析。湾桥汉晋时期为益州郡叶榆县隶属史城（今喜洲），南北朝时期为东河阳郡或西河阳郡叶榆县。隋唐时，其属于邓赕诏、南诏，隶属史城。宋朝时属大理国史城。元朝时属喜洲县，后入大理路，属史城。明代归入太和县，清朝时属太和县，称保和乡。民国时改太和县为大理县，湾桥与喜洲等称为桂楼乡，因此很多关于湾桥的记载都收录在喜洲史志当中。

图 2–1　湾桥白族群像

① 沈海梅．白族人的族性与白族研究学术史 [J]. 学术探索，2010（1）：89.

现存于喜洲的很多明代墓志铭碑刻上均提到“乃九隆族之裔”这样的说法，杨森、杨黼、杨士云、李元阳等学者也积极赞同并宣传“九隆后裔”说，认为喜洲乃哀牢故地，喜洲白族乃是哀牢九隆之族[①]。关于哀牢九隆的传说，《僰古通记浅述·云南国记》说：

“云南，按《大理旧志》，僰人之初，有骠苴低者，其子低蒙苴，居永昌哀牢山麓。其妇曰砂壶，浣絮水中，触一沉木，若有感焉，因娠，生九男。后沉木化为龙，众子皆惊走，季子背龙而坐，龙舐其背，故号九隆族……当是时，邻有一夫妇，生九女，九隆各娶之。于是，种类滋长，支苗繁衍，各据土地，散居溪谷，分为九十九部，其酋有六，号曰六诏焉。”

《南诏野史》《白国因由》等书所记，都与《华阳国志》《后汉书》《僰古通记浅述》大同小异，足见该故事流传的广泛。哀牢九隆传说透露出六诏的来源，通过对《蛮书·六诏第三》《新唐书·六诏传》《云南通志》《正德云南通志》《万历赵州志》等文献的研究，也为蒙诏源于九隆族的说法提供了支撑。哀牢九隆传说也广泛流传在湾桥民间。湾桥境内的佛堂村，白语称之为“maof ye”，清以前译为“摩用”，意译的话应为“母邑”，被视为“砂壶母”文化的遗存。湾桥地区有“匡兹”（意译为狗街），据说与始于蒙诏的狗崇拜有一定的关系。这也被学者作为湾桥白族源于蒙诏的一个证据。

湾桥保和寺的建寺因由以及三月三盛会的“接驸马”习俗暗含了蒙诏与白子国联姻的事实。相传白王张乐进求的三公主活泼美丽，不满父母指派的婚姻离家出走，走到莲花峰时迷了路，幸得蒙诏王细奴逻的搭救，宿于莲花峰山腰，后二人情投意合，结为夫妇。保和寺就是为了纪念他俩而建。湾桥一直保留有“接三公主”的习俗，每年农历三月三举行的转山会在保和寺周围举行。这是白王张乐进求让位于细奴逻，并以女妻之的历史在白族民间的注脚。依据这些传说和民俗遗存，我们可以大胆推测，湾桥白族与蒙诏和白子国有着密切的关系。

《圣元西山碑》说：“杨氏系九隆族之裔，世后五峰之下阳溪。唐时与姻亲张明景乐创立本寺西山。子孙屡修补葺，传至连、膺显擢。连生佑，佑生甫，俱有潜德。甫生智，元末，授元帅。智生保，辟为书吏，乳养妹之子黼以承宗祀，尤为时所推重。”这说明杨黼先生的族系是有明确文献记载的。除此之外，湾桥大姓里的黑、爨等都是蒙诏大姓，足见其历史渊源关系。

以上可视为湾桥白族作为“土著”的证据。那么，湾桥白族是否也融入了其他民族呢？据湾桥的地方史料记载，湾桥这一称呼始于明代。明以前，湾桥正处

① 李正清．大理喜洲文化史考[M]．昆明：云南民族出版社，1998：213.

在大理古城和喜洲古城的中间，湾桥称为“werf”，在白语中为中间、中心的意思，是以方位命名的地名。湾桥下段的北磻溪有珠联阁，有匾书“平分百二”，意为处于大理百二山河的正中①。傅友德、沐英率部征云南，留下两支部队在茫涌溪畔垦荒，屯田戍边。屯边的汉族将士大多数来自南京应天府柳树湾和大板桥这两个地方，后因思乡将村庄命名为湾桥。民间白语称上、下湾桥为“斗耶”（上营）和“耳耶”（下营）。如今，在湾桥仍有一部分人讲汉语，但是已融入白族当中，自称白族人。如今到“斗耶”等村落中，可追访到一些古老族谱的家族，其子孙就自称是来自南京应天府。此可视为湾桥白族融合外来民族的例证。

基于上述分析，我们可以大胆推测，湾桥白族的族源大致与整个洱海地区白族的族源一致。本书也倾向于采用融合说，即认为湾桥白族是本地土著民族融合了外来民族所形成的民族群体。

二、湾桥白族的文化生态系统

张诗亚把文化的诸方面看成一个生态系统，借用自然平衡、协调进化等生态学的原理，说明文化的内部要素及其相互关系。他认为，文化生态系统通常由自然环境、社会环境和精神环境三大部分构成。自然环境是民族群体赖以生存和发展的各种自然条件（包括非生物）的总和。社会环境是与群体生活相关联的各种社会条件的总和。它包括该群体所构成的社会内部结构诸方面和该群体与其他群体的交往、关系等外部环境诸方面的关系。精神环境是该群体所共有的道德观念、价值体系、风俗习惯、宗教形态等诸方面的总和。② 我们将从三个方面对湾桥白族的文化生态系统进行概述。

（一）自然环境

本书的具体考察点是云南省大理白族自治州大理市湾桥镇（图 1-2）。湾桥位于大理市西北角，距离省城昆明大约 400 千米，距自治州政府所在地下关约 30 千米，地形西高东低，位于苍山与洱海之间的宽谷平坝区，背靠苍山，面临洱海，镇辖区内最高点是莲花峰，海拔 3 959 米，最低点是洱海滨石岭，海拔 1 974.31 米。东西最大横距 13 千米，南北最大纵距 8.8 千米，属亚热带高原季风气候。受西南季风控制，冬无严寒，夏无酷暑，雨量充沛，年平均气温 15.5℃，最热月 7

① 大理坝子从龙首关到龙尾关一共一百二十里，故称之为百二山河。

② 张诗亚．祭坛与讲坛——西南民族宗教教育比较研究 [M]．昆明：云南教育出版社，1992：213.

月平均气温 20.1℃，最冷月 1 月平均气温 8.7℃，年均降雨量 1 080 毫米。湾桥位于洱海西岸苍山山麓大理坝子中间地段，耕地面积多，灌溉便利，是大理开发较早的农垦区。人口殷实，交通便利。2006 年年底，全镇总人口 25 915 人，其中白族 24 106 人，占 93.5%，汉族 1 537 人，占 6.0%，其他民族 135 人，占 0.44%。湾桥白族主要有杨、黑、何、赵、李五大姓。湾桥有初级中学 1 所、小学 7 所、文化站 1 个、村级党员活动室 7 个，村文化活动室 26 个，乡镇医院 1 所，7 个社区医疗点。

图 1-2　湾桥卫星地图

湾桥白族靠山沿水而居，村落一般都依山而建，形成了依山傍水的居住特点（图 1-3）。沿水而居，是由以种植水稻为主的生计方式所决定的。种植水稻离不开水，沿着溪流和湖泊开垦田畴，便于引水灌田。白族村落依山而建，一是为了避免占用平地耕田，二是可防范洪涝灾害。这就形成了白族村落较为典型的地理特点：后靠青翠葱郁的山丘，房前有层层稻田，田间水网密布，屋后树木葱葱。坝区内阡陌相连、田畴广布、绿树环绕，田园风光无限美好。湾桥白族赖以生存的青山属于云岭山脉主峰苍山十九峰的白云峰、莲花峰（图 1-4）和五台峰，绿水是洱海十八溪之茫涌溪和阳溪，十九峰下坝子绵延至洱海边，二溪流入洱海古生、石岭段。白云峰峰峦层叠似云型，土为夹石沙土，林木较少，山北部有白石可烧制石灰，有银矿已开采，现仍存遗迹。莲花峰是辖区内最高峰，山体形式深厚，土质丰厚，所产树木高大直立，山下部略分为二，北支麓所出之水含有盐，故下端石岭村所产弓鱼和鲫鱼肉质紧实而味道鲜美。五台峰坡大箐深，山路平坦，土脉肥沃，林木繁多。湾桥坝子以沙壤土为主，湖滨一代多为胶泥。总体来说，土壤肥沃，适于耕种。白族人善于利用天然的地理形势，建立了四通八达的农田水利网。茫涌溪的水势仅次于阳溪，其支流略分为四，一支由溪口下北流分数小支灌溉上、下湾桥二村南甸田亩，其水尾直流而下至新溪、石岭；一支由溪口南流而下横贯白云峰麓，直达小庆洞；一支东南流通佛堂村；另一支东南流绕钏邑村北灌溉三村田亩，水尾东下灌溉北甸、东甸、上甸、小楼庄、林邑、北磻等六村田亩。洱海湖滨一代多引用洱海水灌溉农田。

图 1-3　湾桥全貌

图 1-4　苍山莲花峰

湾桥辖区内的洱海段自古以来以水产丰美著称，有弓鱼、细鳞鱼、黄壳鲫鱼、银鱼、洱海虾等，尤其是石岭弓鱼为洱海弓鱼之翘楚。湾桥坝子物产丰富，盛产湾桥米、烤烟、大蒜等，其中较为特别的物产有高河菜、苍山野芹、洱海莼菜（海菜）、榆芎、桑花、甘露子、麦蓝菜、金雀花、棠梨、菱角、杜鹃花、山茶花等。

（二）社会环境

1. 湾桥白族的生计方式

生计方式是人们获得食物和生活所需各种资料的方式，也是族群生存和发展的基础。族群所处的生态环境不同，其生计方式也会不一样。生计方式既包含经济因素，又包含文化因素。一般来讲，民族地区的生计方式多属于前工业社会时期的生计类型。就湾桥而言，普遍的生计方式是坝区集约农耕。随着时代的发展，还出现了旅游业等第三产业的类型。图 1-5 至图 1-10 是湾桥白族人日常生活的一部分，反映了人们丰富多彩的农耕生活。

图 1-5　田畴和水利设施

图 1-6 蔬菜种植

图 1-7　采收玉米

图 1-8　割茅草

图 1-9　湾桥集市

图 1-10　卖刺绣的妇女

湾桥中部村落田地面积较多，人均耕地是上下各村的两倍，因此村中各户均以大米、蚕豆种植为主，近年来多种植烤烟、大蒜、蓝莓、鲜花等经济作物。洱海湖滨各村多渔家，以打鱼为主要生计，但并无专业养殖鱼虾的人员，因此并没有获得较大的市场利益。靠近苍山的各村，如双鸳等专业开采石料以供远近各地建筑所用。古时石岭、塔桥一代的村子以纺织为主要生计，今日以制作扎染布和缝制绣花布鞋等为生计。凤岑、际德等村子有祖传酿酒技术的人家较多，时至今日，仍有部分家庭延续着祖宗的事业。上中下甸各村各户均有畜养猪牛鸡鸭的习俗，家家有猪圈，户户有鸡窝。湾桥上中各村中头脑活络的男子多数在农闲时从事贸易，贸易货物较为丰富，大到建材汽车，中有服饰百货，小到针头线脑。

妇女多在家务农，除务农之外也在村落集市街场上买卖蔬菜副食衣饰等，如专门贩卖蔬菜瓜果、乳扇、凉粉米线、白族服装、玉镯银饰、烟酒糖茶等。现在也有不少年轻人外出务工。洱海湖滨各村中的男子在禁渔期多外出从事泥瓦木匠工艺，妇女多在家种菜结网。如今，因有洱海环海路的开通，湖滨村落里多有将祖屋出租给外地人开客栈的，也有自己开发成农家乐的，生计方式较以前有较大的改变。总的来说，湾桥白族人的生计方式比较多样化，呈现出上部农业、中部副业、下部渔业和旅游业的格局。可见，湾桥白族的生计方式并不局限于传统的坝区农业，近年来旅游业、手工业有较大的发展。湾桥人的生计方式的变化表明这个村庄并不是在一个封闭的格局中固守传统，而是与外部世界有着生动的交流。

2. 湾桥白族的衣食住行

湾桥白族人的饮食以前以稻米、小麦、玉米、土豆、蚕豆为主，也有糯米、大麦、高粱等，因为气候适宜，无霜期较长，四季蔬菜都很丰富。春夏季蔬菜丰富，有青菜、白菜、菠菜、甘蓝、毛豆、豌豆、蚕豆、莴笋、花菜、海菜、藜蒿等，秋冬有白芸豆、萝卜、莲藕、山药、南瓜、冬瓜、蔓菁、青菜、暴腌肉、糟肉、糟鱼、鱼干等。湾桥白族会自己制作乳扇和炖梅，多在秋季晒干豆角、萝卜干等，在腊月腌制五花腊肉和酸菜，冬至节以后会自己制作糍粑和饵块。肉食以猪肉为主，鸡和鱼次之。白族人喜欢腌制风干腊肉、腊肠，男女老少都喜欢吃酸辣鱼和黄焖鸡。白族人喜爱饮白酒，如高粱酒、玉米清、苦荞酒、松子酒等都是白族人日常生活中常饮酒种。因当地有大理啤酒，所以年轻人也喜欢喝啤酒。白族人冬天里多数只吃两餐，即早饭和晚饭，早饭不是早点，上早工干活的话会吃早点，早点一般是粑粑或者饵丝、米线，也有热豆粉、油条、元宵。农闲时节一般不吃早点，早起后会在火塘边喝罐罐烤茶。十点左右吃早饭，是比较正式的正餐，生皮和青菜汤（或豌豆面汤）是早餐最受欢迎的菜式。晚餐一般比较丰盛，会有热菜、凉菜，荤素搭配。饭食的丰盛程度与有无客人和是否过节有关。一般是老人和男子先吃，然后是妇女和晚辈。

白族人的传统服饰称为“长衣”。湾桥白族尚白，男女服饰以黑白色居多。湾桥白族男子的包头多为深蓝色或者白色。上装为白族对襟长袖，外穿蓝、绿、黑或扎染印花领褂，下装为宽脚裤或一般的棉布裤，佩戴白色或者蓝色的绣花挂包或者皮包。湾桥白族妇女的包头十分讲究，头巾上绣有艳丽的山茶或者牡丹花，点缀有亮片金线等，头巾边缘缝制一圈洁白细腻的绒须，头巾的右侧有雪白缨穗。

佩戴的时候做出一弯新月的造型，称之为“风花雪月头上戴”。上装包括白色或者浅粉浅蓝色的长袖对襟衣，外穿颜色亮丽的丝绒坎肩，右衽结纽处挂须状银饰，腰间内围绣花束腰，外系有刺绣围腰，围腰上接绣花飘带。下装着白色或者浅色直筒裤。湾桥白族服饰颜色简洁明了，配色清丽和谐。女性服饰尤为讲究，包头上的挑花刺绣栩栩如生，且在领口、袖口点缀精美花边。老年妇女服饰以黑色、青色和深紫色为主，头巾也较为素雅，多为靛蓝色扎染丝绒巾。湾桥人日常生活中较少穿着白族服装，只有老年妇女一年四季都穿“长衣”。中青年人劳作时都穿简单便利的短衣，他们只有在一年中特殊的日子（如办喜事、成年礼、本主节等）才穿“长衣”。

湾桥白族人的住屋一般是依山傍水的土木石结构的院落（图 1-11）。湾桥的房子绝大多数坐西朝东，背靠苍山面向洱海。房屋的布局有“三坊一照壁”“一正两耳”“两方一耳”“一方三墙”等，“四合五天井”和“六合同春”之类的大宅在湾桥很少见。“一正两耳”是一幢两层楼边再挂起两间平房；“两耳一方”是两方两层楼再挂起一耳房，一般正房向东，耳房向南与照壁组成院落。“三坊一照壁”是三幢相互垂直的两层楼房和一面照壁结合，大门开在照壁旁。传统的木土石结构的白族民居多为“三坊一照壁”和“一正两耳”，采用青石打地基、木料搭架、卵石砌墙（条件好的人家用青砖砌墙）。木料搭架很有讲究，分凿榫卯相接，不用铁钉，部分人家还用穿枋构造，有效连接房屋，提高抗震能力。破土动工要拜土主和太岁，动木工要祭木神，竖柱上梁要祭梁、祭柱、祭鲁班，盖完房顶祭工匠祖师，迁入新居祭灶神、祖宗，竖柱上梁和迁居要宴请客人。正屋叫“大房”，正屋两侧的称为“楼阁”，南北两面的房屋称为“耳房”。大房分为堂屋和厢房，堂屋是全家人议事、祭祀的场所，厢房是长辈居住的场所，大房的二楼正中央的一间称为香堂，供奉祖先牌位，阁楼外常挂晒玉米、辣椒、黄豆等。楼阁一楼为厨房和杂物间，二楼是未婚男女的房间。南北耳房各有用途，北耳房一楼一般是客房，二楼是粮仓；南耳房一楼一般是牛圈猪圈，二楼堆放饲料、秸秆和柴草。房屋装饰有木雕、彩绘和书法等，白族的大门一般在大屋斜对面，飞檐画角、斗拱重檐，装饰繁复华丽，有一滴水、三滴水等样式。大房正对面一般是照壁，书写治家格言之类，照壁下面多设花坛、水池。花坛中多植山茶、兰花、红梅、蜡梅、杜鹃、紫竹、石榴、木槿、三角梅等。湾桥坝子比较宽阔，所以人均占地面积较多。湾桥白族民居大多有非常宽敞的院子，所以当地人红白喜事都在自己家里操办。现在新建的大多数民居是钢筋混凝土结构，住屋的布局也会融入较多都市居室的特点，如房间种类增加了套间、儿童房，将畜厩改成茶水间等，装修风格上也采用了落地玻璃窗、立体壁柜等元素。但最主要的堂屋、香堂、照壁等都必须保留，而且墙壁、大门等的装饰风格仍以白族元素为主。

图 1-11　湾桥白族居住环境

湾桥位于大理坝子的交通要道上，自古以来交通就十分便利，村村通公路，户户有水电。陆地交通方面，古时交通工具以马车居多，湾桥的马车夫众多，可到达大理坝子的各个村落。如今也有不少村民保留着马车，成为群众赶集时最常用的交通工具。214 国道、洱海环海公路、大丽公路横穿湾桥镇，去往市政中心、省城、周边县市、丽江、保山、迪庆等地的班车每天都有好几趟。临水而居的湾桥白族还使用木船、铁皮船等与洱海周边村落相互往来。便利的交通使湾桥与外界的联系十分紧密。

3. 湾桥白族的婚姻形态

对于人类社会的婚姻制度，恩格斯认为，经历了血缘婚、群婚、对偶婚、一夫一妻制四个阶段。而人类学研究者多把婚姻形态分为单偶婚、多偶婚。另外，还将走婚视作一种特殊的婚姻形态。白族先民在远古时代的血缘婚、群婚的情况，虽无史料记载，但散见于白族民间故事、民族风俗和节庆活动当中，如白族神话《创世纪》《人类的起源》《人是从哪里来的》《鹤拓》等都反映了先民经历过血缘家庭的过程。白族的一夫一妻制始于唐朝。据唐《蛮书·蛮夷风俗》卷八载："俗法处子、孀妇出入不禁。少年子弟暮夜游行闾巷，吹葫芦笙，或吹树叶。声韵之中，皆寄情言，用相呼召。嫁娶之夕，私夫悉来相送。既嫁有犯，男子格杀无罪，妇人亦死。"由此可见，南诏时期白族一夫一妻制的婚姻关系已经初步确立，但是青年男女在婚姻中还有比较大的自主权。男女青年在婚前虽有恋爱和性生活的自由，但婚后就严格遵守一夫一妻制，否则就要受到全族谴责、剥夺财产继承权甚至驱逐出村等严厉惩罚。在很长的一段历史时期内，白族的婚姻形态以一夫一妻制为主流，但一夫多妻制、婚外偶居等现象也存在。

湾桥白族有"同姓不婚"的严格规定，较小的村落居民多为同一个宗族，因而青年很少在村庄内部择偶。这种外婚制的规则和汉族有相似之处，在当地甚至比汉族讲究得还要严格，贯彻得还要彻底。兄弟姐妹乃至堂兄弟姐妹之间绝对不能通婚。有时不同村落的同姓之间也不能通婚。白族青年多在邻近村落的异姓家庭当中择偶，像上湾、中庄、北庄等几个村子甚至认为迎娶遥远的异地女子更容易生下聪明的后代。此外，白族青年的婚配对象必须和自己属于同一个辈分，同村内不同辈分之间的婚姻是不允许的，不同村落的男女如果年龄差距过大也要受到族人的谴责和阻挠。传统观念中，白族人认为亲上加亲都是良好的婚配，对于异姓的姻亲之间的通婚持称赞的态度。尤其是姑舅表姊妹之间的通婚，无论是外甥娶舅父之女，或内侄娶姑母之女，都是理想的婚配，两姨表姊妹通婚也可称赞。

由于生态环境和生活条件的差异，坝区白族和山区白族的婚姻形态也有一定的差异。本书所研究的湾桥白族属于海西坝区白族。在与占主流地位的汉文化接触时，湾桥白族极大地受到主流文化的影响，吸收了汉族以男女双方固定的经济责任及两性关系来保证家庭、社会稳定发展的传统婚姻文化。湾桥白族对于婚姻的态度十分严肃而庄重，已婚夫妇有非常明确的家庭责任，提倡双方对婚姻忠诚，以婚姻生活的美满作为一种极大荣耀，而视离婚和出轨为极大的耻辱。在湾桥白族社会中，结婚既是成年人的权利，又是一种责任和义务。儿女到达一定年龄之后，就应该成家立室，而为儿女操办婚事是每一个白族父母应当履行的义务。白族的婚礼需要众多财力，有时甚至需要出卖田产、牲畜，甚至借贷，即使婚后要忍受贫穷的生活，隆重的结婚仪式也必须举行。湾桥人对男女关系的态度也并不呆板，村落有自身调节的方式。例如，在大理地区保存至今的“绕桑林”这一古老的民间盛会，就以节庆的形式为恋人们提供了相识相会、互诉衷肠的特定时空，保留了白族传统行为模式中自由追求爱情的理想，反映出白族原生文化在与其他文化接触过程中的深厚性与持久性。然而，像“绕桑林”这样的活动对湾桥白族人的两性关系的调节是温和又符合家庭利益的，他们的交往也“发乎情而止乎礼”，并不存在越界的性关系。

元明以来，随着中原儒家文化在大理的深入渗透，“父母之命、媒妁之言”“男女授受不亲”“女子从一而终”“提倡妇德贞洁”“注重婚姻礼仪”等观念充斥于湾桥白族的婚姻生活中，这是儒家礼教深入民族地区社会的表现。儒家礼教的精神已在白族社会生活中得到认同，并逐步积淀为白族婚姻行为中的“集体无意识”。时至今日，儒家的这些婚姻观念在白族家庭中仍具有重要的影响。目前，湾桥白族的婚姻形态大致有嫁婚、招赘婚和不招不嫁婚。湾桥婚礼中保留了不少白族自己的文化特色。据笔者的调查，湾桥白族的传统婚礼包含“起媒”“行聘”“报期”和“大婚”四个环节。“起媒”俗称小定，先是男女自由恋爱，交换头巾和荷包等定情信物后，由男方请媒人上门提亲拜访，不需要准备彩礼。“行聘”俗称“过礼”，先将男女双方八字写在红纸上请村中德高望重有学识者配八字，然后到女方家下聘，需要准备彩礼。彩礼包括礼金、金银首饰一套、新衣六套、水礼四色（盐、酒、糖、茶），肉四斤六，鱼一对，莲藕一根，干粉丝两把。聘金男方量力而行，女方不强行索要，但各个村子都有定数。任何物品都要双数。“报期”俗语“通信”，即请风水先生择好吉日之后再次拜访女方家，携酒一壶、公鸡一只、绸缎四色或新衣四套，共同商讨大婚事宜。“大婚”最为隆重，包括搭彩棚、吃生饭、正喜、压箱底、回门、会亲等环节。大婚期间新娘不能出门，婚礼细节庄严烦琐，根据研究需要此处不再赘述。传统的婚宴为“土八碗”（图1-12）。现代湾桥白族婚礼也有新的元素：婚宴菜式丰富，新房装饰突显现代需求，迎娶方式讲究方便快捷，嫁妆种类增多且层次分明，婚礼西方化时尚化。这种变化给白族人的生活带来了双重影响：白族婚礼在一定程度上反映了年轻一代对外来时尚文化的适应和认同，同时使白族传统婚礼文化符号传承面临挑战。

图 1-12 白族婚俗

4. 湾桥白族的家庭结构

按照人类学对家庭结构的分类，一般分为核心家庭、主干家庭和组合家庭（扩大家庭）三种。白族社会当中，这三种家庭类型都存在。其中，以主干家庭和扩大家庭最为典型。已有较多的研究者关注到了喜洲的宗族大家庭。根据笔者的调查，在湾桥以前也存在不少的扩大家庭，即通常所称的“宗族家庭”。在湾桥，四五代同堂的宗族大家庭已不多见（图 1–13），多数的宗族家庭分解为若干个主干家庭。每个宗族均有自己的田产。有的宗族有公共墓地，并以宗族的共同血缘为纽带，建有祖宗祠堂。例如，在湾桥南庄基本就是由何姓组成的大家族。何姓家族选取族内有威望的长者担任族长，由族内有威信的年长男子和个别有声望的妇女组成“本家尼伍”（可理解为家族委员会），族长和本家尼伍对族内事务具有管理和决定权。宗族组织以血缘为纽带，以“维护族内共同利益”为目标，并通过修祠堂、祭先祖、延续家谱、制定并执行严格的族规家法，将宗族成员紧紧地团结在一起，形成强烈的宗族意识。这种以某一姓氏为主，以血缘为核心，以地域为纽带的社会组织是湾桥社会最基本的因素，也是汉人社会中家族主义在民族地区的完美体现。湾桥宗族大家庭成员社会分工和合作与汉人地区无异，此处不再赘述。

图 1–13 湾桥白族大家庭

主干家庭是湾桥最常见的家庭形式。主干家庭中，父母及其已婚的儿女生活在一起。主干家庭十分符合白族人“孝亲”的传统观念和道德，又与白族传统的社会、经济生活条件相吻合。白族传统家庭的核心是已婚夫妇，他们上要赡养父母，下要养育儿女。湾桥有早婚的习俗，青年男女十六七岁即可成家，等到新婚夫妇的孩子满周岁时就要支撑门户，父母会将田产、房产、积蓄、债务等传给已婚的儿女。夫妻家庭的责任有二：weit duf weit maox [ue^{31} tu^{35} ue^{31} mɔ^{31}]，weit zi weit nivx [ue^{31}tsɿ^{44} ue^{31}ȵ̩v^{33}] 意思是孝养父母和养育子女。这是白族夫妻主要的家庭责任。在白族传统的性别观念当中并不存在男尊女卑的观念。女性在白族社会中具有重要的地位。白族的传世神话中认为，女性先于男性诞生。在现代的白族社会中，仍然存在母性文化的影子，并形成了与传统的父性文化并存的母性文化系统，对父性文化加以调节和补充。其具体表现为尽孝活动中的重母性、婚姻习俗上的从妻居、民俗活动中的重女性生殖崇拜以及在日常用语中的“以母为大”等1。湾桥白族男女社会分工虽有“男主外女主内”的倾向，但并不绝对化，很多妇女在农业劳作、家庭生活中的地位并不比男性低。夫妇共同从事农业生产，种植水稻、烘烤烟；农闲时，男子外出做小生意或者当装修工、泥瓦匠等，妇女在本地街市上贩卖果蔬、凉粉、凉虾等。湾桥白族十分重视教育，一般未成年子女都在学校上学，放学之后帮助家里做一些力所能及的活，如喂养家畜、摘豌豆、扎烤烟等。老年男子多参加老人协会或洞经会，老年妇女参加莲池会，定期到本主庙参加活动，平时也会按自己的能力帮助子女维持家庭，如晾晒粮食、买菜做饭、照管年幼儿童等。总体来说，湾桥白族家庭是围绕着“孝道”观念和“敬祖”习俗形成的稳定的社会结构。

（三）精神环境

1. 湾桥白族的宗教信仰

在湾桥有多种宗教形态并存的现象，正如在古生村的福海寺中央书写的“三教同流”（图 1-14），这是对当地宗教态势最生动的概括。在湾桥，原始宗教、佛教、道教、巫教等都曾对其有一定的影响。但以本主崇拜最为独特，也最为普遍。在湾桥的下阳溪、上湾桥、大宁邑、古生、甸中等村均有本主庙。佛教也在湾桥具有较大的影响力，在湾桥西南莲花峰山窝遗存有南诏保和寺。湾桥的许多民俗活动中仍可见巫教的影子。相对而言，道教、伊斯兰教和基督教等在湾桥的影响较为微弱。

---

① 何志魁．白族母性文化的道德教育功能研究 [D]. 重庆：西南大学，2008.

图 1-14　三教同源

本主崇拜是白族特有的宗教文化，其源流非常复杂，其人神双重性格的产生与白族所经历的特殊文化融合有关。在原始社会，人们对天地万物的崇拜是本主崇拜的开端；进入阶级社会后，产生的巫教传人巫师继承本主神灵弟子传达神灵旨意，增加了神人合一的性格。南诏以后，儒释道相继传入并盛行，教义强迫白族人接受统治阶级王侯将相为本主神灵。白族地区名山大川，泉箐如珠，多产生水患灾害，坝区又以稻作农业为主，故又产生各种龙本主。但为民除害、斗邪驱魔的豪侠人士则是白族人祀奉的本主大流。本主崇拜虽为白族人独特的宗教信仰，但其包容性与多元的精神内涵使其在宗教态度上具有很强的开放性，除保留着本民族原生的原始崇拜的遗风外，还吸纳了佛教和道教的神祇、教义以及儒家文化中倡导的祭祀法则、重社稷、忠孝等思想，如讲道教的财神、佛教的观音、地母、大黑天神等神灵移植到本主庙中外，还将原始图腾崇拜中的龙王、罗刹等鬼怪和祖先崇拜中的本族英雄人物和外族的英雄人物奉为神祇，呈现出了以本主崇拜为核心的多元一体的信仰体系（表 1-1）。

表1-1　湾桥各村本主及其相关民俗

村　名	本　主	相关民俗
上湾	大黑天神	正月十四本主节，正月十五本主诞，早上用糯米饭、汤圆等斋菜供奉，晚上用三牲供奉
向崇	大德安邦景帝	正月初八本主节，敬献三牲、酒水，并唱戏、念经

（续　表）

村　名	本　主	相关民俗
石岭	爱民将军	八月十五本主节，隆重的接本主仪式，祈求五谷丰登
云峰	张向民	八月十五本主节，村民敬献大香、三牲，莲池会念经
小庆洞	张护民	八月二十七本主节，家家户户到本主庙烧香，新婚男子敬献三牲
南、中北庄	清平官段奕宗	本主节分别为正月十六、二月初八和六月十三，各家各户到本主庙敬献三牲，莲池会颂佛经、洞经会弹洞经
古生	李靖	七月二十三，迎金太娘娘，家家户户摆宴席，舞龙舞狮，二十五日“赛包子”
甸中	赤子三爷	正月初二本主节，老人敬送大香、莲池会和洞经会在本主庙念经、弹乐，晚间在本主庙举行文艺表演
阳溪	段宗牓	六月六本主节，迎段宗牓回村，舞龙舞狮，跳田家乐、渔樵耕读等
内官	张鉴	腊月十四本主节，在本主庙祭祀并聚餐，舞龙舞狮
下阳溪	张铭	八月二十三本主节，莲池会、洞经会本主庙念经，舞龙舞狮

白语中称本主为“恩增”“朵博”，即“吾主”，是村落共同的主人及守护神。男性本主称为“朵博老谷”或者“老谷”，女性本主称为“朵博老太”或者“老太”。白族本主是人的神格化存在，本主除了具有超人的智慧和权能，还极具人情味。本主崇拜中的人和神的世界是相通的，本主故事具有浓厚的生活气息，本主也有家室，有七情六欲，有缺点，食人间烟火。一般来讲，每个村庄的本主都不一样，如古生村的本主为“九化应国安邦信事景帝”李靖（又称托塔天王、三龙太子等），下阳溪村的本主是叫张铭的武财神，上、下湾村的本主是大黑天神，大宁邑的本主是爱民将军张忠义。本主崇拜有专门的宗教场所，称为本主庙，一般选址于村落西北面绿树成荫、松柏相间的向阳缓坡上，每村均有自己的本主和本主庙。本主庙一般是个单独的三合院，由中央大殿、两边厢房和耳房以及讲究的庙门组成。本主庙前大多种植高大的大青树，较大的本主庙有戏台。本主庙没有专职的庙祝，一般由村里的老年人自愿管理。本主崇拜的经书和教义也比较多元，没有统一的教义经典。本主信仰当中的男性组织称为“洞经会”，女性组织称为“莲池会”（图 1-15）。“莲池会”又叫“老妈妈会”，是村落中的老年女性组织，她们大多数不吃长斋，只在初一和十五到本主庙中烧香、诵经。本主庙中

神祇众多，几乎每月都有若干活动（图 1–16）。莲池会的经文以口诵经为主，手抄的经书为少数，经文多以文言文书写，记诵难度较大，拜诵经文时大多“汉字白读”。“洞经会”是中老年男性组织，一般还称为“洞经堂”，是自发性的民间音乐团体。湾桥的洞经会在道教的重要节日和其他节日都要聚集活动，如“玉皇诞”“文昌诞”“观音诞”“关圣诞”中元会等。成员聚集在村庙当中，诵读经文，演奏洞经古乐，气氛十分庄严。洞经会演奏的曲目以道教音乐为主，同时吸收了不少白族民间音乐的成分，具有浓厚的地方风味。总体而言，“莲池会”以信仰为主，“洞经会”以娱乐为主。

图 1–15　本主庙中的莲池会和洞经会活动场景

图 1–16　村落入口处的山神祭台

巫术在大理白族先民中流行始于汉代。在《华阳国志·南中志》记载：“夷人大种曰昆，小种曰叟，皆曲头，木耳，环铁，裹结，无大侯王……夷中桀谐能言语屈服种人者，谓之耆老便为主议论，好譬喻物，谓之夷经……其俗征鬼巫，好诅盟，投石结草，官常以盟要之。"《蛮书》中也记载："大部落则有大鬼主，百家二百家小部落亦有小小鬼主。一切信使鬼巫，用相制服。"由此可知，后来的巫师是由汉代的耆老和唐代的鬼主演变而来的。在佛道二教传入大理之前，巫教是白族先民信仰的主要宗教，在民间十分盛行。白族的大巫师称为"朵西薄"，是根据白语音译的，曾有"朵兮博""朵兮波""朵西"等多种译法。"朵兮薄"是世袭的，也有部分是师徒相传。巫教无教经，所以几乎都是口耳相传。朵兮薄被认为是人和神鬼之间的中介。信奉者认为，他们的法术可以驱鬼祛病，所以对他们盲目崇拜。一般来讲，朵兮薄是当地的"知识分子"，不一定识汉字，但是精通各种巫术，还懂得一些天文地理和心理学知识，部分朵兮薄还掌握了中草药知识，成为"巫医"。女性大巫师被称为"朵兮嫫"，但人数较少。白族村落中替人看香火的女性小巫师，称为"香通"。巫教并没有教义教规，多在日常生活中为村民祭典、做法等。朵兮薄常做的法事有三：一为主持迎神送鬼仪式；二为人们看香火、降魔驱鬼、招魂求安；三为节祭、丧葬礼仪驱鬼祛邪。这些事务都是兼职性质的，朵兮薄是村中的普通人，他们同样参与世俗生活。据笔者探访所得，湾桥目前尚存朵兮薄 2 人，朵兮嫫 1 人，香通 20 余人。

佛教在湾桥的影响力可借莲花峰上的南诏保和寺、照光寺一窥。莲花峰在大理素有"小鸡足"之称，是湾桥著名的佛教圣地。传说保和寺是为纪念蒙舍诏首领细奴罗而修建。保和寺（图 1-17）内各殿佛像均有名号，佛教、道教与神话人物、本族祖先等都有，很好地体现了白族宗教文化的多元特质。寺外本主庙供奉的是送子观音、雪山娘娘、雪山老母、雪山太子、先袁（轩辕）皇帝、伏羲皇帝、神农皇帝。寺侧驸马神宫供奉的是五方财神、驸马将军、药王大臣、包公丞相。寺内大雄宝殿供奉的是释迦牟尼，两边侧殿供奉的是摩诘伽蓝与千手观音、金姑娘娘、老国母与斗父斗母。寺内最后面是两层阁楼，称无极宫。第一层供奉瑶池王母、玉母、托塔李天王、玉皇天尊、太白星君。楼梯转角供奉的是文财神。第二层供奉的是无极老母、天蓬元帅、太上老君、灵宝天尊、玄天上帝、补天女娘、虚空地母、灵山老母、九天玄女。保和寺成为一个佛教、道教和儒家和谐相处吉祥之地，并形成了"接公主"和"送驸马"的风俗，并延续至今。除此之外，莲池会还会在重要的佛教节日到寺中拜佛念经。照光寺，原名白云寺，是比较纯粹的佛教寺庙，相传建于南诏时期，供奉观音菩萨。观音化身梵僧渡化恶人的故事和高僧摩诘与杨黼先生辩论禅机的故事为照光寺增添了神秘色彩。

图 1-17　湾桥“小鸡足”保和寺

2. 湾桥白族的伦理道德

对白族社会伦理道德的分析散见于各类研究当中。一般认为，白族与汉族地区的父性伦理基本一致，都是源于原始的父系家庭公社和父权制下的男性家长一夫一妻制度，并通过血缘系统和等级制度得以建立和稳固，逐步形成以父系血缘为纽带的家庭宗法制度。白族在历史上很早就与中原汉文化相接触，对汉族伦理道德中的“仁孝”观念非常推崇，并以“孝”为核心，通过族规和乡约、俗语、谚语以及贞节牌坊等形式建立并传承着父性伦理道德规范[①]。在湾桥白族社会中，父性伦理有着十分重要的位置。男性在社会层级中居于权力掌控者的角色，村长、族长、生产队长等村落组织中的重要领导者均是男性，虽然在村落重大事件的决策过程中也会有女性的参与，但是主要的决策者仍是男性。家庭财产的继承也偏向于男性，长子在继承家族遗产的时候拥有优先选择权，女儿只有招婿在家者才有资格分到财产，上门女婿仍可以继承父母的财产，而嫁出去的女儿没有继承权。在家庭生活中，男性很少参与家务的打理，家庭事务的决策者也多是男性。但值得一提的是，湾桥白族社会中并不存在严重的“重男轻女”观念。母性权力也不容忽视，如在本主节等重大的村落庆典当中，男性和女性都在其中担当着重要角色，只是分工有所不同。而在丧葬礼仪中体现出更重视女性丧仪的特点。白族有“父丧易办，母丧难办”的说法，母亲的丧事要更加隆重和烦琐。这与汉族的“父恩厚、母恩薄”的观念明显不同。此外，在母亲生病的时候，要通知舅家一次，到去世时要再通知一次，一共要通知两次。而对于父亲，只要在去世的时候通知

① 何志魁．白族母性文化的道德教育功能研究[D]．重庆：西南大学，2008.

"后家"就行了。母亲死时，要请舅家验尸后方能盖棺，盖棺的最后一颗严钉要让舅家来盖，如果平时对母亲有不孝行为，舅家可借此进行"闹丧"，提出很多苛刻的要求。对于父亲，一般没有那样烦琐，母亲出殡时孝子的手杖，即"哭丧棒"，一般要比父亲的短两三寸，因此孝子的腰要弯得更低一些[①]。除此之外，"招赘婚"中从妻居以及子女随母亲姓等也侧面说明母性伦理在白族社会中的普遍存在。

湾桥的宗法制度与汉人社会并无二致。由于历史的原因，湾桥白族与汉族有着更多的渊源。根据村落人们的历史记忆，他们是来自南京应天府的屯兵和当地白族的后代，许多汉文化的东西就是在那时候带到湾桥来的。虽然湾桥的宗法大家庭早已在历史发展过程中分解为若干的小家庭，但一直以来，这些小家庭都仍然保持着某种稳固的内在联系，而维系这种稳固联系的正是普遍存在于湾桥社会中的宗法意识。宗法意识多体现在族规上，族规是协调宗族家庭之间和家庭内部人与人之间的人伦关系的重要手段，也是村落伦理规范的重要载体。湾桥存在以杨、段、黑、何为主的宗族家庭，由于长期以来各姓宗族之间广有通婚，异姓宗族间的关系变得错综复杂但又十分和谐，且同姓宗族成员往往聚居于同一个村落，所以在湾桥难以见到同姓家族的族规，而更多地表现为村落的村规民约。以下阳溪村的村规为例，村规先强调了国法和家法，然后是财产继承和分配的办法、婚丧嫁娶的礼仪规范、村民纠纷的调解办法、田产交易的规则等，还涉及对村中鳏寡孤独者的照顾、对村落公共事务的处理程序等。

通过笔者的田野考察，还发现湾桥社会中的族规更多地作为一种隐性的存在，即存在于湾桥人周而复始的日常生活当中，这是无处不在的伦理规范，如体现在婚丧嫁娶等人生礼仪当中，体现在家庭成员相处礼仪以及社区成员之间的人际交往过程中，体现在农业生产和经济活动当中等。有研究将白族社会中普遍存在的传统美德概括为爱国家、勤劳简朴、艰苦创业、奋发向上、孝敬父母、尊重长辈、宽容豁达、与人为善、热情好客、乐于助人、见义勇为、保护自然生态环境等[②]。在湾桥白族身上还特别体现出以下几方面的道德观念。

（1）重学明礼。在历史上，湾桥是大理洱海地区文教发达地区之一。湾桥白族人对教育的重视不仅体现在其历史遗迹当中，还能在现实生活中得到印证。湾桥文昌宫建于清代中期，供奉着儒学先师孔子。文昌宫的作用正如其正门前的对联所述："文化育英万世师表昭天下，昌荣佑民千秋德范垂古今。"湾桥人在新年之初、开学之际都会带着孩子来文昌宫祭拜，教导他们尊敬师长、努力学习。湾

① 何志魁．白族母性文化的道德教育功能研究[D]．重庆：西南大学，2008.

② 杨镇圭．白族文化史[M]．昆明：云南人民出版社，2002: 117.

桥白族十分尊师，民间拜了师傅之后就建立起亲如父子的关系，逢年过节要去探望，平时家里有好菜好饭也要先敬给师傅一份。同时他们对教育也很支持，据湾桥的乡村教师们讲，湾桥的家长十分配合学校的教育工作，每次开家长会都准时参加，平时还会给老师打电话询问孩子的学习状况，逢年过节经常请老师到家里吃饭。湾桥人在生活中也非常注重礼仪，村落中的婚丧嫁娶诸事严格按照村落的伦理传统行事。日常称呼也没有丝毫马虎，称呼长辈要使用尊称，村民之间见面都要热情地打招呼，如果有亲属关系就按照辈分来称呼，称呼错误要受到责备，没有亲属关系的按照年龄来称呼。湾桥人说话细声细语，亲和文明，讲究“吃不言，寝不语”，极少有大声呼喝的行为。

（2）尊老慈幼。白族向来十分重视孝道。著名的白族学者杨黼是湾桥地区著名的大孝子，他的孝亲故事在湾桥代代流传，深入人心。每个白族村落中都有老人协会，每年敬老节（重阳节）村里都会集体出资给老人们办重阳宴，每个家庭既出资又出工。男人们专干搭灶、杀猪等重活，女人们负责采买、洗涮、蒸饭、炒菜等细活。整个过程中都是年轻人在忙里忙外，老人们悠闲地等待开席。在日常生活中，长幼有序的观念深入人心。晚辈要比长辈早起，在长辈起床前备好热水和早饭，饭桌上老人们要坐在上八位，吃饭时长辈先动筷，吃饭过程中主动给长辈添饭夹菜。湾镇人的孝道精神还体现在一些已成为习惯的风俗当中。如果老人加入莲池会或洞经堂称之为“入山门”，在这一天儿女们要给老人购置新衣新帽，一般为男性长辈准备整套的衫子马褂，为女性长辈准备整套的白族长衣，女儿要亲自为母亲缝制绣花鞋和挎包，同时准备丰盛的茶饭招待老人的会友们。在老人 70、80、90 周岁时要宴请乡里为老人过寿。慈幼与尊老同时进行，慈幼的精神表现在两个方面。其一为重视出生礼，婴儿满月要置办满月酒，邀请亲朋为其择取好名字，外婆还要为婴儿准备摇篮、推车、玩具、金银手镯和挂锁以及抱被、披风、四套衣服、四双鞋子、两顶小帽等，有的还要为婴儿缝制辟邪香包和虎头帽。其二表现为在日常生活中对儿童精心的养育和照料。

（3）勤劳上进。湾桥位于大理坝子最宽的一段上，是大理地区重要的农业村落。湾桥人均耕地面积大约有一亩半，比大理其他村镇要多，也就意味着湾桥人要比其他村镇的人承担更多的农业劳动。在当今的经济形势下，也有不少年轻人外出务工，洱海沿岸有不少村庄因无人耕种而荒芜。但是，在湾桥几乎看不到荒芜的田地。湾桥人总是把他们的土地打理得整整齐齐，就连房前屋后的零碎土地也栽种上瓜果。湾桥的男人和女人们在地里劳作，男人们犁地开沟，女人们除草培土。收割时节全员参与其中，夫妻负责收割搬运，老人们负责晾晒，儿童负责送饭送水。湾桥人上进的性格与勤劳相伴。白族有句俗语“栽花种菜，四季不闲”，大理地区的农户一般会选择种植生长周期较长的作物，以享受较长的农闲期，而较少有以种菜种花为生者。但湾桥人头脑灵活，手脚勤快，并不以为然。他们善于种植花卉和蔬菜，使湾镇成为大理地区重要的山茶花种植区和蔬菜基地。他们也很能跟得上市场的发展，除了种植烤烟和大蒜，近年来也开始种植蓝莓、阳桃等水果。除了耕种土地，他们还积极地扩展其他的副业，以前多从事米粮鱼虾买卖，现在较多人做石雕、扎染、汽车服务、绿化、装修等。

第二章　湾桥白族文化传承的场域

一、文化传承场的内涵

（一）场和心理场

何为“场”？“场”作为物理学的一个概念，是物质存在的一种特殊形式，如磁场、电场。布迪厄将“场域”这个概念定义为在不同位置上存在着的各种客观关系形成的一个网络（network）或构型（configuration）。场域还可以理解为一个空间，在这个空间里，场域的效果得以发挥。“在高度分化的社会里，社会世界是由具有相对自主性的社会小世界构成的，这些社会小世界就是具有自身逻辑和必然性的客观关系的空间，而这些小世界自身特有的逻辑和必然性也不可化约成支配其他场域运作的那些逻辑和必然性。”[①] 从布迪厄的描述中，我们可以了解到“场域”的含义：场域是空间中的各种力量的关系结构；场域有自身运行的逻辑和规则。因此，民族文化传承的“场域”就是指在民族文化传承过程中形成的，按照一定的逻辑运行的相互作用的各种力量的组合。

依据国内学者对文化的分层，文化具有表层、中层、深层三层结构。表层结构是外显的人的行为和习惯；中层结构是指由文化深层结构衍生而来的价值层。深层结构是信仰的复合体，包括对规律、对现实世界的终极关怀等[②]。那么，文化传承的“心理场”应当对应文化的中层乃至深层结构。心理过程反映个体的心理现象，它包括认知、情感和意志三个过程，是一个动态的过程。认知过程表现为个体在实践中对外界信息的接收、编码、储存和提取的过程；情感过程表现为个

① ［法］皮埃尔·布迪厄．实践与反思——反思社会学导引[M]．李猛，译．北京：中央编译出版社，1998: 133.

② 巴登尼玛．文化视野下的藏区道德教育[J]．中国教育学刊，2007（6）：37-39.

体在实践中对周围事物的态度以及体验。意志过程表现出个体的主观能动性，即确定目标，然后依据目标调节自身活动，以实现目标的过程[①]。综合来看，"心理场"应该包含这样的意思："心理场"是文化传承过程中对人的认知、情感和意志产生深刻影响的各种力量之关系结构。这种心理传承往往表现为民族意识的深层次积累和传播，渗透在个体或群体日常生产、生活的各个领域里，构成民族认同感的核心内容和主要组成部分[②]。这种心理传承的内容包括宗教信仰、民族情感、价值观念、人伦道德等，是对民族文化传承的一种积极的心理状态和心理倾向。

（二）文化传承场

关于文化传承场，国内也有不少学者有过探讨。学者赵世林认为，一切人与人、人与社会接触的空间都是传承场。文化的传承场与传承方式是统一的。一定的环境（它包括自然环境和文化环境等）构成民族文化传承的硬件。传承场的形成涉及各民族的文化生成机制。丛林、火塘、寺庙、仪式、市场、学校都是重要的文化传承场[③]。其论及了传承场的空间构成，但并未对传承场中自然环境和人文环境之间的关系做出进一步分析。学者张福三指出，传承场是民间文化传承的中介实体，是民间文化传承和发展的空间、平台和通道，是自然场、社会场和思维场整合的结果[④]。这一论点提出了思维场这个概念，并认为思维场是无形的传承场，不同的民族有着自我思维方式的特点，它也存在着思维的空间、通道和平台，但并未对"空间""通道"等做出进一步说明。学者和晓蓉等将"场"划分为三个方面构成：特定的场所和环境构成的时空概念上的场；基于人类生存和发展基本需求的无形的具有精神能量的作用力和作用空间；传承主体。因此，文化传承场可视为"文化精神背景"叠加"特定时空"和"特定活动群体"的"三位一体"，有着宏观和微观之分。宏观的文化传承场是特定民族生存繁衍之地域与蕴生特定物质精神文化的复合体；微观的文化传承场是传承人与特定生境相结合，进行具体的文化事象传承的场域，可再分为动态和静态、有形和无形几类[⑤]。和氏的观点比较有代表性，对传承场划分的维度很清晰，但本书认为"文化精神"这一维度

---

① 卢家楣．心理学——基础理论及其教育应用（修订本）[M]．上海：上海人民出版社，2004: 3.

② 刘正发．凉山彝族家支文化传承的教育人类学研究 [M]．北京：中央民族大学出版社，2007: 197.

③ 赵世林．民族文化的传承场 [J]．云南民族大学学报（哲学社会科学版），1994(1): 63.

④ 张福三．论民间文化传承场 [J]．民族艺术研究，2004(2): 28-31.

⑤ 和晓蓉，和继全，顾霞．民族非物质文化传承场及其维护与再造 [J]．思想战线，2009(1): 7.

已经暗含了传承主体的因素，如果再将传承主体视为传承场域的一个因素就显得重叠。

张诗亚先生提出了“文化心理场”这个概念。他基于“文化认同”的视角来阐释“文化心理场”。“文化心理场”的重要内容包含人文与自然融为一体的各种景观，有视觉形象的，有听觉形象的，也有听视觉结合的；有在空间中展开的，也有在时间中展开的。在空间中展开的有长、宽、高三维，那么它是景观、它是建筑、它是美术；而在时间中展开它是音乐、它是节庆的仪式，它是风俗、习俗[①]。我们可以这样来理解，文化心理场是时间维度和空间维度的存在，它更是一种多元因素相互作用的结构性存在，它们在不同程度上，以隐性的或者显性的方式影响着人们的思维方式。“文化心理场”的形成前提必须是人文情怀和自然风光融为一体，张先生又进一步说明了民族“文化心理场”的内涵，至少包含四个层次：第一层次是在人的宇宙模型中人文与自然融为一体，表现为“天地人和”的观念；第二层次是历代帝王们的行迹有意无意促成了人文与自然的融合，如“礼乐征伐”“逐鹿疆场”，或者“奉天承运”而祭祀土地山川，或为永续皇祚而讲风水，修筑宫殿和陵寝等；第三层次是以“士”为代表的知识阶层所拥有的“天人观”，如“苦其心志，劳其筋骨”的人生历练，或“读万卷书，行万里路”的修养方式，或去国怀乡、乘兴登临、归隐田园、感时伤春、借景抒情等；第四层次是由吉庆礼仪、乡里习俗及其与之密不可分的创世神话和民间传说所传达和展示的自然风貌和人文情怀的融合。

本书认为，“文化心理场”的概念更加具有概括性，包含了时间、空间和心理（乃至精神）的维度，它强调了“场”中的主要关系，即是人与自然万物之间的关系，同时突出了历史发展过程中所形成的“天人关系”是构成心理场的最重要的因素。我们尝试着将“文化心理场”进行一定的概括：从空间维度来看，“文化心理场”包括各种“人化”的自然景观和人造景观，是静态的场。山川草木的存在显然先于文化符号的产生，若要成为“文化心理场”的文中之意，必须与人文情怀融为一体。简言之，只有那些与人类的生存和发展相关的，与社会生活有密切联系的，被人类所认同的自然环境中的因素才能称之为“文化心理场”，如风景名胜、节日场所、宗教场所、村落建筑、村寨的公共场所等。人造景观是民族成员共同经验的表现物，融入了本民族更多的共同情感，还包括了民族的审美体验、艺术创造、情感表达和想象力等心理因素，如神坛、火塘、餐桌、庭院园林等。从时间维度来看，民族文化的过去、现在和未来凝聚在同一个场中。时间维度的

① 张诗亚．强化民族认同——数码时代的文化选择[M]．北京：现代教育出版社，2005：96-97.

"文化心理场"是动态的存在，既包含了民族的历史与现实、过去与当下之间的连续性，又包含了在一定的社会时空下，文化与人之间的交流与沟通、转化与创新。

综合上述学者的观点，我们可以肯定在文化传承过程中存在一个稳定的"传承场"，而且这是文化传承机制中非常重要的元素。在论及"传承场"时，学者们的划分维度有所差异，但是都十分强调"人文环境""思维场""无形的精神能量的作用力与作用空间""文化心理场"等内在的维度。虽然本书认为，张诗亚先生的"文化心理场"的概念是比较具有概括性的一个定义，其所指也并非仅有心理场，但是为了避免"望文生义"的误会，而将"文化传承场"这样的表达简洁明了一些。因此，本书使用"文化传承场"这一术语，并将"文化传承场"的构成要素分为空间维度、时间维度和精神维度三个方面。"文化传承场"具有相对稳定的结构，它能够对生活在其中的人们具有"潜移默化"的力量。浸漫是"文化传承场"存在的方式。同时，我们强调精神维度的"文化传承场"是核心，一个民族的文化一旦凝结成具有固定内核的结构性组织，那它就形成了一个强有力的"文化传承场"，而精神维度的"文化传承场"以隐性的方式影响着社会的制度、习俗和价值标准。

二、湾桥村落文化传承场的构成

（一）空间维度的"文化传承场"

自然生态环境是人类生存的空间，是文化传承得以进行的场所。从空间维度来讲，湾桥白族文化传承的"文化心理场"由天地、日月、山峰、溪流、土石、树木等自然界一切与人有关的事物构成。在人与自然交往的过程中，这些事物被有序地安排，赋予特殊的意义，构筑成村落空间和家庭空间。湾桥的村落空间和家庭空间按照湾桥白族人的意识建构起来，里面充满了民族文化的诸多元素，隐含着巨大的文化力量。

村落空间中维度的"文化心理场"由山、水以及村庙、戏台、道路等公共空间来体现。湾桥西靠点苍山莲花峰、白云峰山脉，白族人称这两个山脉为"莲花""白云"，既显现他们对山势的形象化认知，又显现出他们崇尚高洁的审美情趣。山是湾桥白族人的依靠，高大险峻的莲花峰是湾桥白族心目中的神山，是神灵的居所，也是伟大祖先的居所。保和寺、白云寺、罗刹阁、观音殿、赵家宗祠、祖宗坟地构筑成一个神圣的空间，神灵和祖先的力量镇守着湾桥村落。而水是湾桥白族的命脉，他们靠水来种植水稻，靠水捕鱼养鱼，过上了富足的生活。苍山以东的广阔地带，分布着许多溪流，有磻溪、茫涌溪、阳溪、锦溪、锦浪江以及大大小小的支流，溪流汇聚流入洱海。这些水流滋养着湾桥的每一个村落，湾桥人对水有着特殊的敬畏和依赖，因此湾桥自古以来就有隆重的“祭海”仪式。在村落重要的水口、水源处都有各式各样的祭台，村规民约中也总有保护水源、节约用水的条文。

湾桥各村散布在坝子各处，斗耶、耳耶、上中下甸、南北中庄、小庆洞、佛堂、钏邑、石岭、杨家登、新溪邑、大小宁邑、上阳溪、北阳溪、下阳溪、内官村、古生村、南片、北片等 26 个村构成了湾桥的村落地理空间。在这个空间中，将近 30 多条乡村公路联通各村，形成一个非常稳定的“仪式空间”，这个村落网络中的人们有着相同的祭祖仪式、丧葬仪式、婚姻形式、服饰以及生产生活方式，形成了湾桥白族独有的地域崇拜制度和本主崇拜体系。

村庙是湾桥村落中十分重要的文化空间，是由建筑、院落、雕像等组成的实体信仰空间。本主成了神灵世界在村落中的代理人，关于村落本主的故事有很多，人们在故事中获得了奉祀本主的充足理由。湾桥各村也流传着不少本主的传说故事，老人们在祭祀仪式当中吟诵，在茶余饭后“撇古本”，一代一代地将故事流传了下来，表达着人们对本主的感恩与敬畏。赤子三爷的故事年代久远，在湾桥流传甚广。相传湾桥本为荒凉之地，苍山中的恶蟒时常兴风作浪，弄得洪水滔天，淹没农田，危害民众。有一只天性善良的小红蟒，在一位得道仙人的指点下，脱胎换骨，修成正果，施法定住了九十九条恶蟒，并将它们变成了九十九条小溪。他还用身体堵住了洪水，泄水开疆，治理了湾桥坝子的混乱局面，才使湾桥成为适于居住的鱼米之乡。湾桥人为了纪念他，封他为“育物景帝赤子三爷”，把阳溪改为鸡鸣江，把南山寺改为飞来寺，并为他修建本主庙，世世代代供奉。白族的村庙中并不会只供养一尊神。对于白族人来说，不同的神具有不同的神力和职能，因此完备的神灵体系具有十分重要的意义，每个本主庙都供奉着各种各样的神祇。这也方便了村民的宗教生活，他们不需要去到不同的地方或村落以外的地方去祈求庇佑。本主庙中齐备的神灵配置是村落文化重要的组成部分，也是村落独立性的一个表现。本主庙中的神祇各司其职，有着清晰而精确的分工，神灵的功能不会重叠，也不会缺失了某个职位的神，这标志着白族村落有着健全的信仰体系。人们对本主庙中神像的空间安排也别有用意，最重要的神居于大殿的中央，人们给予掌管生育、财富、平安的神灵以重要的位置。

家庭空间维度的“文化心理场”由白族住屋的外观、内在居住格局和家庭祭祀场所构筑。首先，湾桥白族“和谐”的自然观不只是表现在对自然物的“泛灵论”基础上的崇拜，更渗透在白族人基于对自然的体验而进行的私人活动空间的构建上，体现在积极利用“自然之利”和营造“精神之美”的生活环境上。在湾桥白族民居的建设中，很能体现白族人利用“自然之利”的智慧。大理地区冬春季节风大干燥，因此位于洱海西岸湾桥各村的房屋都是坐西朝东，以充分利用苍山作为天然屏障，最大限度地减少南北气流的冲击。建造房屋时，一切建筑材料都是利用自然之便利，就地取材。石料在苍山山麓各村是最普遍的建材，村民住屋的墙壁均是用苍山溪谷里的鹅卵石砌成，用石板铺地；而在洱海沿岸的各村，缺少石头，但泥土优质而丰富，村民的住屋墙壁就用自制的土坯建成，有限的石料被用于打地基。甸中等村落还保留着一些夯土墙建筑，用于筑墙的泥土中要掺上螺蛳壳或者稻草，以增强墙壁的牢固性。房屋的外墙要刷一层特别的石灰浆，石灰浆中拌有铡碎的细茅草，可以防止风雨的侵蚀。湾桥白族民居的大门和照壁是一个向外界展示家庭经济实力和主人审美品位的空间，村民往往在其装饰上花费大量的金钱。上面多绘有精致的吉祥图案或者山水风景，照壁还具有显示自家门楣的功能，如李家的照壁往往上书“青莲遗韵”四字，杨氏的是“清白传家”，张姓的写有“百忍家风”等。大门上多有精美的砖雕和木雕造型，一些古老民居大门上高悬着显示祖上曾获取功名的匾额，警示后世子孙牢记祖先功德，效仿祖先光耀门楣等。湾桥白族民居的庭院装饰体现出无处不在的“精神之美”。湾桥白族庭院中多养花种树，花木多选寓意美好、代表高尚品格的品种，如松柏、石榴、梅花、桃树、竹子、兰草、牡丹等。杨黼在《山花碑》中提到“大丈夫在处栽松柏，君子种梅竹”。这一文化习俗并不受阶级身份和经济状况的影响。不论是何身份地位，每家每户都以花草来装点家园。每个白族院落里都有一个专门的空间用来栽花种草。山水、花鸟等美好的图景被绘制在墙壁上，被雕刻在窗棂、门厅上。“德润身，富润屋”“勤俭人家春常在”“清白传家”“知书明理”等做人的道理随处可见，从而形成赏心悦目而又富有教化意味的“文化心理场”。

白族家庭当中的家庭分配很好地反映了“长幼有序”的原则。堂屋两侧的房间最重要、最温暖明亮的一侧分配给老人，另一侧分配给已婚的长子或者长女。在扩大家庭中，不同的核心家庭有自己的独立空间，但好的位置和房屋一般都留给长子。堂屋居于正中间，是每个白族家庭的公共起居室，也是家庭中最重要的场所，它不仅是家庭祭祀的主要场所，也是家庭议事的场所和接待客人的地方。堂屋正中央摆放着八仙桌或长桌，上面供奉着祖先的牌位，牌位前摆放香炉和日常的祭品。左右两侧的墙壁上有装饰挂画和家庭照片，人们还常常将家里人得到的奖励和孩子获得的奖状专门贴在墙上，以展示家族的幸福和荣耀。堂屋中的椅子摆放有序，左侧靠近八仙桌的位置被视为是最尊贵的，一般都留给长辈和尊贵的客人坐。

（二）时间维度的“文化传承场”

时间维度的“民族文化心理场”，是强调民族文化传承的动态性、过程性和秩序性。“民族文化心理场”存在于白族发展的历史过程中，存在于村落白族人日复一日的劳动和生活过程中，具体可表现为民族音乐、民歌，民族的节庆、宗教仪式以及民族的独特风俗等。

听觉系的文化在时间中展开，如洞经乐、大本曲、白族调、劳动歌等，都是通过现场演奏或口头演唱来表现，它们所营造的就是时间维度的“文化传承场”。前文中我们已经分析过，这些艺术形式包含着湾桥白族的历史记忆、自然观、生命观、宇宙观以及宗教信仰、民族情感和审美情趣等，它们既是民族文化的载体，也是民族文化传承的途径。这些艺术形式在表演的过程中，形成了一种持续的且具有感染力的氛围，成为一个“动态”的文化传承场。在洞经乐表演的过程中，传递的不仅是乐曲的美感，更有人们对乐曲的情感以及演奏者之间、演奏者与倾听者之间的和谐关系。洞经乐的演奏遵循严格的规则，乐谱的制作一板一眼，演奏者的穿着也一丝不苟，每次的演奏犹如一个神圣的仪式。在演奏之前，所有成员必先起立，列队向孔子或者本主敬香，会长唱诵祭文，唱诵完毕演奏才正式开始。演奏过程中，成员互相配合，安静有序。演奏者和倾听者都会不自觉地进入一种庄严而又融洽的气氛中。而“三月三歌会”等所营造的是完全不同的一种文化氛围，热闹、开放、欢乐的场景给予参与者一种强烈的冲击，使人的身心一下子活跃了起来，自然地融入欢庆的人群之中。

民族节日向人们展现的是浓缩的民族文化。固定的时间、地点，庄严的仪式等，这些内容使节日所营造出来的文化传承的场域具有深入人心的特点。湾桥白族社会中，有许多节日和风俗体现着人与人、人与社会、人与神之间的和谐关系，在节日和仪式展演的过程中，这种和谐意识被强化，成功地进入了下一代人的脑海里。湾桥白族素有敬老的习俗，每年农历九月初九为敬老节，当天村里会组织专门的重阳宴来为老人们庆祝节日。每年大年初一这天，儿童要穿戴整齐去给长辈敬茶拜年，并送上祝福的话语，儿女们也要一一给长辈拜年祝福。这是日常生活中的简单活动，却有着重要的教育意义，儿童在自然的场景中、在欢乐的气氛中接受了道德教育，并在行为上表现出来。在白族婚礼当中，当主人家下了请帖之后，邻里亲友就会自觉地到主人家帮忙。在婚礼“宴客”过程中，充分地演绎了白族村落中的无形秩序。招呼客人和监管宴客过程的人称作“提调”，是村中年富力强而又有威信的中老年长者，所有帮忙和赴宴的人都要听从他的调度。婚宴的准备者由一种称为“四大柱”的临时组织完成，中青年男女、儿童都各自有任务。文化知识高的人帮忙写对联记账，其他男性帮忙借桌椅板凳、搭灶生火、杀猪剁肉，女性帮忙采买、洗涮等，还要给主人家送几公斤大米，若干礼钱，更重要的是给新人办婚礼送祝福。在丧葬活动中，有一个固定的组织，由已婚青年组成抬灵柩的队伍，组织由族长或村长管理，具有非常明确的职责，组织的管理者对组织成员具有处罚的权力，如果成员未能按时出席葬礼，或者未参加葬礼，都要受到惩罚。惩罚的方式主要是“罚钱”，且罚款的多少经村民商议后决定，目的是维持村落日常生活的秩序，并使这种秩序深入人心。

（三）精神维度的“文化传承场”

精神维度的“文化心理场”是隐性的，它与时空维度交织在一起，表现为在时空维度中所呈现出来的某种信仰、情感、观念和行为规范。

宗教生活和宗教仪式是人们的信仰在时空中的绵延。人们对本主的崇拜和依赖表现在日常的宗教生活和仪式当中，不论是祈雨求福，还是婚丧嫁娶，或祈盼扬名、发家致富都要向本主诉说。去本主庙祈福与其说是白族民众对本主的顶礼膜拜，更不如说是自我对社会生活价值的一种“内心规范”和激励，本主身上所具有的精神品质往往是白族民众立身处世的准绳，人们将其当作道德上的理想人格来加以仿效[①]。人们对本主的朝拜代表的是人与神之间关系的建立。而整套的仪式直观地表现了人与人之间的社会关系，演示的是人们所身处的社会关系网络，这促进了人们对自身所处社会的认识。在湾桥，村民的祖先也被供奉在本主庙中，写着“本村各氏门中历代先祖”的牌位有单独的空间，牌位前点着长明灯，燃着香火，村民们每天都会为长明灯添油，使祖先享受和本主一样多的香火。每年七月初一，人们要接祖先回家，祖先回家的路程中，本主庙是第一个落脚点。祖先在被接回各家各户之前，先要在本主庙中享受供奉。“莲池会”的老人们在七月初一要到本主庙中诵经欢迎祖先。诵经完毕后，中午是简单的素食，但晚餐必须是有鱼有肉的丰盛大餐，老人们相信祖先已被接回，他们的丰盛晚餐祖先也能够享用到，人们通过共享食物与先祖建立情感上的连接。

家庭是人类社会的基本单位，也是文化传承的基本单位，家庭对个人有着终其一生的影响。家庭伦理作为家庭运行的法则，是基于家族成员强烈的血缘和根的意识和观念。人们依据血缘纽带来确定家庭的核心——父系还是母系血亲，继而确定人们在社会组织结构中的权利和义务，并用家法来规范这种关系。湾桥的家庭伦理以“孝”为核心，表现为白族祖先崇拜的一系列行为当中。祖先崇拜对

① 田夏彪．文化认同视域下大理白族教育互补机制研究[D]．重庆：西南大学，2011．

白族文化传承最主要的作用就是维持社会组织的稳固，增强亲族的认同感和凝聚力，而这一切均通过祖先崇拜仪式中社会关系的协调以及以权利和义务为核心的社会角色确认来实现。在湾桥家庭中，人们通过神话、古歌来追忆祖先的功德和事迹；通过族谱和家谱确认与祖先在血缘脉络上的联系；通过祭祖仪式表达对祖先的崇敬，在祭祖仪式中交融着爱亲、敬亲、养亲、念亲以及光宗耀祖、传宗接代的孝道思想，把家族的过去和现在融为一体，充满了延续祖先血脉的使命感，并将承继家族命脉的责任承担视为至孝。“孝”的本质含义就是实现祖先生物基因和精神基因的延续，强调后人继承祖先的德行，实现祖先的愿望。因此，“孝”中还包含着一层教育意味，作为中介人的角色，要将祖先的美德传递给下一代，正所谓“养不教，父之过”，教育子女也是一种不可推卸的家庭责任。不能教育好子女与不能维系家族血缘关系一样，要受到家族和社会的谴责。因此，湾桥白族社会中围绕孝道形成了严格规范的祭祖仪式体系，包含堂祭、墓祭、祠祭等形式，祭祖仪式有着既定的程序和内容，几乎不允许违背和更改，具有一定的强制性。以湾桥白族的丧葬礼仪为例，礼仪包含了接气、净尸、入殓、报丧、置孝堂、赐谥乡评、清吊、引路、哭祭、正式祭奠、家庭祭奠、演钉礼、点神主、出殡、做“五七”、脱孝 16 个环节，丧葬礼的程序随着时代的发展也并未有太多的变化。“议孝”是其中的一个重要内容。这与汉族社会中的“五服”制度比较相似，不仅是根据血缘关系的亲疏来确定亲属们该穿哪种规格的孝服，更主要的是要确定血缘亲属们应当继承的财产和应当承担的社会连带责任。

社会规范在村落生活中营造了一种不可抗拒的秩序感。它通过两个重要的系统发挥作用，其一是由社会舆论所组成的村落议论系统，其二是由村落道德和社会意识所组成的价值系统。这两大系统是内生于村落社会的监督机制，外在表现为习惯法或者村规民约。在代表国家政治权力的法律尚未深入村落社会的时候，村规民约[①] 就是村落中的法律。村规民约在白族社会生活中是一种看得见的社会强制力，文化传承过程中，村规民约有着其他社会机制所不能替代的重要作用。村规民约通常情况下是一种潜在的法律，对文化的传承和社会协调有积极的意义。它所规约的是与村民生活息息相关的方方面面，如石岭村的民约就包含家庭婚姻、环境保护、田地买卖、子女教育、村民道德、族际交往、纠纷处理等诸多内容。白族青少年成员从小就受到这些村规民约的熏陶感染，明白在参与社会生活的过程中必须按一定的规矩办事，一言一行均受其约束，在日复一日的生活中，社会

① 学者倾向于采用习惯法这一概念，重在于强调其潜在的强制力，而随着时代的发展，习惯法的强制力在减弱，具有更多的协商性，因此称为村规民约。

规范就内化为一种特殊的价值观。湾桥的村规民约凝聚着白族先祖在社会生活中的智慧和经验，尽管没有十分严格的制定程序和规范的表现形式，但这些“约定俗成”的东西来源于生活，也服务于生活，与每一个民族成员的日常生活关系密切，情理与法律融合在一起，简单易懂，所以能够深入人心。而且村规民约并非外界强加，村民参与了村规民约的议定、修改活动，在村落的集体生活中拥护和执行这些规定，在目睹各种违反者进行处罚的过程中，自觉不自觉地接受了教育。

第三章　湾桥白族文化传承的内容和方法

一、口语传承

（一）族群认同视域下的湾桥白语传承

族群语言的传承与族群认同有着密切的关系。从族群的定义当中我们也可以看出语言对族群的重要性。自20世纪90年代族群的概念被介绍到我国以来，学者们进行了广泛的讨论。不少学者主张在较广的范围内使用族群定义，族群的确定包含以下因素：客观上的共同的历史渊源、共同的文化体系，主观上强烈的自我认同感。相同的世系、体质、血统构成共同的渊源；相似的宗教信仰、风俗习惯和语言则构成共同的文化。其中共同的渊源是指世系、血统、体质的相似；共同的文化指相似的语言、宗教、习俗等。① 这一定义既强调了族群的内部特征，也强调了族群的边界，即排他性和归属性的问题，基本能代表当前学者对族群概念的共同看法，这一点笔者较为赞同。与族群关联最紧密的词汇是“认同”。根据词语原意来讲，认同包含着事物的独特性和事物之间同一性的问题。自我的独特性需要在与他者的对比中来体现，英语表述为“identification”。文化认同和族群认同是两个重要的概念。文化认同强调的是文化，而族群认同强调的是民族。族群认同必然涉及文化认同。族群认同的内容本身或结果就是文化的组成部分或文化的体现②。在本节中，我们对族群认同持这样一个观点：既包括通过对“原生的民族文化要素”的认同来实现对本民族的认同，以区别“自我”与“他者”；又包括工具层面的认同观，即根据不同情景下的文化选择（认同）来构建民族认同。

全球化进程的加剧使我们很难再找到一个完全封闭的传统村落社会。在全球

① 孙九霞．试论族群与族群认同[J]．中山大学学报，1998(2)：24-31.

② 田夏彪．文化认同视域下大理白族教育互补机制研究[D]．重庆：西南大学，2011.

化的浪潮中，民族文化的变迁是不可避免的。在文化变迁的过程中，族群的语言、习俗、生活等都发生了一定的改变。这是我们在分析时必须考虑的。学校教育中对汉语的大力普及，广播、电视等大众传媒中各种语言的充斥，极大地压缩了湾桥村落中白语的使用空间。笔者以“你怎么区分白族人和汉族人”为题，随机访谈了近 150 名不同年龄、性别的湾桥人，发现他们的答案都指向了语言、信仰和服饰这三大方面。

在探索语言产生的时候，本能、情感、思维都可能是重要的因素。但在分析语言的多样性时，生活形式的多样性肯定是最重要的原因。正如卡西尔所言：“人类的言语总是符合并相应于一定的人类生活形式的[①]。”那么拥有相同的生活形式（笔者认为可以包括历史、文化、风俗等）的人们必定有着共同的语言。因此，可以说语言就成为是否是同一族群的衡量指标。语言不仅是一种重要的文化现象，亦被称作是文化的活化石。同时语言在文化的建构、传承以及不同文化间的交流方面具有不可替代的作用。语言向来被认为是民族文化中的重要元素，对民族语言的认同是民族认同中不可或缺的一部分。湾桥地区使用的语言有白语（民家话）、汉语方言（汉话）和普通话。三种语言并存反映出湾桥文化多元的特质。这几种语言在具体使用过程中还呈现出了一定的差异性。首先，是使用情景的差异，人们在村落中几乎只说白语，但在集市从事贸易活动或者进入城市时则使用汉语。儿童从小在家庭中学习的是白语，但进入学校之后则使用汉语。其次，是使用人群的差异。年纪较大的老人因很少到村落以外的地方去，所以他们只会说白语。湾桥的学校从小学开始主要使用普通话授课，课余时间和平时生活中则使用白语，因此受过初等教育的湾桥人都能说白语和普通话。湾桥人上高中要到大理古城或者下关，这两个地方汉族人口较多，各种社会场合中多使用汉语方言，而学校则一律只用普通话授课。所以，能上至高中的人除了会讲白语外，还能流利地讲汉语和普通话。湾桥年轻一代普遍都会讲白语、汉话和普通话，他们能非常自如地根据交际场景的需要转换语言，在村子里讲白语，在学校里讲普通话，到城里讲汉话。

在湾桥村落社会中语言种类的增多，一方面说明村落与外界的交往、村民与外族人的交往范围扩大了，交往也更加频繁了。其所带来的深层次影响则是湾桥白族人的思想和村落文化的扩充。但这并不意味着白语的交际功能消失了，在村落中，人们对白语的认同度是非常高的。倘若本村的人交往时使用了汉语或别的

---

① 卡西尔．人论[M]．甘阳，译，上海：上海译文出版社，2006：188.

语言，就会被认为是忘本的或者是矫情的[①]。此外，在湾桥的日常生活中，白语在社会交往中还有着准入证和优惠券的作用。笔者在湾桥的几次入户访谈中，每当用流利的白语表达研究的意图时，哪怕从未谋过面，受访者都会极其热情地请笔者入座，毫无保留地回答问题，且在回答问题时十分自然放松。而个别时候因为考虑到访谈对象中有成员说汉话，就用汉话方言访问，结果发现受访者此时往往比较拘束，当碰到难以回答的问题时，他们还会用白语自言自语一番。此外，用白语回答时，受访者的语言很丰富，而用汉语时则往往比较简略。在湾桥的集市上，白语是十分有用的优惠券。会说白语者被认为是自家人，是要给予特别优惠的，一碗凉粉外地价是五元，本地价是两元，碰上老人和小孩了一块、五毛都卖。此类事例不胜枚举。由此可见，人们在日常生活中使用白语时，也许只是把它当作交流的一个工具。一旦有“他者”在场，白语就成为民族认同的标识，“说白语”成为一种拉近与同族人关系的有效方式。

湾桥村落环境中营造的语言环境是得天独厚的，白语以浸润的方式存在于人们的生活中，通过“耳濡目染”式的教育，白语作为母语的亲切感深入人心。白语成为村落内定的交际用语。湾桥人对白语的使用具有稳定性，表明湾桥人对白语的重视，并视其为族群身份的重要标志。白语使用的稳定性促进了人们对白族文化的习得。语言是思维的外壳，存在于民族观念中的现象世界和观念中的事物，需要通过民族语言表达出来。白族人的观念世界和文化的模式通过语言的使用对使用者产生作用。对白语的认同并不影响湾桥人对汉语和其他语言的学习和认同。湾桥毗邻古城和喜洲镇，这两个地区都是大理重要的文化交流中心，湾桥深受影响，历来有崇学重教的传统，也非常重视对汉文化和汉语的学习。加之湾桥交通四通八达，与外界的交流十分频繁，接触和使用汉语和普通话的机会很多。因此，湾桥人基本都会说汉语方言和普通话，汉语在湾桥白族人的语言观念中是一种非常重要的语言。“不会说汉话”和“汉白相杂”常成为白族人取笑他人文化程度低的一种说法。在湾桥人的观念中，在外出打工、经商和应酬时因不会使用汉语而闹笑话是非常丢脸的事情，会成为人们茶余饭后永久的谈资，有的甚至成为民间

① 湾桥白语中有专门的词汇表达这种轻微地讽刺别人行为不当的词语，发音为“di da [ti44 ta44]”。文中白语发音皆采用拼音白文南部方言音和国际音标同时标注，前者为拼音白文，后者为国际音标。后文同，特此说明。

谚语[①]。“在家白语说得溜，出门汉语说得好”才是有本事的体现。这表明湾桥白族以汉文化程度高，能流利使用汉、白双语为自豪之事。现在有不少的湾桥人居住在下关或者其他的中心城市，其子女大多是已不懂白语，或只能听懂日常用语但不会说，他们对汉语的熟练程度和心理认同感显然要超过白语。这在很大程度上反映了白族人母语观念二元化的倾向。正如歌德所言：“谁不懂得外国语，谁也就不了解本国语。[②]”强烈的认同感促使湾桥人产生了将白语一代代地传承下去的强烈愿望，这也正是湾桥能够在今天仍然保持着较高的白语人群比例的重要原因。

（二）神话故事中多重文化内涵的传承

神话产生于原始时代，与原始人类的社会生活和心理活动有着密切的联系。神话是人类创造出来的，产生于人类的心理需要和心理体验，是万物有灵观念之下的信仰产物。它的永恒魅力不在于奇异幻想，而在神话所流露出的人类真实自然的本性。颇具神秘色彩的白族神话故事，蕴藏着丰富的民族文化内涵，并体现了白族深层次的、核心的社会文化结构[③]。由于白族文字在村落中并未普遍使用，口语传承是延续民族文化最有效的方式。湾桥白族人通过一代又一代地讲述这些神话故事，不管时代如何发展和变迁，都如接力赛似的将文化传承下去。本节以《大黑天神》《观音斗罗刹》《赤子三爷》等产生于湾桥，并流传至今的神话故事为研究对象，借鉴结构人类学的观点，将之视为蕴含着白族社会文化信息的一个整体，在神话故事的叙事脉络中，分析作为“普遍逻辑”的湾桥白族人的信仰体系以及“神人合一”的宇宙观。

流传于湾桥村落中的神话故事大致可以分为三类：第一类为创世神话，如

---

① 笔者从小到大听说过这类笑谈非常多，如“杨凤民看报纸——不懂装懂”这一个歇后语就是来自于不识字的杨凤民端着报纸看，别人问他看到啥了，他吹牛说了一通，说完大家发现他报纸都拿倒了。还有就是关于“打死”的故事，说有个老太太的儿媳妇是个汉族人，第一次回家过冬至节，早上老太太烧好炭火给儿媳烤糍粑，烤好了叫儿媳妇吃，因不会说糍粑的汉语，用白语说“dersix [teɹ^{44} sɿ^{33}]”，儿媳听成“打死，打死”，吓得赶忙跑回城里去了。诸如此类的故事在湾桥时有所闻，讲述者往往添油加醋增加喜剧效果，但无论说者还是听者，对故事主角并无人格上的歧视，只是为博众人一笑而已，但其中却暗含着对汉语的认同。

② 歌德．格言录[A].//歌德全集[M].上海：上海译文出版社，1999: 118.

③ 在结构主义人类学代表人物列维·施特劳斯看来，对于没有文字、没有史料的社会而言，神话的目的在于使未来尽可能地保持与过去和现在相同的样态。神话是一种处于稳定状态的社会文化，不受时间影响，它蕴藏着深层的文化结构和内在的文化模式。从神话中可以探寻到人类普遍的逻辑或思维原则，即野性思维。

《创世纪》《九隆神话》《开天辟地》等；第二类为佛教、道教神祇故事，如《观音斗罗刹》《大黑天神》《李天王与金太娘娘》等；第三类是白族英雄祖先的故事，如《蒙王与金姑》《中央本主段宗榜》《爱民将军张忠义》《柏洁妇人》等；第三类是湾桥白族中传奇人物的故事，如《红山茶》《艾蒿荨麻》《海螺公主》《鸡鸣江》等。《传世纪》《九隆神话》等为白族地区广泛流传的神话故事，而《观音斗罗刹》《赤子三爷》的故事起源地也在湾桥。

1. 神话中民族历史的言说和延续

卡西尔说："当人最初意识到时间的问题时，当他不再被封闭在直接欲望和需要的狭窄圈子内而开始追问事物的起源时，他所能发现的还仅是一种神话式的起源而非历史的起源。为了理解世界——物理的世界和社会的世界——他不得不把它反映在神话时代的往事上。在神话中，我们看到了想要弄清楚事物和时间的年代顺序，并提出关于诸神和凡人们的宇宙学和系谱学的最初尝试。①"他将神话看作先于"历史意识"而产生的一种宇宙观，是一种非严格意义上的历史。在湾桥白族的神话故事当中，很好地印证了神话中包含的历史。

最具代表性的就是《观音斗罗刹》的故事：

莲花峰麓，上阳溪头，塔坡山洞口的三个大岩石上屹立着一个罗刹阁（图3-1）。罗刹阁中关着专吃童男童女眼珠子的妙香国国王罗文秀。罗文秀是一个人身鸡嘴的孽畜。罗刹本是个铁嘴公鸡修炼成正果上了天，在通天教主手下当殿官。一天，罗刹和蜈蚣精在守殿时发生口角，互相殴打，罗刹用嘴啄死了蜈蚣精，惹怒了通天教主，被通天教主丢入天河，罗刹趁机逃下凡间，居于高丽国摩天岭。他占山为王，蹂躏百姓，谁不服从就施法迫害他，百姓不堪忍受其暴行，联合薛仁贵剿灭了他，他携家眷逃至妙香国，谋杀了国王，自己当了皇帝。观音得知罗刹在妙香国的恶行，禀明玉帝，扮作一位胡须斑白的道长下到人间，左手持珠，右手持杖，肩担白布袋，身披青袈裟，尾随一只黄狗来到了罗刹的宰相张蔽家，劝说张蔽帮忙度化罗刹，怎奈罗刹十分狡诈，且屡教不改，继续作恶……于是观音施计，将上阳溪的搭坡山岩洞变成富丽堂皇的宫殿，专等罗刹来……待罗刹上当入洞，观音便搬来邓川的盐石、海东的碱石，同洞口的苍山石合在一起，天旋地转，大门关上，洞口也封住了……观音锁罗刹于瑑魔洞，与张蔽及三方嵯贤建苍洱文园，细奴逻、张蔽被委为国王。

① 恩斯特·卡西尔．人论[M]．甘阳，译．上海：上海译文出版社，2006：272.

图 3-1　湾桥罗刹阁

在这个故事中有很多值得推敲的历史元素，这个神话反映的是佛教进入大理地区之后一步步战胜了本地的非佛宗教的过程。故事中的罗刹所代表的是大理本地的原始宗教力量，罗刹的恶行暗喻着已经僵化的原始宗教对白族人的禁锢与压制，观音则代表的是外来的佛教思想，而张蔽等原来罗刹的大臣们则代表大理本地最早接受佛教的开明人士。观音和开明大臣联手打败了罗刹，暗示的是佛教充分地利用了本地势力来推广自己。最后，观音封张蔽和细奴逻为王，则隐射着新政权的统治者借助佛教的力量来巩固统治。而这些在神话中隐含的历史在正史中是可以得到印证的，《新唐书》及唐·樊绰《蛮书》卷 10 记载："咸通四年 (863) 正月初六日寅时，有一胡僧，裸形，手持一杖，束白绢，进退为步，在安南罗城南面。本使蔡袭当时以弓飞箭当胸，中此设法胡僧，众蛮扶舁归营幕。城内将士，无不鼓噪。"此段记载了南诏时期胡僧在战争中作法助阵，说明当时南诏王朝已与佛教有着密切的联系，佛教在大理地区传播和发展走的是"自上而下"的道路。

还有《鸡鸣江的故事》中：

在苍山的莲花峰上，有一座清雅别致的寺庙，里面有一位道主，他每天传道授业，培养了很多道子道孙，这位道主是玉帝派下来的，他不求金银珠宝，但愿学子明贤。每天早晨，庙里的道人打坐，诵经焚香，香烟袅袅，钟声响彻云霄。由于道主讲道精彩，又很有法力，从而感动了附近的飞禽走兽，纷纷来听他讲道，不少鸟兽得以脱胎换骨。

这个故事反映了道教进入大理的历史过程。道教走的是亲民路线，靠为老百姓办实事，为老百姓消灾解难而赢得民心，继而在大理站稳脚跟。道教在大理地区的传播和发展走的是"自下而上"的道路。

两个神话故事反映了两种外来的文化进入白族社会的过程。湾桥白族的神话故事中所含的历史是生动的历史，这些历史记忆通过荒诞神奇的神话故事代代流传了下来，成为湾桥白族民族记忆的一部分，构筑起一个通往遥远时代的桥梁，联通了祖先与子孙的关系，使湾桥人因有共同的历史而团结在一起。

2. 万物有灵的自然观的表述

泰勒认为是万物有灵论导致了宗教的产生。在漫长的历史发展过程中，白族人有着坚定的万物有灵的信仰，认为动物和植物乃至山石溪流都是有灵性的。《红山茶》故事中塑造了一些生动的植物神的形象，如山茶花变化的仙女茶姑娘、香樟树仙人张大哥、黄精仙黄老幺、杨梅仙杨老四等，他们既有着神仙的异能，又有着凡人的善良、多情、诙谐的特点。《玉带云》故事中赋予萦绕在苍山半山腰的云层灵动多情的特色，将自然形成的云气比喻为玉女神仙的五彩裙带，赋予苍山大理石神秘的气息，认为那是仙女散落的画稿。《鸡鸣江的故事》中则将蟒蛇视为有灵性和超能力的生物，能够帮助白族的先祖治理水患。《水晶宫传说》中古老的桂花神树是逝去的老人们的灵魂暂住地，能够保护死者的灵魂直至被阎王召唤到阴间。在湾桥，这类神话故事非常多，神话了的人正是人对自身的力量所抱有的一种超凡的理想，也表明白族人对人性的一种朴素的解读，是在真正认识自己的道路上的有益的尝试。基于万物有灵论的神话故事是人们对天人关系的一种艺术化表达，通过赋予自然万物以灵性和生命力，使人和物的距离更近，逐渐消除人与物的隔阂。人在认识物的过程中认识自己，这一过程对人性以及人与万物关系的探索精神，通过神话故事有效地得以继承和发扬。

3. 乐观豁达的生存观的传递

所谓一方水土养一方人，湾桥气候温和，空气清新明净，一年四季都是春意盎然，既无酷暑使人懒散，也无严寒使人畏缩。背靠高洁雄伟的苍山，面临澄净温和的洱海。湾桥独特的自然环境成就了白族人乐观豁达、温和谦让的性格。正如李晓岑所说的那样：成长在这样环境中的人，一定比别的环境中成长的人更温和，苍山的感染滋润使白族人性格高洁聪慧，洱海的熏染则使白族人形成愉快活泼的本性，绝少有沉重的思想，生活中也喜欢讲一些有趣的神话，任何令人敬畏的神灵到了洱海地区都会变得世俗化和有趣化[①]。《金姑与细奴逻》是以美丽的白王之女金姑和南诏王细奴逻的爱情故事，来寄寓湾桥白族人对追求爱情自由的赞美；《红山茶》以传说中的白族种茶花能手金画眉的人生故事为主线，表达了人们

① 李晓岑．白族的科学与文明[M]．昆明：云南人民出版社，1997: 11.

对诸如坚韧乐观、无私奉献和不慕权贵等人性美好品质的赞美;《艾玉的故事》中财主们和迂腐秀才们成了被底层劳动者戏耍的对象,隐含着白族人民对平凡生活的自豪感……这些神话故事从不同的角度折射出湾桥白族人民的生活态度和价值追求。在这些故事中,均有不同程度的不平等和压抑的抗争,所有的抗争都是为了未来的生活,体现了某种前瞻性,尽管抗争的结果可能千差万别,但其功能始终保持一致。抗争的目的在于增强人们对世俗生活的信念,是人们的一种自我勉励。这种前瞻性与自勉性,正是白族人民乐观豁达生存观的自然流露。

4. 神人亲和的宇宙观的传承

湾桥白族的宗教信仰是多元化的,既保持着白族原始的图腾崇拜、祖先崇拜和巫教的元素,又深受佛教密宗阿吒力教和道教的影响,此外还受到儒家思想的浸染,并在几经变迁后,产生了一些综合化的神祇,或者是儒道佛的圣人、神祇在本主庙中一起得到供奉。这些神祇还不同程度具有了世俗生活的气息,湾桥神话故事对此也有比较全面和生动的体现,标志着在湾桥白族文化体系中具有“神人亲和”的宇宙观。

白族的本主崇拜是一种多元且开放的信仰体系。“它在发展过程中,曾经历了自然崇拜、图腾崇拜、祖先崇拜、英雄崇拜、偶像崇拜几个阶段。在历史上,密教文化和道教文化曾多方进行渗透,因而受到了它们的一些影响,但它仍保持了原始宗教文化的特点。”[①] 本主是“人神亲和”观念的产物。他既是世俗的,同凡人一样具有七情六欲,与凡人同栖居于俗世当中;他也是神圣的,有超凡的能力,是保一方平安的神仙。例如,《古生村本主》故事中智慧神勇的托塔李天王是古生村重要的本主神,也是道教中的重要神祇。在湾桥的本主故事中,托塔李天王不再是道教文化中刚直不阿的英雄形象,而是被描述成一个智勇双全且多情的具有人世间烟火气息的神灵形象。他因为在同西天妖王的斗法过程中战败,无颜再回天庭,因此便在人间安顿了下来,做了一方本主。他经常腾云驾雾去挖色坝子拜访自己的老朋友沙漠王,并且和龙街的金太娘娘有段情缘,后来他因到古生任本主,与金太娘娘分居两地,所以每当农历的七月二十三,古生村都要到龙街接金太娘娘和天王团聚。

“神人亲和”的宇宙观还体现为湾桥神话将宗教精神和人们的现实愿望结合在一起。《绕桑林传说》不仅表述了远古时代人们对传世先祖的崇拜和怀念,更是人们对“五谷丰登”“人丁兴旺”的祈盼,也是白族人心灵释放的狂欢。《赤子三

① 李缵绪. 白族文化[M]. 长春:吉林教育出版社,1991: 46.

爷》故事中的小红蟒原是一个平凡的爬虫，甚至还没有人的能力，但它不畏艰难，一心修道，且有着大无畏的牺牲精神，以一己之力拦住洪水，拯救百姓，最终化身为神灵。这是一个很普通的成仙故事，这个故事打破了人与动物以及神的界限，表达了人借助神圣之物使自己升腾、净化的愿望。

神话故事更多是以口头传承方式流传于世的，口语化叙事是神话传说的传承特点。白族神话故事的特点是语言平实易懂，或平铺直叙，将深刻的说理寓于异想天开、荒诞有趣的故事当中，这使神话故事呈现出一种与现代文化传承不一样的独特气质。淳朴的民风在神话故事中再次复苏，神话在不识字的平民百姓与文化世界中搭起了一座桥梁，构建了一个平易近人的信仰世界，讲故事的人和听故事的人都能回到感性的传统世界中去，并在其中充分舒展心灵、表达情怀。

（三）民歌小调中的民族情感和审美心理的传承

《尚书·尧典》记载“帝曰：夔，命汝典乐，教胄子，直而温，宽而栗，刚而无虐，简而无傲。诗言志，歌永言，声依永，律和声。八音克谐，无相夺伦，神人以和。”夔曰：“於！予否拊石，百兽率舞。”将人的精神和情感与诗、歌、声、舞之间的关系表达得很清楚。潜藏于心的是人的精神与情感，用语言表达出来是诗，精神和情感是内在的，诗是外在的。诗不足以表达，加上嗟叹，又不足，再加上永歌，又不足，就加上舞蹈，以完整地表达情感。民歌当中包含了上述诗、歌、声、舞的元素，在中国文化发展的历史长河里，民歌是诗歌的源头，民歌被视为原生态的诗。在无文字民族群体当中，民歌小调是表达民族精神志向和内心情感的重要形式。湾桥白族社会当中，民歌是不可缺少的生活元素，在田间地头、山间水畔，还有街头巷尾，一年四季都有白族人的歌声。湾桥民歌形式多样，内容丰富，承载着浓郁的民族情感和白族独特的审美心理。

1. 白族民歌中的民族情感

（1）对农耕生活的热爱赞美之情。湾桥民歌中多有对白族四季生活的生动描绘。例如，《十二月》[①]：

一月里来究根源，二月里来重饲养，
三月犁铧叮当响，四月秧苗绿茵茵，
五月犁田又栽插，六月里过火把节，
七月十四祭祖先，八月十五中秋夜，

① 由湾桥甸中民歌手演唱录音整理。

月饼赛过大粗筛，九月九日朝斗会，
十月霜雪白茫茫，十一月把冬至过。
腊月农闲喜事多，楼上佳品拿下来，
宰猪杀羊准备好，父母子女聚一起，
高高兴兴过春节。

由于白族文字普及率不高，在历史发展过程中创造和积累起来的农耕文明的传承主要依赖口耳相传。与农业生产相关的时令知识、农耕知识往往被编成朗朗上口的歌谣小调，在田间地头传唱。关于时令和农耕方面的知识以一种生动活泼的方式代代流传，指导着湾桥白族人的生产生活，其内容涉及一年中重要的农事活动以及与农业生产相关的民俗活动和祭祀活动。语言生动有趣、机智俏皮。表达了白族人对质朴生活的热爱之情。

又如《小蜜蜂对歌》：
东山岩头青苔绿，
我听小蜜蜂对曲，
我看蝴蝶摇扇子。
萤虫烧蜡烛，
蝼蛄学着去犁田，
蚂蚱学着去扬谷，
毛虫田间送午饭，
走路弯曲曲。

这首民歌以拟人的手法，十分形象地描绘了白族人在田间劳作时与草虫对话、游戏的画面，并以童话叙事的方式，将草虫的生活暗喻白族人的生活，展现了农耕生活的生动场景：青山绿水间挥汗如雨，想唱歌就唱歌，饿了累了，就坐在田埂上吃午饭。朴实的歌词中流露出对自在惬意的田园生活的赞美。在传唱的过程中感染着每个人，美好的情感在人与人之间传递，如《水稻歌》[①]：

金黄谷粒似珍珠，你是五谷老大哥，
农家盼你长得好，年年收得多。
惊蛰选种又泡种，春水浸透你心窝，
三天过后吐新芽，送到秧田播。
农妇早晚去探望，村姑日日去守护，
盼你绿芽出水面，怕你枯又黄。

① 施珍华，段伶．白族民间文艺集萃[M.]昆明：云南民族出版社，2003: 22- 26.

秧苗长得粗又壮，春风吹来起绿波，
布谷见了声声唤，引来绿鹦哥。
十分谷子九分苗，农妇每天辛勤看，
秧苗一天一个样，长得绿油油。
秧田泥巴松又软，养的秧苗肥又壮，
农夫及时来排水，日照热乎乎。
泡田排水要及时，水分不少也不多，
农家为你添忧虑，怕受草欺负。
两块方板来压实，一双巧手细细梳，
薅尽稗子与杂草，费多少工夫。
秧苗二月长成材，满田都是好苗株，
就像一群好女子，待嫁找婆婆。
欢声笑语满秧田，拔秧女子乐呵呵，
秧草把你捆成把，装进篾箩箩。
芒种栽秧节令到，敲锣扛旗唱山歌，
肩挑人背欢送你，地母迎秧姑。
接你去到婆家住，男家田里新媳妇，
阳光雨露滋养你，靠天靠农夫。
插秧过后二十天，薅谷除草到田间，
施肥灌溉勤管理，时时到田边。
六七月里谷抽穗，麻雀飞上谷尖尖，
出穗十天浆灌饱，把你浆水添。
扬花抽穗半个月，你就地头想睡眠，
农妇悄悄来探望，盼你肚皮圆。
九月初九是重阳，开沟排水把雀撵，
金黄稻海翻金浪，农妇笑开颜。
收割节气已到来，把你割倒放稻田，
农家和你好商量，挑你回家园。
手举连枷把你打，堆堆黄谷耀人眼，
把你背进碓窝里，水碓来舂碾。
剥去你的麻衣皮，脱掉你的红内衫，
再拿筛子细细筛，白米在眼前。
九十九道做工细，才有一百苦后甜，

世上宝贝千千万，稻米首当先。

这首民歌是白族农稻耕作文化的缩影。民歌中展现出湾桥白族围绕水稻种植而发展起来的一个对自然环境的认识体系。从选种、催苗、育苗、备耕、栽种、催肥、薅草、收割到晒场、加工，将水稻种植的整个过程完整地记录下来，每个环节都有专门的仪式，其中蕴含了白族人对土地母、对谷神的崇拜，对稻谷这种粮食作物的独特情感，对农业劳动的态度，乃至先苦后甜的人生态度等。歌谣中劳作和仪式融为一物，知识和情感合为一体，形成一种情景交融的教育氛围。

（2）对美好爱情的追求和向往之情。爱情是人类生活中一个令人着迷的永恒主题。很多少数民族的民歌都是情歌，白族也不例外。白族青年男女用歌声来表情达意，人们在对歌的过程中互吐真情，情投意合后缔结良缘。湾桥白族的情歌是比较含蓄的，这与大理其他地方的白族豪放直白的情感表达方式略有不同。在湾桥村落中，情歌是不能随便唱的，村落里家中都是不许唱的，只有在特定的场合，如固定的歌会歌场和男女相会之地才能唱，从侧面反映了湾桥白族人含蓄内敛的民族性格。

如《白月亮》[①]：

白月亮是白姐姐
真心话儿告诉你
我想和你做相好
难于开口提
不开口时心不宁
开口又怕得罪你
答不答应你说话
何必害羞呢

这首民歌中，男子羞于直接向自己心仪的女子表白，于是借向月亮告白来婉转传达自己的爱慕之情。湾桥白族在日常人际交往中，表情达意时喜欢借助身边的物来打比方，类似于诗歌创作中“起兴”的手法。白族人在创作民歌的过程中也经常运用这种方式，以物喻人，借物抒怀。在白族男女对唱的情歌中，经常以事物的发展来比喻爱情发展。

如《划船不怕风浪大》：

海风阵阵水上吹，
波浪冲岩水花飞，

① 施珍华，段伶．白族民间文艺集萃[M]．昆明：云南民族出版社，2003: 11- 12.

小船划进大海里，
敢闯大浪堆。
划船不怕风浪大，
相爱哪管惹是非，
细鳞鱼敢漂大海，
不怕渔人追[①]。

这首民歌的上半阕描述了风急浪高的场景，烘托出小船划入大海的艰难。下半阕借助“小船敢闯风浪”和“细鳞鱼敢闯大海”两个巧妙的比喻来引出不畏惧流言蜚语，敢爱敢恨的情感。民歌中用大海行船的比喻来鼓励人们：面对爱情道路上的大风大浪，应迎难而上，要勇敢地去追求美好的爱情。这些情歌的传唱既教授给青年男女吐露真情的方式，也将歌曲中白族人的爱情观念潜移默化到了每个年轻人的心中。

（3）敦厚善良的审美情感。作为一种民间文学作品，民歌的内在美在于清晰明确的善恶观念以及合乎伦理规范的情感表达。这些普世的道德观念和情感，成为白族民间歌谣中经世不衰的主题。有的赞颂祖先的光辉事迹和创世英雄的卓著功勋，如《李四维告御状》《白子王》《火烧松明楼》等；有的赞美普通劳动人民淳朴善良的美德，如《谷子树》《仙人掌》《山茶花》等；有的歌颂忠贞不渝的爱情，如《望夫云》《柏洁夫人》《鹦哥记》等；有的宣扬勤劳俭朴的生活观念、讽刺不劳而获以及仗势欺人，如《谷子鸡》《渔樵耕读》等。白族人民在长期的生活中形成的一些是非感、道德观以及许多传统心理反映在他们的创作中，也都形成了一些固定的内容情节：善恶各有所报、巧女智解难题、好心人因祸得福、穷汉喜得仙妻、贫弱者终得天助改变境遇等，都集中反映了白族人民同情弱者、扬善惩恶、追求幸福的理想和愿望。这些相同的主题和固定的内容情节，都不断地在不同时代的作品里重复出现[②]。我们择其一二加以分析。

例如，《渔樵耕读》所倡导的就是勤劳简朴的生活观念，体现出对“渔樵耕读”这种汉民族主要的生活方式的认同：

世上生我捉鱼人，
渔网鱼篓背在身，
养活老母亲。

① 大理白族自治州文化局．白族民间歌谣集成[M]．昆明：云南民族出版社，1997：167.

② 张锡梅．白族民间歌谣所体现的白族文学精神——以《鱼调》为例[J]．大理学院学报，2007，（6）9：24.

世上生我砍柴人，
东方未白登山门，
栗柴杂木砍回来，
供给灶门窝。
世上生我种田人，
赶牛耕田忙不赢，
赶快耙好庄稼地，
种金又收银。
世上生我读书人，
又写又算很专心，
人说一字值千金，
莫把我看轻。

我国是农业大国，渔樵耕读高度概括了农耕社会最基本的生产和生活方式，被称为农耕社会的“四业”。渔是临水而居，结网捕鱼；樵是依山而居，伐薪砍柴；耕是依靠土地，种粮种菜；读是以诗书为伴，明理学文。渔樵耕读代表着人们对质朴自由的田园生活的喜爱和对文明礼仪的向往之情。如今，除了樵这种生活方式之外，渔、耕、读仍是湾桥社会生活的主要方式。石岭、下阳溪、古生等靠近洱海的村子中仍有不少人以打鱼为业，而甸中、上湾等村则以农耕为业，湾桥人向来重视子女教育，常以“耕读传家”作为家训。“渔樵耕读”成为白族民歌的内容，说明白族人对这种基本生活方式的认同。这种认同不仅体现在民歌中，也体现在湾桥人点点滴滴的生活实践中，代代相传。

（4）诙谐机智的审美趣味。白族民歌也有很多说理的主题，道理的说教总是让人感到枯燥，而诙谐的话语会冲淡道德教条的枯燥感，用一种轻松愉快的方式完成德育的过程。白族人的民歌小调中创造了很多诙谐的艺术形象，用自嘲的诙谐的语言，变尴尬为愉快，化干戈为玉帛。诙谐具有它难以匹敌的力量，民歌中的诙谐与智慧更是加深了民歌的思想深度。

如《天上星多月不明》：

天上星多月不明，
地上坑多路不平；
河里鱼多水不清，
官多事不成。
和尚多了经念错，
师傅多了房歪倾；

采花路上伴侣多，

难找真爱情。

这首民歌就是借助蕴含生活道理的话语，劝诫青年男女寻找伴侣时要一心一意，不能三心二意，玩弄感情。

如儿歌《风之歌》

风啊你是啥变成，

一来就要吼不停，

没长骨头气力大，

刮得刺骨疼。

吹折枝条扭伤树，

吹老水面起皱纹，

心想看看你模样，

腾空去无影。

这首儿歌借助充满童趣的寥寥数语就将风无影无形而又无处不在的特点说得明明白白。

民歌，是白族用口头语言描述自己生存环境和生活情态的生动篇章，而民歌所要表达的又不止于此，其中不仅有山川草木等为代表的自然环境的描述、更有生产生活经验的积累，还包括了哲学智慧和宗教信仰体系。民歌以口承方式代代相传，成为白族人的一种生活方式。对没有文字记载历史的族群来说，体会他们的口头传统是非常重要的。在这里，我们正是以民歌为媒介，以口语传统为线索，来探讨无文字民族如何通过口头语言表达和传承文化的。人创造了语言，语言又成就了人。语言中有人的生活、人的认知、人的信仰，语言传承是文化传承的基本形式，但是必须承认这不是唯一的方式。

二、物化符号

文化人类学将文化大致划分为物质文化、社群文化（制度文化）和精神文化（表达文化）三个层次。物质文化是人类与自然交互过程中创造的，是人类赖以生存的基础，故主要表现为“技术的”文化，是人与自然关系的反映[①]。柏拉图说“人为自我保存而置价值于万物——他为万物创造了意义，一种人的意义。”人在与物互动的过程中赋予“物”以特殊的意义，使“物”成为人的一种文化表述。正如《周易·系辞上》所言：“书不尽言，言不尽意，圣人立象以尽意。”与人相

① 庄孔韶．人类学通论（修订版）[M]．太原：山西教育出版社，2005：150.

关的“物”，尤其是人造物更是人们共同经验的东西，融入了更多共同的情感以及审美体验、艺术创造和想象等纯粹心理性的活动。人的情感和意识是抽象的，是不可见的，而“物”是生动的、具体的，人借“物”表情达意，我们则借“物”来考察作为造物者的人的“情意”。因此，物质被视为文化的载体。人们对物质文化的研究是从“物”的角度来研究人的文化。因此，不仅要研究物质本身，更要研究人创造和使用物的行为以及人与物的互动过程中人所体现出的认知特点和情感趋向。

对物的研究是我国学术思想中非常重要的一个领域。中国古代的“三才”思想正体现了天地人和的宇宙观念。《大学》中说，“物格而后知至，知至而后意诚，意诚而后心正，心正而后身修，身修而后家齐，家齐而后国治，国治而后天下平”。“修身、齐家、治国、平天下”代表了儒家君子普遍的人生追求，这一人生理想的实现是以“格物”作为起始的。南宋大儒朱熹认为，“明明德”无不从格物开始穷理。换言之，就是从万物之理来应人事。《中庸》更是直接明了地表达了以物作为介质来探究文化的道理。“能尽物之性，则可以赞天地之化育，可以赞天地之化育，则可以与天地参矣”，从“物之理”或“物之性”的概念提示了我们认知的必要性和可能性①。在中国传统文化学说中，“化育”即是传统对文化解释的肇端，是谓从事物的纹理、条理，品读领会到教化的意义，即文化②。张载言“民吾同胞，物吾与也”，朱熹阐释为“万物皆天地所生，而人独得天地之正气，故人为最灵，故民同胞，物则亦我之侪辈。”此为“物我同一”的思想，这为我们从物的研究中来考察人的文化提供了理论支撑。

湾镇白族有着丰富的物质文化，包含农业生产过程中需要的、世俗生活所必需的、宗教生活所借助任何的物质手段和人们创造的全部的物质财富。作为族群区分的标志来讲，人们往往只是挑选那些能够反映其世系或者族源的文化特征。所以，笔者选取了与白族的族源密切相关的“食生习俗”中的食物和“桑林舞”宗教祭祀用物两个案例，作为物质文化事象来分析。

（一）以节庆为线索考察饮食中的白族文化传承：以湾桥的食生习俗为例

人类学对食物之于人类学的需求功能、社会践行以及文化系统之间的复杂性

① 汪晖．现代中国思想的兴起（上卷第一部）[M]．北京：生活·读书·新知三联书店，2004：270.

② 罗正副．调适与演进：无文字民族的文化传承[D]．厦门：厦门大学，2008.

和多样性研究从未间断，特别是通过食物系统的了解和认知探求作为食物“形而下”的色香味中的“形而上”的文化符号和表述。

1. 湾桥“食生”文化的历史

洱海地区食生习俗由来已久。在不同的历史时期均有关于白族人生食习俗的记载。唐代樊绰的《云南志》是最早记载白族人食生习俗的文献：“猪、羊、猫、犬、骡、驴、豹、兔、鹅、鸭，诸山及人家悉有之。但食之与中土稍异。蛮不待烹熟，皆半生而吃之。”① 可见南诏时期洱海地区的家畜种类已与中土无异，但食用方法不同，以半生半熟为主。除此之外，元代李京《云南志略·诸夷风俗》、明嘉靖《大理府志》、明代景泰《云南图经志书》、明《滇略·俗略》、清代《滇南新语》等文献中均有对白族食生习俗详细的记载。从食材的选择、佐料的种类以及食用方法等方面进行了十分具体的描述。

时至今日，“吃生皮”是大理白族独特的饮食习俗。生皮的白语发音为 herl gerd [xeɹ⁵⁵ keɹ²¹]，意为生肉，生皮是汉语说法，原来专指猪肉脍，后来也指代鱼脍、羊脍等。湾桥白族人一般只吃猪生皮。白族生皮食材的选择十分讲究，往往只选择肉质细嫩的部分。传统习俗中吃生皮的主要部位是猪的四肢与躯干的联结处，“生皮”并不是全生的猪肉，而是经过稻草、麦秆等烧至四五分熟的半生肉。要吃生皮只能用传统的宰杀加工方式，湾桥火烧猪是比较有名的生皮食材。具体的制作方法是：将宰杀好的猪放在铺好的稻草或麦秆上，脊背朝上放置，将稻草均匀地搭在猪的侧身，点燃。烧的过程中，需要控制好火势并不断翻动稻草，以使稻草充分均匀地烤炙猪体。中途暂停数次，用刀刮去烧透的猪毛，根据烧的程度适当地调整受热面。反复几次直到猪全身烧至黢黑，则停止燃烧用凉水降温，并将湿的稻草灰涂抹到猪的身上，用力摩擦，让猪皮吸收水分软化并吸收稻草的香味。擦遍全身之后一边用稻草擦洗一边冲水，直至猪体完全呈现焦黄色的肉皮（图 3-2）。

① 方国瑜. 云南史料丛刊(卷一)[M]. 昆明：云南大学出版社，2001：70.

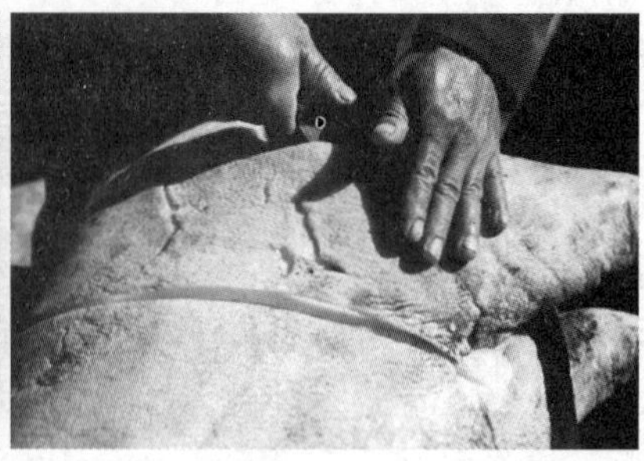

图 3-2 生皮主料“火烧猪”的制作过程

湾桥白族生皮传统的吃法是打蘸水。先把猪皮切成薄块，将猪肉切成细丝或者剁成碎末装盘[①]，用炖梅（杨梅酱或醋）、葱姜蒜末、油辣子、胡辣椒面、花椒面、芫荽或香蓼[②]、花生或核桃碎末等制成蘸水，然后蘸食（图 3-3）。

图 3-3 湾桥白族名菜“猪生皮”

由此可见，白族“食生”的习俗由来已久，且得到了很好的延续。通过分析历史文献，我们不难发现：至明清时期，白族人民已经积累起丰富的饮食文化，且发展出一套完整且独具特色的饮食礼仪。白族比云南境内的其他少数民族更多地吸收了汉族的饮食风俗和礼仪，很多饮食风俗与汉族地区非常相似。白族人很

① 湾桥白族人的生皮还包括烧至半熟的猪拱嘴和猪耳朵，但基本不吃生猪肝和猪里脊肉。而大理其他地区生皮的食材范围要更广泛，如洱源白族喜欢吃生猪肝、云龙白族喜欢吃羊生皮、海东白族喜欢吃里脊肉等。

② 炖梅是大理本地一种特殊的佐料，白语发音为 zvxjieix [tsv^{33} $tɕe^{33}$] 专门作为生皮调料，选用大理本地的青梅洗净装坛，用稻壳火慢炖 2~3 个月，边炖边加盐，青梅炖至乌黑即可。香蓼又称为辣蓼、辣柳，白语发音 xiufqilgux [$ɕu^{35}$ $tɕhi^{55}$ ku^{33}] 是一种白族传统的中药材，具有独特浓烈的香味，且能理气除湿、消肿止痛、健胃消食，是湾桥白族人十分喜爱的生皮作料。

早就种植水稻，稻米尤其是糯米在人们的生活中具有重要的意义；白族人还发展出高超的酿酒技术和制茶技术，以“三道茶”为代表的饮茶习俗更是别具一格。这在一定程度上反映出在历史长河中大理白族对中原饮食文化的吸纳和效仿。通过对湾桥白族的现场调研，我们感受到了湾桥白族人对民族传统的坚守，“吃生皮”就是一个明证。它是“茹毛饮血”的原始的饮食风俗遗存，体现出远古祭祀礼仪的神秘色彩。本节选择以湾桥“吃生皮”的习俗为例，探讨白族食生习俗的教育人类学意义，即分析“吃生皮”这种饮食文化的延续与白族人的信仰体系之间的密切关系。

2. 祭祀情境中的饮食文化传承

历史上，除了忌食猪肉的民族和不适于养猪的地区，猪与人类的饮食生活、宗教活动息息相关。尽管在大多数文化背景中，关于“猪”的词语或多或少带有贬义，但这种常常背负恶名的动物提供了美味的肉食并供应了大量的蛋白质。我国农村地区普遍具有“杀年猪”的习俗，在很多的少数民族村寨，很多的饮食活动基本上也是围绕猪这一肉源展开的，在一些重要的年节还举行杀猪祭祖的仪式。自古以来，很多传统祭祀活动中都有“猪”的影子①。大理湾桥白族农家有家家养猪喂鸡的传统，猪肉是人们生活中最主要的肉食，猪头、猪颈肉、猪尾常常作为祭神祭祖的供品，猪腿、猪里脊、猪蹄等常作为亲友馈赠的礼品。湾桥白族用猪肉制作的美食也很多，“猪生皮”就是其中最负盛名的一道。

追根溯源，白族“生皮”与我国脍食的传统有着密切的关系和深厚的文化渊源，并非是一种落后民族的奇风异俗。在《说文解字》(卷四肉部)中：“(脍)细切肉也。所谓先藿叶切之，复报切之也……从肉。会声。”《释名》(卷四释饮食)中介绍：“脍，会也。细切肉令散，分其赤白异切之，已，乃会合和之也。”《礼记》(少仪第十七)记载：“牛与羊、鱼之腥，聂而切之为脍。聂之言牒也。先藿叶切之，复报切之，则成脍也。”脍是以牛、羊、猪、鱼等作为食材而制作食物，是切得细细的肉食。食生是在人类学会使用火之前，在恶劣的自然条件下为求生存而产生的一种饮食方式。在火发明之后仍然保留的原因多与祭祀有关。在先秦《陈侯簋》

① 中国是世界上最早把野猪驯化为家猪的国家之一。根据考古学家和古生物学家对西安半坡与浙江余姚河姆渡新石器时代遗址出土的猪骨研究表明：早在六七千年前，中国古代劳动人民就已经把野猪驯化为家猪了。稍晚一些的墓葬中出现了以猪下颚骨随葬的现象，在甘肃、山东等地随葬猪牙、猪腭骨乃至整头猪的数量十分惊人。从殷墟出土的甲骨文材料来看，殷商时期的养猪业相当发达，“陈豕于室，合家而祀”，说明猪是祭祀中的重要祭品，1981 年在湖南省湘潭县出土的商代礼神酒器猪铜尊佐证了这一事实。

铭文中有“觗脍”，是鱼和肉的调和品，《宋庄公孙亥鼎》有铭文“会鼎”说的是以鼎为器盛脍。《荀子·礼论》中记载：“大飨，尚玄尊，俎生鱼，先大羹，贵食饮之本也。”《礼记·曲礼下》有：“鲜鱼曰脡祭。”《史记·礼书》亦载“大飨上玄尊，俎上腥鱼。”这些都从不同的侧面反映出脍食在祭祀情境中的使用，也说明古礼中已将生鱼用于飨礼了[①]。《周礼》(天官冢宰第一)记载，周王室分设“内饔”和“外饔”，“内饔掌王及后、世子膳羞之割亨煎和之事……凡宗庙之祭祀，掌割亨之事……外饔掌外祭祀之割亨……”。《博雅》释：“脍，割也”，由此可见，脍食是周王室日常饮食的重要组成部分，也是宗庙祭祀的必备之物。

由此可见，脍食在古代社会中是一种兼具“神圣性”和“世俗性”的美食。其在后世逐渐衰落，主要是因为人们对寄生虫病的认识与畏惧以及佛家悲悯苍生忌杀生理念的影响。脍食在人们的饮食生活中逐渐消失，致使今人视其为野蛮之举，更有甚者视其为异邦习俗。然而，正所谓“礼失求诸野”，湾桥白族村落中完整地保留了食生的传统，可视其为脍食文化的活化石。通过对湾桥“吃生皮”习俗的分析，我们可以窥探湾桥人的饮食与信仰之间的关系。

在湾桥白族人眼中，祭祀是非常庄严神圣的社会活动，给本族的神灵和已逝祖先享用的祭品自然是最为珍贵的，脍食既然被当作祭品摆上祭台，说明它代表着尊贵和美味。这种美味不是神灵所独享的，而是神人共享的。湾桥老人们记忆中关于吃生皮的起源也颇具意味：先祖们每次上山打猎都要向山神祈祷，请山神赐予食物，满载而归之后定要割下最鲜美的肉细细剁好之后供奉给山神以示感谢。供奉过的细肉是具有神力的，能够祛病消灾，成为人们争相食用的美食。这种说法在湾桥人的日常生活中可以得到验证。湾桥人逢年过节要去祭拜本主，祭品中包含了一套荤、一套素以及果酒糖茶等。素食包括白米饭、糯米粑粑、面条、炸乳扇、炸干香椿等。荤食包括“生祭”和“熟祭”。“生祭”中最主要的祭品包括生猪头、猪生皮（脍）、活公鸡、活鱼、生鸡蛋和鸭蛋、生米等。“生祭”时只要将祭品陈列在本主案前，磕头叩拜即可。“生祭”完毕之后将除生皮之外的所有祭品煮熟再进行“熟祭”。“熟祭”时需要准备干净的菜刀和筷子，菜刀将煮熟的猪头、鸡鸭蛋等竖剖成两半，以示专门为本主新鲜宰杀，剖完割下部分肉和蛋恭敬地放在本主案前。祭祀完毕之后，所有的祭品作为本主赐予的“福气”做成一桌美味，全家老小在本主庙中就地享用。除夕年夜饭中除了寓意吉祥的鸡和鱼之外，最重要的就是“生皮”，并且湾桥白族的年夜饭做好之后先要单独备出一份供奉祖

① 王若涵．脍不厌细：中国古代的食脍习俗小考[J]．文化透视，2010（6）：24-27.

先。七月初一“接祖”[①] 活动中也要在祖先牌位前供奉鸡、鱼、生皮、乳扇等，供奉完之后全家人食用。

湾桥白族人祭祀的礼仪赋予“生皮”独特的文化内涵。第一，它成为人神（或者子孙与先祖）沟通的一个中介，通过“共享”美食的过程实现了人与神的和谐共处。第二，祭祀礼仪使生皮脱去了“茹毛饮血”这一原始遗风的外衣，融入了更多中原礼教的元素，反映出白族信仰系统的包容性和进步性。从“生皮”选材到制作、祭祀、享用，整个过程中男女老幼人人参与、各有分工。这是一个鲜活的教育场景，儿童在这个过程中耳濡目染，自然地获得了关于“生皮”的技术性知识的同时浸润在白族人的信仰世界中。

3. 人生礼俗中的饮食文化传承

（1）“猪生皮”在湾桥白族人生礼俗中的地位。在白族人的观念中，生皮制作的工序比较烦琐，最主要的是生皮只有在宰杀当天才能保持其新鲜度和最佳口感，且每头猪的生皮肉十分有限，所以是难得而珍贵的。因此，在白族“贵食生”的传统中，生皮被视为待客菜肴之最。生皮不仅被恭敬地供奉在神位前，也被恭恭敬敬地摆上了白族人的餐桌。湾桥是大理地区“吃生皮”最盛行的地区之一，湾桥人有“三天不吃顿生皮，干活腿软眼睛涩”的说法。据湾桥卫生防疫站工作人员介绍，湾桥人嗜食生皮，所以感染绦虫、旋毛虫的人也较多，经过宣传，绝大部分村民都知道吃生皮易感染寄生虫病，但人们对生皮的热衷度仍然不减。近年来，为适应旅游业的发展湾桥还在每年的农历三月三举办“生皮饮食文化节”。生皮显然已经成为湾桥的一个文化名片。而吃生皮对于湾桥白族人来说，则成为确定自己民族身份的一个非常重要的特征。在湾桥，不会吃生皮的白族人会被族人嘲笑。如果到湾桥人家里做客，主人家以生皮相待，一方面表明对你的重视，另一方面表明主人家已将你视为自己人。但是白族人也从来不强求客人吃生皮。

在湾桥，所有重要的人生仪式过程中都要吃生皮。结婚、生子赐名、新居上梁、过大寿、金榜高中甚至在丧礼中都要在杀猪这天吃生皮，名曰“吃生饭”。历经几百年的风雨，“吃生饭”的配菜几经变化，由传统的木耳、芸豆、莲藕之流变

① “接祖先”白语发音为 jia' xifngv [tɕa⁴⁴ ɕi³⁵ ŋv⁴⁴]，是大理地区中元节之前的预备活动，白族文化中相信“灵魂不灭”，认为死去的人存在于另一个世界。在农历七月初一这天阎王大开鬼门，让故去的人回家团聚。所以，子孙在这天要敞开大门，备好祭品、焚香烧纸先祭拜门神、灶神，再列队跪在门口迎接祖先灵魂归来。接回祖先之后每日三餐都要备好饭菜到祖先牌位前叩拜，七月十四这天饭菜特别隆重，还要“烧包”，将事先准备好的纸做的衣服鞋袜、银钱细软做成包裹的式样，写上祖先的名讳火化给祖先。

成了麻辣烫、卤鸡爪之类的流行美食，而其中唯一不变的就是生皮这道主菜。即使是在饥荒年代，肉食难能可贵，白族人也难以舍弃对脍食的情感，用一种叫作"色"[①]的素菜替代"生皮"。可以说，生皮是白族人与祖先共享的食物记忆，代代传承，经由视觉和味蕾唤起民族记忆，在日常生活中时时提醒自己从哪里来，强化族群的认同。生皮在湾桥白族人的心目中已经成为一个特殊的、与祖先和族群信仰联系在一起的文化符号。

（2）规范的吃生皮礼仪。开席前必须先祭祀本主和先祖。生猪刚刚宰杀处理完成时，主人家要把切割好的猪头、猪尾、猪肉一方和猪腿一只摆在托盘中，到本主庙祭拜，回到家中要在专门供奉的神位前祭拜。湾桥白族家庭中的神位是约定俗成的。一般在中堂正中靠墙的位置，墙上往往要挂"对对"，"对对"为五联挂画，中幅上多刺绣有寿星、仙姑、童男童女等神仙人物，两个条幅分别绣有莲花、牡丹、红梅、喜鹊、金鸡、仙鹤等吉祥花鸟，最外两个条幅是寓意美好的汉字对联。"对对"前摆八仙桌。八仙桌上正中放置一炉香、一盏油灯，左右各摆一个花瓶，插上时鲜花卉，花瓶前放置圆锥形红糖和糖果盘。以油灯为中心摆放各种贡品，即摆放前文提到过的荤素两套祭品。素食靠里，荤食靠外。一般在各种人生礼仪中，中堂的地板上要铺上新鲜采摘的松毛，当地人认为松毛能够防止灰尘，并带有松脂香气。其实质则是以松针作为洁净的象征，以此来区分神圣空间与周围的凡俗环境。在二楼的中堂则摆放有祖先灵位，开席前由家庭成员进行祭拜。

在生皮飨宴当中，白族男女老少的角色地位是层次分明的，白族人敬老，老人在村落中地位很高。祭拜完毕，主人家的男性长辈和有亲缘关系的男性长辈围坐在中堂的八仙桌先开席，女性长辈紧接着入席，然后才是其他客人入席。一般是男女分桌而坐，女性和儿童同桌而坐。每桌八人，人满即上菜。"吃生饭"这天的大菜就是生皮，先上生皮，然后才是配菜，配菜一般有酥肉、粉蒸洋芋、白芸豆、炒时蔬和热豆粉汤（或青菜汤）。湾桥白族人吃生皮喜欢蘸食，吃生皮时讲究不拌不掉。不拌的意思是不能翻动盘中的生皮，要保持其肥瘦分明、皮肉分开；不掉是指每一筷子所夹生皮要适当，不要掉到蘸水碗里或者桌子上。主人家热情待客，女主人及时地给客人添菜、加蘸水，男主人则殷勤地添酒递烟。男性客人在吃生皮时往往还要喝白酒，女性一般不会主动喝酒，不论男性女性都极少抽烟和交谈。在宴饮仪式这样的集体活动中，女人们是非常端庄谦逊的，在整个宴饮过程中她们井井有条地照顾老人小孩，殷勤地为饮酒的男性添置酒菜；而男人们

---

① 色是白语发音，是一种将煮熟的青菜和豆腐剁成碎末制作的食物。

则轻松惬意地浅斟慢饮。

总体而言，规范的用餐礼仪使生皮超越了食物的形态而具有了文化特性。用餐礼仪从家庭到社区，越来越具体，从小群体的圈子里走出来，成为传播集体意识和民族传统的工具，成为维系民族群体的凝聚力，成为沟通人们思想感情的一种有效方式。

（二）以祭礼为线索考察宗教用品中的文化传承：以“桑林舞”为例

1.“绕桑林”祭祀舞蹈中的用物及其文化内涵

（1）“绕桑林”以及“桑林舞”的起源。“绕桑林”(白语叫“guerxsalnad [kueɹ^{33} sa^{55}na^{21}]”)，一般意译为“绕三灵”“绕山林”或“绕桑林”，音译为“窥绍阆”或“窥绍莱”，因各地方音差异，也有译为“观上览”“拐上纳”等。这是大理白族的一个古老节日，呈现出民族狂欢的景象。“绕桑林”在白族的众多传统节日中文化意蕴最为丰富，白族的民俗、历史、宗教、婚姻、商贸、艺术等都能在其中找到踪迹，因此成为白族文化珍贵的活化石。从明清时代起，“绕桑林”就为学术界所关注。

论及其起源问题，众说纷纭。第一，根据流传在白族民间的神话故事等来分析“绕桑林”的源头。根据《白族民间故事选》中的记载，关于“绕桑林”传说故事有三：一是“朝拜山林祈求雨水”，二是“追悼爱民皇帝段宗榜”，三是“为白王寻找丢失的儿子”。这些神话故事中的“绕桑林”围绕农事活动和宗教信仰而展开。故事中提到了白国国王和段宗榜，从时间上看其源头可以推算到南诏时期。第二，围绕“三灵”这个线索展开。“三灵”这个词最早出现在明景泰元年《三灵庙记》中，认为三灵分别为吐蕃酋长、唐代的大将、蒙诏神武王的儿子。民间亦有祭拜佛都、神都、仙都的宗教活动，或认为与圣源寺后面的三灵庙或者段思平的生父三灵白帝有关。第三，认为与原始生殖崇拜有关。第四，认为与古代农耕文化中的社祭有关。其中，学者对前三种说法的争议较大，但均不同程度地赞同农耕“社”祭起源说。

不少学者还通过对“guerxsalnad [kueɹ^{33} sa^{55}na^{21}]”的白语词源学分析探究其源头。例如，学者李清正认为“guerx [kueɹ^{33}]”在白语中的意思为“游耍”，可对应汉语中的“逛”；“sal [sa^{55}]”对应的是汉语中的“桑”，“叶榆”“桑榆”等是秦汉时期大理洱海地区的称呼；而白语中的“nad [na^{21}]”可意译为“园林”，因此可将“绕山灵”理解为“逛桑林”。并认为“绕三灵”起源于古老的母系氏族时期，与白族人的女神崇拜有密切关系，表达了人们繁衍子嗣的愿望[①]。杨瑞华则对“guerxsalnad [kueɹ³³ sa⁵⁵na²¹]”的音译有不同意见，他认为“绕山灵”的白语称谓应为“窥绍阆”或“窥绍莱”。“绕山灵”的起源很简单，就是看桑、看桑园，是古代农耕文化的遗存，并且强调“窥绍间”活动中，宗教和宗族气氛浓厚，活动按村镇严密组织，绝不可能有男女间不正当的行为发生。[②] 古代氏族成员集会的地方被称为“社”。春秋之后，“社”的概念出现了分化，在不同的地域有不同的称谓。齐称“社稷”，宋称“桑林”，秦称“畤”，楚称“云梦”等等。《神话与诗：高唐女神赋的分析》一书中这样分析到：白语中所谓的“桑林”与宋之谓“社”相合，所以“逛桑林”者，当是朝“社”，即原始宗教活动。

古代的“社祭”主要进行什么样的活动呢？第一是“令会男女”。《周礼媒氏篇》记载：“仲春之月令会男女，于是何也？奔而不禁，若无故而不用令者罚之。男女之无夫家者而去之。凡男女之阴讼，听之于胜国之社”。学者杨政业认为“令会男女”的风俗早在原始社会时期就存在，而且在很多民族的社会历史发展过程中是普遍存在的，有些地区这些习俗还延续至今。例如，今天在昭通地区的苗族人一年一度的“耍花山”、滇南彝族的“吃火草烟”、丽江白族的“攸奔”、洱源西山白族的“采百花”等。社祭的第二个功能是“祈雨”。“祈雨”是农耕社会非常重要的活动，也是“社”的重要内容。在《吕氏春秋·顺民》记载：“天大旱，五年不收，汤乃以身祈于桑山之林。”高诱注释云：“桑林，桑山之林，能兴云作雨也。”白族关于“绕三灵”的神话中就认为每年定期祭祀山林本主，可以得到神灵的庇佑，使村落风调雨顺、五谷丰登，后来这一习俗便发展为“绕桑林”。

笔者认为，“绕桑林”最早起源于古代农耕社会中人们围绕“社”所进行的祭祀活动，体现的是农耕文化的特色。至于其他诸说，皆起源于后代的传说，并在“Kurx saf nad”活动发展的历程中，不断地增加了时代发展过程中的一些文化元素，最终形成了今天这样一个复合多元的节日。因此，我们选择将“guerxsalnad [kueɹ³³ sa⁵⁵na²¹]”翻译成“绕桑林”，将在其中表演的祭祀舞蹈称为“桑林舞”，包括“执树舞”“八角鼓舞”“霸王鞭舞”等。

2.“绕三灵”祭祀舞蹈中的服饰及其文化

（1）服饰。“桑林舞”中的男女均着传统的白族盛装，湾镇白族服饰属于坝区

① 李清正．白族“绕三灵”的起源和性质[J]．昭通师专学报（哲社版），1985（2）：81-82.

② 杨瑞华．白族“绕三灵”起源考[J]．大理师专学报（哲社版），1993（2）：76.

服饰大理型[1]。坝区白族服饰的汉化趋向较为普遍，城镇青年男女的服饰日常着装与汉族无异。地处交通要道的湾桥白族妇女服饰具有过渡性的特点，女性服饰中的头饰不再采用往昔的龙头、凤头、鸡头等烦琐的形式，或是独辫或是双辫，不戴帽子，冷时戴巾。围腰变短、下装更讲究线条。湾桥人日常着装往往出于便利性和时尚性的考虑，年轻人多穿当下流行的服装款式，并不穿民族服装，而老年人则穿着款式简单的民族服装。盛装不同于日常着装，是他们在重要的仪式和节日中才穿的衣服，保留有较多白族传统文化的特点，主要体现为繁复多样的纹样和饰品，具有独特的文化表达功能（图 3-4）。

图 3-4　男性头饰——八角花球伞帽

湾桥每年都会组织三到五支队伍参加“绕桑林”盛会。“桑林舞”中的湾桥白族男性服饰以头饰最为特别。男子一般头戴伞形八角帽或者包头。伞形八角帽是一种用彩色的布制作成的异形帽饰，形状是八角形，并在每个角上缀有彩色绒线花球。包头一般用白色或者蓝色棉布缠出，包头两边绣花，吊有玻璃圆珠缨穗。衣饰有“三滴水”“五滴水”、对襟褂子。上衣内穿普通长袖衣，上衣的颜色多为白色、青色、蓝色、黑色等，衣扣多为银扣或盘扣。外穿领褂，领褂的前身两片多绣有祥云纹，也有用蓝底白花扎染布做成的。还有多层多包的麂皮褂。腰着 3 米多长的红布腰带，下着短宽裤脚普通裤。中老年腰系的装草烟的麂、羊皮兜。鞋子有“象鼻鞋”、布制凉草鞋，鞋尖鞋帮往往缀上缨花。老年人穿的有红缎万寿鞋，翅头鞋等，上身穿一件白色长袖短对襟衣，外罩一件短领褂。齐肩处披一块长方形的花手巾，或者将方形小毛巾缝制于衣服的肩膀部位和背部。

① 大理各地的白族服饰略有不同，分为大理型（洱海周边地区）、洱源型、鹤庆型和剑川型，依据女性头饰的样式和服装配色分类，男性服装各地不存在较大差别。湾镇白族服饰属于典型的大理型，即“金花装”。

图 3-5　女性头饰——花球鸡头帽

“桑林舞”祭祀舞蹈中的湾桥白族女性着金花装。年轻女性喜欢用红线梳独根麻花辫，将挑花头巾折成长条形围在头上，再把辫子挽在头巾上，头巾上的缨穗垂到左耳侧。包头上的挑花刺绣手工精美，色彩艳丽。包头上垂下的白色丝线和珠链代表“风”，包头上刺绣的花朵代表“花”，包头上端点缀的白色丝绒丛代表“雪”，包头佩戴在头上时的形状代表“月”，对应白族地区的“风花雪月”四景。上衣包括衬衣和领褂，衬衣多为白色或者浅蓝色、浅粉色，袖管上镶有各种花边；多穿红色、紫色或蓝色的丝绒、金绒、毛呢或化纤领褂。围腰为单层，较短，白、绿、红色居多，镶有花边并绣花，腰带绣有色彩鲜艳的花卉图案。年轻人的飘带挑花图案丰富，腰带耳端多挑绣蝴蝶。穿着与上衣同颜色统一的长裤，圆口绣花鞋，仅在鞋头绣一组图案，如梅、桃、山茶等花卉，左右对称。中老年女性为高髻，外裹扎染头巾。上着白色或石青色上衣，外着暗红深蓝或紫黑丝绒领褂。围腰的双层，常用黑、蓝色布料，少数用彩绸，较长且宽大。腰带均用挑花装饰，以白线为主，少用红线。下着蓝色、黑色的长裤。脚穿圆口绣花鞋或船型绣花鞋。在跳“桑林舞”的时候，白族女人们还会在包头上戴上绢花，手臂系上红布条，头戴花球鸡头帽，背上绣花挎包和大草帽。

饰品的佩戴也是盛装的一个体现。湾镇白族男性的饰品较少，多数男性不佩戴任何饰品，少数佩戴佛珠和手表以及金银玉戒指。年轻女性手腕上多戴绞丝银镯、玉镯、金镯，手上戴金银质或玉石戒指，耳着玉质耳环或金银耳环。老年女性戴银手镯、玉镯和佛珠，胸前佩戴制作精细的银链，传统的有“五须”“八须”等，有时还佩戴小荷包，内装针线。另外，还佩戴耳环、戒指、手表。

（2）服饰的文化内涵。少数民族服饰具有物质生活和精神生活相交融的双重特征。它不仅是一种装饰艺术，还是含义宽泛的文化，与每个人的诞生、成年、婚恋、衰老、死亡的生命过程有着密切的关系。不同的服饰出现在不同的场合和不同的人生阶段，体现了人们在民族社会生活中自然而然形成的秩序原则和时间感。对于民族服饰，我们可以根据其形态和功能来建构服饰文化的结构，如图 3-6 所示。

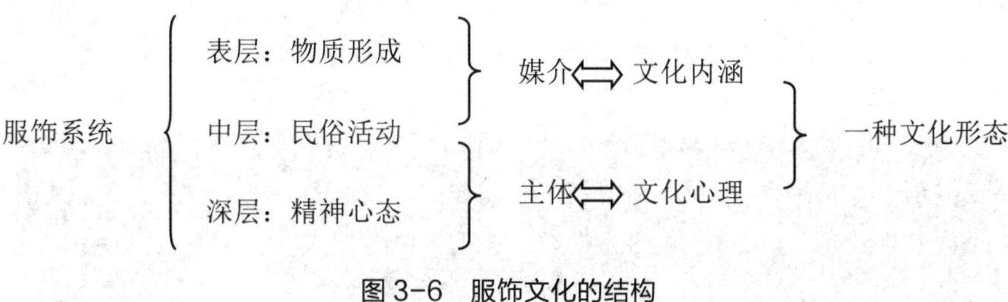

图 3-6　服饰文化的结构

服饰是人类生活中必不可少的实用物，每个民族的服饰都是与居住地的生态自然环境和气候相适宜的，严寒之地注重保暖性，酷热之地看重散热性，这是服饰最基本的功能。服饰还与民族的历史、宗教信仰、审美观点和情感表达等有着密切的关系（表 3-1）。

表3-1　“桑林舞”中的白族服饰纹样

植物纹样	牡丹花、石榴花、梅花、山茶、莲花、粉团花、蕨菜、松、竹、水草等，又分团花纹、缠枝花纹、盆花图案、瓶插花图案等
动物纹样	龙、麒麟、凤凰等神兽；老虎、狮子、猴子、大象、熊、蝙蝠等寓意吉祥的猛兽；猪、牛、羊、马、狗、兔等与人们的生活密切相关的家畜；孔雀、雄鸡、鹅、喜鹊、燕子、鸳鸯、画眉等禽鸟；鲤鱼、螺丝等水生动物；蝴蝶、蜜蜂、知了、蝼蛄、飞蛾、蜻蜓等昆虫
自然现象	祥云、太阳、月亮、星星、波浪、雷云、水涡等
组合图案	二龙抢宝、双凤朝阳、凤穿牡丹、花好月圆、喜鹊登梅、牡丹白头、富贵吉祥、吉庆有余、松柏常青等

白族妇女服饰上的纹样多是寓意吉祥的花卉和禽鸟，如石榴寓意多子、鸳鸯寓意夫妻和美、喜鹊红梅寓意好运到来、莲花鲤鱼则代表连年有余等，这与其他民族具有一致性。但也有一些本民族的独特纹样，如在中老年妇女服装上装饰的蕨菜花图案。蕨菜是具有极强的繁衍能力的裸子植物，在湾桥的山野林间随处可

见，在服饰上绣上蕨菜花，“其意指功能上可以被解读为‘生命的繁荣’”。[①] 白族妇女的围腰飘带上多活灵活现的蝴蝶图案，蝴蝶既是美丽的象征，也被白族人视为爱情的象征，代表成双成对、生死相随的忠贞爱情，寄寓着人们对美好爱情的期冀和向往。而年轻妇女围腰上的“娃娃坐莲”图案，寓意着连生贵子的好兆头，图案巧妙地把莲子与娃娃结合起来，生动体现出白族人重子嗣的观念。而老年妇女围腰上的莲花图案则代表着皈依佛门的虔诚心情（图 3-7）。

莲花石榴童子组合纹样

蝴蝶花卉组合纹样

莲花蝴蝶组合纹样

蕨菜牡丹白鸟纹样

图 3-7　湾桥白族服饰常见纹样

除了纹饰，衣服和饰品本身也具有重要的文化含义。湾桥白族世代居于苍山麓洱海边，有鱼和螺蛳的崇拜，在“桑林舞”中，表演者有时会戴着鱼尾帽。白族男子喜欢穿着领褂和马褂，这一习俗一方面与白族对老虎的崇拜有关，另一方面则反映了白族的族源。在《南诏国图传》《张胜温画卷》中都有披毡的白族先民的形象，披毡是古代氐羌族系的典型服饰特征。白族的歌谣《白字歌》中也有“批

① 孟妍，徐人平，邵雨．大理白族服饰的视觉符号解析 [J]. 贵州大学学报，2010(1): 65.

白羊皮褂”的句子。白族男性穿马褂、女性穿领褂正是这一习俗的沿袭，亦证明了白族文化与氐羌文化的渊源关系。男子们头戴的八角伞形花帽是古代巫师的特殊饰品，八个角代表东南西北四方和上下左右四位，也就是天地，八个角上缀满彩球，各色绒球代表的是春天姹紫嫣红的花朵和秋天丰硕的果实，是人们祈求丰收的体现。女性所戴的鸡头绒球帽，反映了白族有对“金鸡”的崇拜，绒球装饰则同男子八角伞帽上的绒球意义相同。

如果说服饰的纹样反映的是湾桥白族的历史和信仰，那么服饰色彩搭配和装饰品则体现了白族的审美情趣和生活理想，即对未来的追求与幸福生活的期冀。服饰还代表着穿戴者的社会身份和地位，通过服饰我们能够判断其年龄、婚姻状况，如白族的年轻女性衣着要华丽而活泼，力求从装饰到色彩上具有“视觉冲击效果”，大红色喻热情奔放、明黄色喻高贵、翠绿色喻生机和活力；中年已婚妇女的着装则讲究端庄娴雅，使用的色彩以蓝色系、绿色系和白色居多，以表示家庭主妇内敛含蓄、平静祥和的性格。湾桥白族对于白色和蓝色是偏爱的，一方面这两种色彩代表了白雪皑皑的苍山与清亮澄净的洱海；另一方面，白族家庭素来有“清白传家”的家训，体现在服饰上就是“尚白”风俗。白族人喜欢穿着白色服饰，表达他们对高洁的人格品质的崇尚。

湾桥白族人的服饰文化形成于长期的社会生活中。人们对色彩的认知和分类是人通过感性经验认知外部世界的一种方式。但对于色彩多样化的诠释和运用使色彩成为一种独特的文化符号，人们赋予色彩以相应的观念意义和情感意味，创造了独特的服饰文化符号体系。湾桥的白族服饰就像民族文化的一面镜子，折射出大理白族文化重农、尚水的特性。白族的先民在与自然交往的过程中，将那些与民族生存密切相关的动物和植物奉为神灵，反映出白族朴素的万物有灵的思想，这是原始白族宗教的源头。湾桥白族“绕桑林”服饰里蕴含着白族的文化信念、审美理想、民族情怀，可以通过服饰这种审美形象产生特有的感染作用，自然地传给年轻一代，巧妙地完成了民族文化的传承。

3.“桑林舞”中的道具及其文化内涵

（1）神树。神树是“桑林舞”最重要的道具，由村中有声望的中老年男女扶持树枝。而作为一种祭祀舞蹈，树枝的材质也是非常值得注意的。在观察了“绕桑林”庆典中的21支“桑林舞”队伍后，笔者发现有11支队伍使用的是柳枝，8支队伍使用了竹枝，另有2支队伍使用桑枝，而湾桥人组织的4支队伍均使用了柳树枝。使用不同的树枝具有不同的含义或者缘由，对树枝的分析可帮助我们了解“桑林舞”的起源。据徐嘉瑞的《大理古代文化史稿》中记载：“大理各村本主往朝神都时，其行列亦先以树枝为导……两男共扶一树枝，似与巫教之杉、松、柽、柿，同为代表最高之神。”① 他又引用了缪鸾和的《调查报告》对“绕桑林”的情况进行了补充：“榆有盛会，日绕三灵。阖郡士民相率赴喜州小朝（即神都），进香众可数万。循苍山之麓而进，遵洱海之滨而归，历时三四日，载歌载舞，兢艳斗奇，极一时之甚。凡七十一村，各奉其本主，各为一队，自成行列。领队为二男子，共扶杨柳一大枝，高可六七尺，婆娑前进，一人主唱，一人打诨，自有曲本，如《十二属》《叹五更》等。及至小朝，将树枝供于神前。”表明在清末民初“桑林舞”中的神树即用的杨柳枝。徐嘉瑞认为“桑林舞”中白族人所执的柳树枝，同巫师所执的杉树、松树枝是一样的，都是代表了最高的神。说明了“桑林舞”与原始巫术有一定关系。杨政业认为神树是代表“社”（现指村落），代表雨水之神、生长繁殖之神，是“绕桑林”中最典型的标志物，这种说法倒不在意所执的树枝是何类型。杨瑞华认为，这与农耕文化中的“社”有关。但他强调了所执者应该是桑树枝，代表“桑神”，这是古代蚕桑文化的表现，只是后来因为蚕桑业衰落，桑树不好找，所以用更易得的柳枝代替②。也有人认为与生殖崇拜相关，柳白语读“嗯”，与白语中后代的读音十分相近，这个音与“桑”“拓”“竹”一样，是“子孙后代”的谐音，表达了白族人对子孙昌盛的祈求。综上所述，根据对“桑林舞”的观察，笔者认为执树起舞确实是古代祭祀礼仪的遗存，神树既代表了神也代表着巫的权力，而巫的祭祀又多是出于“祈盼风调雨顺”的愿望，是古代农耕文化的一部分。

图 3-8 “桑林舞”中的神树和执树者

① 徐嘉瑞．大理古代文化史稿[M]．北京：中华书局，1978：271.

② 杨瑞华．白族绕三灵起源考[J]．大理师专学报（哲社版），1993(2)：75-79.

（2）葫芦。葫芦在很多民族的创世神话中都是等同于“诺亚方舟”的存在。在白族的《传世神话》中有这样的记述：“在好多万年以前，天神阿白告诉人们：地上要发大洪水了，劝人类搬到大葫芦里躲避灾难。阿布贴和阿约贴两兄妹坐在大葫芦里，躲过了灌满天地的大洪水。后来，因世上缺乏人种，两兄妹依顺天意结了婚，生育了后代，繁衍了白族。”[①] 湾桥的白族老人们也讲过类似的故事，而有些地方的传说将主角变成了伏羲和女娲。因神话传说中白族人曾选择躲在葫芦中避过了灾难并繁衍了白族人，在白族人的观念中，葫芦是祖先遗留下来的神圣之物，里面潜藏着民族始祖的神力，对葫芦的崇拜即是白族人祖先崇拜观念的一部分。“执树舞”中，桑树或者柳树上悬挂葫芦是因为葫芦是多产的植物，不仅产量大，而且每一个葫芦内部都是“聚子于一腔”，有“多子多孙”的寓意[②]。基于这样的含义，人们将系于葫芦上的红色绸布视为女神的经血，是白族人生殖崇拜的一种表现。

（3）牦牛尾蚊蝇帚。对于牦牛尾蚊蝇帚的使用有 3 种文化阐释：第一种认为与羌文化有关，男子头戴包头、身背挎包、手执牛尾蚊蝇帚，正是牧羊人的典型形象，说明白族的族源可以追溯到古代羌民族；第二种解释认为这表明了牛在白族古代农耕文化中的重要性，表明牛作为重要的生产工具获得了白族人的珍惜和爱护；第三种将其视为鹿尾的替代品，将“鹿舞”视为“桑林舞”的一种新的形式，人们是在扮演一头活灵活现的鹿，展示古代男性猎鹿的场景，暗喻女神崇拜时代的结束和男神掌权时代的来临[③]。

（4）霸王鞭、金钱鼓和双飞燕。“桑林舞”中人们挥舞拍击的金钱鼓，里面装的金属钱币震响，白语叫锦娣鼓；挥舞的霸王鞭，由竹子制成，在上中下部为错开镂空，镂空处装饰铜钱串；挥舞的双飞燕，由彩色的锦带装饰。一般对霸王鞭的解读有两种，一种认为霸王鞭乃是男性生殖崇拜的产物。另一种虽然也认为是与男神崇拜有关，但是认为其代表的是男性猎鹿时候的工具，或者是驱赶鹿的鞭子（图 3-9）。而金钱鼓则被视为聚宝盆，是农耕人群的一种美好愿望的寄托。双飞燕则表现的是燕子飞舞的景象，代表的是人们在春天里对“社神”的祭拜。

① 云南民间文学集成办公室编．白族神话传说集成 [M]．北京：中国民间文艺出版社，1986: 35, 43.

② 杨红梅．大理白族绕三灵中“执树舞”的文化解读 [D]．武汉：中南民族大学，2011.

③ 李正清．白族绕三灵的发展和演变 [J]．昭通师专学报，1986(1): 55-74.

图 3-9 霸王鞭

（5）太阳膏。凡参加“绕三灵”的人们都要在头部的太阳穴上贴一对金光闪闪的太阳形图案，称之为“太阳膏”（图 3-10），作为“绕三灵”活动的标志。依据笔者的记忆，老辈人认为太阳膏具有祛病消灾的功效。学者则往往从其图符形象出发，认为是白族对太阳神的崇拜。也有人从白语词源学的角度分析，认为白语中“太阳”发音是“捏”，性交的发音也是“捏”，因此大胆地推论“太阳膏”一物是通过艺术装饰表达人们对于性自由的一种向往，并具有祈求子孙繁荣的意义。

图 3-10 太阳膏

（6）扇子。扇子的白语读音是“fvsei bap [fv^{44} se^{44} pa^{42}]”，与白语里“卵”和“产卵”同音。这与“桑”“拓”“竹”一样，仍然是一种生殖崇拜行为，所以“桑林舞”中挥舞扇子是象征着对妊娠者分娩的催促，对生命力的急切召唤。有了这个“扇”，“桑林舞”中祈子嗣的主题表现得更为明确。

（7）墨镜。墨镜这个道具使用的历史还比较短。有人认为戴墨镜是因为情人之间许久不见，再见时感慨万千，为了不让对方看到哭红的眼睛故而戴上墨镜遮掩。笔者认为这种说法比较牵强。通过访问村落中的长者，且根据参加“桑林舞”

的人们的口述，戴墨镜是一种“装丑”的行为，就像西方文化中的小丑一样，人们会在墨镜上贴上羽毛、贴纸等增加滑稽的效果，再加上舞蹈者夸张的动作，会产生非常具有表现力的舞蹈效果。笔者大胆推测，戴墨镜是人们在祭祀舞蹈中的一种大胆的创新，所要起到的是娱神、娱众、娱己的效果。但与藏族等其他少数民族祭祀舞蹈中的戴面具行为不同，墨镜是很现代的东西，它并不具有十分深刻的宗教含义。

三、仪式展演

（一）仪式、集体表象与文化传承

在探讨民族文化传承问题时，最核心的也是最难的部分是对文化传承的内在动力的分析。当然，我们都倾向于将这个内在的动力称之为“信仰”，但“信仰”是一个模糊而宽泛的概念，因此必须借助一些明确的东西来加以说明。涂尔干认为，信仰是一个表象体系或者一个观念体系，包含各种各样的表象。这一体系不仅表达了神圣的事物的本质，而且传达了神圣物与神圣物之间、神圣物与世俗物之间的关系。仪式作为行为标准，规定了人们在与神圣物打交道时应有的行为举止。[①] 因此，在对文化进行深层次的分析时，研究者们采用了诸如思维模式、集体意识或集体表象等这样的词汇。这给予笔者很大的启发，借用集体表象来分析文化传承的内在动力是可行的。那么，何为集体表象呢？在《社会分工论》中涂尔干提出，同一个社会中，人们拥有共同的信仰和情感，构成一个有生命力的系统，我们可以将其称为集体意识。集体意识有个体意识没有的功能，能够将不同的社会个体凝聚在一起，从而形成稳定的社会秩序。此后，涂尔干用“集体表象”代替了“集体意识”这一概念，以修补集体意识概念过于模糊和静态的缺陷。“集体意识”作为一种客观存在的社会事实，是非物质性的，就其对社会的功能而言，集体表象和集体意识两个概念的基本意旨没有本质上的区别。事实上，与集体表象相通的还有共同意识、集体心灵、群体心理等概念。列维·布留尔的《原始思维》非常巧妙地运用了其导师涂尔干的“集体表象”理论用以研究原始社会中原始人的行为和思维。他指出：“所谓集体表象，如果只从大体上下定义，不深入其细节问题，则可根据所有社会集体的全部成员所共有的下列特征来加以识别：这些表象在该集体中是世代相传的，它们在集体中的每个成员身上留下深刻的烙印，同时根据不同情况，引起该集体中每个成员对有关客体产生尊敬、恐惧、崇拜等

① ［法］涂尔干．宗教生活的基本形式［M］．渠东，译．上海：上海人民出版社，1999：43.

感情。”① 我们可以这样来理解：表象是心智活动对实在的反映，但是它通常以简单的、可见的形式结晶化为具体事物，以供心智把握，在此意义上，它又可与“符号”互释。区别于个体表象，集体表象还参与实在的建构。而这种具体的、可把握的并参与文化的是在建构的集体表象，我们可以通过仪式展演来考察。

仪式研究是人类学比较古老的研究领域。早期的仪式理论主要关注宗教和神话研究，大致分为两个支系：第一个支系以古典进化论为理论基础对神话和仪式进行诠释，如泰勒（Taylor E.）、斯宾塞（Spencer H.）、史密斯（Smith W. R.）、弗雷泽（Frazer J.）、奥托（Otto R.）、兰（Lang）等都不乏神话仪式的重要著述，不少人也在此领域成名成家，形成了以“神话——仪式”研究为标志的、闻名于世的“剑桥学派”，亦即“人类学派”；第二个支系将仪式看作是一种宗教实践和行为，主要研究仪式的宗教渊源和宗教仪式，这一学派以涂尔干（Durkheim E.）、莫斯（Mauss M.）、利奇（Leach E.）、特纳（Turner V.）代表的法国社会学派和马林诺斯基（Malinowski B.）代表的英国功能学派的研究为基础，将仪式的社会内部研究发挥到极致②。

在人类学研究视野和意义范畴内，仪式被限定在人类的“社会行为”这一基本表述之上，但人类学家们对仪式的界说则见仁见智。胡克（Hooke S. H.）认为，那些包含着世俗的行为，其目的是为国王和部落祈福的，人们称之为仪式。Rappaport R. A. 将仪式视为基本的社会行为。有人提出“仪式是纯净的行为，没有意义或目的。”有人指出“仪式是关于重大性事务的形态，而不是人类社会劳动的平常形态。”在有的人看来，“仪式就像一场令人心旷神怡的游戏”。格尔兹认为，“在仪式里面，世界是活生生的，同时世界是想象的……然而，它展演的却是同一个世界。”利奇指出，“在仪式的理解上，会出现最大程度上的差异。”仪式的意义如此广泛，因此套用某一定义对另一个族群的仪式行为进行解释，可能就会产生重大的歧义。在本书中，我们对仪式持广义的理解，并赞同彭兆荣提出的从五个指示来考察仪式。

（1）作为动物进化过程中的组成部分。

（2）作为限定性、有边界范围的社会关系组合形式的结构框架。

（3）作为象征符号和社会价值的话语系统。

（4）作为表演行为和过程的活动程式。

（5）作为人类社会实践的经历和经验表述。

① ［法］布留尔. 原始思维[M]. 丁由，译. 北京：商务印书馆，1981：5.

② 彭兆荣. 人类学理论的知识谱系[J]. 民俗研究，2003（2）：5-20.

村落是一个完整的社会单元，村民相同的宗教信仰、生活方式、习俗禁忌等构成民族文化体系，其中也包括节日文化和宗教仪式等。民族的精神和信仰体系是民族文化体系当中的核心部分，它扎根于民族成员的现实生活当中，并形成稳定的文化意识和心理素质深入民族成员的内心，即形成我们称之为集体表象的东西。也只有这样，村落在应对外界的变化与困境之时才能以合力之势将自身文化延续至今，也才能以共同的集体表象为纽带激发村落居民的创造力，致力村落文化的改造和发展。集体表现形成的坚强的民族精神内核帮助人们战胜了一切困难，产生了一系列解困的智慧，这已成为村落民族文化发展的必然趋势。因此，仪式中展现出来的集体表象是民族文化传承的内在动力，而仪式本身也是一个民族文化传承的实践过程。

在象征人类学者看来，文化作为一种有意义的社会行为，是一个象征的体系，综合反映了社会历史、社会关系、信仰、价值、实践等，这无疑就是一个典型的象征体系。仪式的展演是集体表象的展演，也是民族文化的直观表达。在某种意义上，集体表象展现的是民族的气质和精神。

集体表象在上湾村本主节中表现得尤为突出。本主节以缅怀先祖、寄托希望为主题，时间在新年之始或者丰收之际，一般为农历正月，或者六、七、八月的某一天，以在正月里的居多[①]。正月的湾桥，人们沉浸在新年的欢乐气氛中，拜神祭祖。而此时，湾桥的春小麦和油菜花长势喜人，于是本主节里也多了一些村民们对丰收的祈盼。将本主节看作一个完整的仪式，借此对湾桥白族人的集体表象进行考察，有利于梳理村落文化传承与本主节仪式展演之间的关系。

（二）仪式展演中的文化传承：以湾桥古生村“本主行像”仪式为例

1. 白族本主崇拜及湾桥本主行像仪式

包括宗教信仰在内的民族文化作为一个有机整体，能显示出其鲜明的民族特色，以至根据这些特色我们能一下子就把不同的民族文化区别开来。本主崇拜就是白族文化中最具辨识度的因素，是体现白族文化独特性的核心因素。在漫长的历史发展过程中，本主崇拜发挥着对白族文化多方面的整合作用，其影响已渗入白族人民的无意识阶层，化为一种习俗、作为一种生活方式而在白族人的生活中

① 湾桥所辖的各村本主节的时间均不相同，如上上湾、下上湾、甸中、钏邑、北庄、云峰在正月，上阳溪是六月，古生村在七月，石岭和下阳溪是在八月。

无处不在。因此，要理解白族人，理解白族的文化和教育，就必须理解白族的本主崇拜。

（1）白族本主崇拜。本主的白族语称为“武增”“增尼”等，意为“我们的主人”；汉语中早期记载为“本境土主”“本境恩主”“本境福主”等。“本主是具有人性的神和神性的人，是人间美好品德和民族优良传统的载体。”[①] 白族本主的个性有别于佛教、道教的诸神，是人神兼备的半人半神的形象；饮食喜荤厌素；有神性，能掌管人间的吉凶祸福、惩恶扬善；有人性，也有七情六欲，也行婚恋嫁娶。本主是白族村寨祀奉的本境福主，是公认的村寨保护神，供奉于本主庙中。白族村寨大多为一村供奉一本主，个别的有几村供奉一个本主或一村供奉几个本主。

本主崇拜是大理白族独特的宗教信仰，是一种多神崇拜。它源于祖先崇拜、英雄崇拜、自然崇拜等多种因素，在发展过程中又广泛地吸收了儒、释、道等文化成分，形成了鲜明的民族特色。白族本主崇拜有别于其他宗教信仰的独特之处在于它充满了世俗化倾向，洋溢着生动而鲜活的人间亲情。每位本主每年均享有一次节日的朝奉和迎送，称为本主节。“在本主节中，白族迎送本主神像的活动叫行像，行像仪式是白族地区历史久远的一个宗教习俗。”[②] 在本主节当天，全村男女老少身着节日盛装，杀猪宰鸡、舞龙舞狮、焚香烧纸、点放鞭炮、祭祀本主；最隆重的行像仪式是要将本主神像从本主庙中接出来，一路上沿着村庄巡游，接到村寨中央的临时“行宫”接受专门祭祀。每个村都有专司祭祀的民间自发组织“莲池会”“洞经会”和专管后勤的“筹备组”等。本主行像仪式在白族人生活中具有重要意义，对个体而言，凡遇婚丧嫁娶、大病小灾、求子、上学、取名、外出等所有生产生活的事情都要到本主庙中祭拜；对群体而言，协调群族关系、安排生产、处理公共事务、重大节庆等也都要到本主庙中祭拜。信奉和祭祀本主是白族地区影响最大、根植最深的民间信仰，它把个体、家庭、群体以及社会密切地联系在一起，使本主节的记忆深深地烙印在人们的头脑中。

杨喜妹（女，78 岁）：我嫁到上湾村那年只有 16 岁，腊月嫁过来，正月就赶上本主节，年轻时爱热闹爱过节，心里非常高兴。我有 4 个娃娃，三男一女，他们小时候也时时盼着过本主节，因为本主节热闹好玩，又有好吃的。后来有几年不让过了，我们仍然到本主庙去烧香。现在我的孙子们每年从腊月就开始掰着指头计算本主节的到来，娃娃们最喜欢跟着接本主的轿子和舞龙舞狮的队伍跑。我

① 陈继扬．云南大理白族本主崇拜的教育功能研究［D］．重庆：西南大学，2007.

② 铁木尔·达瓦买提．中国少数民族文化大辞典（西南地区卷）［M］．北京：民族出版社，1998: 51.

老伴儿年轻时每年都参加村里接本主的耍龙队，他身板壮技术也非常好，每年接本主耍龙都少不了他。现在年纪大了，耍不动龙了，我的儿子们接替了他的活，大儿子耍龙，二儿子和小儿子抬轿子。我是在58岁拜入了莲池会[①]的，每年的本主节我们莲池会都特别忙，天还没亮我就穿好衣服吃好茶了，我们的那些老姐妹在本主庙里有很多事情要做，点香烛、准备贡品……好多事，忙得很。这几年生活越来越好，本主节吃得都特别好，村里年年都组织很大的队伍接本主，男女老幼都参加，也还继续摆供桌、接出嫁的女儿回来过节。

（2）湾桥本主节及“本主行像”仪式。湾桥属于滇西北大理白族自治州大理市湾桥委会，毗邻大理古城和喜洲古镇，背靠苍山雪人峰、莲花峰，下临洱海，是历史悠久的白族村落。在《嘉靖大理府志》《大理县志稿》《乾隆大理府志》《民国大理县志稿》等文献里，都能找到关于湾桥的记载。湾桥全村居民共189户，943人，白族人口占总人口的94.3%。[②] 湾桥的本主行像仪式以隆重庄严、保存完整闻名。关于湾桥本主节和本主行像仪式虽然并无详细的历史记载，但是在民间，关于湾桥本主的神话传说老少皆知，本主节是村庄最重要的节日，本主行像仪式是男女老少都津津乐道的话题。

黑志高（男，82岁）：本主节我们这里每个村子都过。白语发音[③]的意思是“接本主过节”，我们村的日子是正月十四，过完本主节接着就是元宵节了。我们过本主节是有一个故事的。我们村的本主大黑天神是玉皇大帝座前的神仙，英勇无比。玉皇大帝因听信坏人的谗言，误以为我们湾村的百姓不耕不织、不养不亲，就派了大黑天神来给我们降灾。大黑天神来到我们村之后发现我们这里风景秀丽、男耕女织、其乐融融，根本就不是之前说得那样。他是个正直精明的人，不肯轻易相信以免冤枉好人，要亲自调查清楚。他化身成老大爷来到村子里明察暗访，路上碰到三母子，母亲背着年纪大的小孩，让年纪小的自己走。天神好不纳闷，询问之后得知妇人是年纪大的孩子的后娘，因心疼孩子自幼失母要多疼他些。天神十分感慨，夸奖母亲心肠好，决心要搭救妇人一家，就将天将降灾的事情告诉了他们，并让他们在家门口载两棵小松树，挂一双新草鞋避灾，之后天神化成

① 莲池会是大理各个村落中的一种老年妇女组织，会员称之为经母（白语发音为“jerfmaox [tɕeɹ³⁵ mɔ³³]”），信仰本主和佛教。莲池会每逢农历初一、十五以及本主诞辰、佛教节日都会聚集在一起烧香念经。

② 据村支书叙述：本村有6户34口人姓“马”，是回族。还有因为工作关系迁过来的8户汉族，其余全部是白族。

③ 上湾白族语本主节的发音为“jaweip [tɕa⁴⁴ ue⁴²]”，洱海一带的白族村落大多这样称呼，“jaweip [tɕa⁴⁴ ue⁴²]”可译为 “接本主”。

一缕清风飞走了，妇人才知晓是神仙在搭救。这个好心肠的妇人将天神讲给她的搭救方法告诉了村里所有人。等到大黑天神要来降灾的时候，他发现家家门口都有小松树和新草鞋，无处降灾。大黑天神觉得是玉皇大帝冤枉了好人，但是他又不能违抗圣旨，左右为难，只得自己吞下了瘟疫毒药，最后毒药发作，七窍流血而死。大黑天神身黑心白，我们湾村人祖祖辈辈感念他的救命之恩。现在的小孩也都知道这个故事，我们要把故事一直讲下去，告诫子子孙孙要知恩报恩、正直善良。

湾桥各村的本主节时间各不相同，上湾村的本主节时间是每年农历正月十四。[①] 在本主节前夕，村民要准备好本主节所需的各种祭品食材。在正月十三这天，家中的男子要携带儿女去将出嫁的姐妹接回家，并邀请自己的亲戚朋友到家做客。过节的日子里，人们不下地、不出工，外出的人要回乡。青年男性组成本主节筹备小组，清早由年轻力壮的男性上山砍青松树枝，并参加搭建迎接本主的彩棚，还要杀猪宰鸡；女性多在家里准备过节的物品，如香柏枝、大小香、糖果、干兰[②] 等。本主节的食物很丰盛，除了传统的八大碗外，人们还要煮汤圆、打饵块。湾桥的本主节是一系列民族礼仪与风俗的展演过程，在这个展演过程中，村落中各个年龄层次的成员都各司其职，年复一年地将这一村落的盛事延续下去，每个人都是作为实践者的身份参与本主文化的感知和传承。

湾桥的本主行像仪式隆重而庄严，村中男女老少各司其职。“莲池会”的杨喜妹老人这样描述本主行像仪式的过程：“正月十四早上，仪式的队伍先到村西边的本主庙集合。仪式开始，先由‘莲池会’的老人焚香上供，再由‘洞经会’的老人唱诵本主神话。然后，将本主神像请到预备好的轿子里，由村子里成家立室的青年男子抬轿。十来岁的童男抬旗子、童女捧花在轿子前引路，60 岁以上的老人点香火在轿子后伺候，其后跟着青年男子龙灯队、女子舞蹈队、乐队，边唱边跳，一路烧香放鞭炮，抬着本主绕村子一圈，最后到达村中心搭好的彩棚里。”

正月十四这天本主留在村子里过夜，接受各家各户的朝奉，接受“莲池会”经母的朝拜，“观看”村里文艺队的表演。

何建元 (男，75 岁)：“我们过春节只是大年初一到初八这几天，新年里最隆重的是本主节。以前生活苦，本主节没有现在这样隆重，不是家家户户都杀得起猪，都是几家人集资买猪过节的。本主节这天，大家都要早起，女人在家里给老

① 上湾村所属的湾桥的白族、汉族、回族、彝族的本主节都是农历正月十四。

② 本主节当天要在各家门口烧一对大香，燃一堆香柏熏香，家里各处也要点上香烛。干兰是大米粉做的一种染色的祭品，油炸之后可以做成花朵造型，是白族必不可少的祭品。

人和小孩泡米花茶，买鱼买菜。家家户户的男人们天还没亮就到村口水井边杀猪了。老一辈人在本主节这天早上是要吃素的，吃素元宵或者素饵丝[①]，吃完早饭就到空地上去参加接本主仪式。男女老少都要参加。在接本主的路上，每个巷子口都要摆上供桌，鲜花糖果香炉样样有。本主经过供桌时，大家要叩拜放鞭炮。我小孙子年年都守着放鞭炮。现在生活好了，各家各户都在本主节这天杀猪宰鸡，本主节这天还组织文艺汇演，这几年还有放烟花的，比以前热闹多了。”

在人类学理论的观照下，文化成为一个普遍性的东西，不再被看成是社会精英人物或群体的特权所有物，它属于不同类型的社会，属于社会中不分高低贵贱的每一个人。本主节是洱海地区的本土文化，以“坝子”[②]作为主要的文化场域辐射到几乎所有的白族村落。随着城镇化脚步加快，现代化的生活方式逐步成为社会生活的主流，村落中的民族文化逐步式微，很多传统的生活习俗已经消失在历史的河流中，民族节日的庆祝方式也融入了很多现代生活的元素。随着旅游业的发展，为了满足游客的需求，民族节日中增加了更多娱乐内容，已经改变了节日的本源与初衷。然而，在一些白族人口占绝大多数，民族文化受到外来冲击相对较弱的地区，民族节日当中的仪式还保留着传统的特色，有着浓厚的民族气息。

2.“本主行像”仪式展演：集体表象的呈现与文化传承

随着时代的发展，湾桥居民的生活发生了较大的改变，人们的生计方式越来越多样化，有不少的年轻人走出了村落。但本主节有着特殊的号召力，村民在本主节这天都会不约而同地往家赶，人们对本主节重视的程度一点不亚于汉族的春节。对上湾村居民来说，本主节是正月里最重要的一天。关于上湾村本主节的历史并无详细的历史记载，但历史除了留在书本上，还留在人们的记忆里。因此，我们特地访问了上湾村几位德高望重的老人。在老人们的记忆里，本主节的历史似乎和上湾村白族的历史一样长，尽管村落过去的经济远不如现在，但本主节也是十分热闹和隆重的，接本主的过程总是给人无限的精神力量。

上湾村本主节不是存放在真空里的“集体表象”，但也绝不是迎合游人口味而臆造出来的奇特风俗，它是湾桥人真实的生活场景，是具有生命力的民族文化。本主节仪式对湾桥村落文化的传承来讲至关重要，因为白族没有延续至今的

① 饵丝是大理本地的一种用熟米饭制作的食物，类似面条。

② 云南人习惯将比较平坦的盆地称为 “坝子”，如洱海坝子、昆明坝子等。

文字[①]，宗教信仰、风俗习惯等多依赖具有“言传身教”性质的生活实践。“接本主”仪式就是一种典型的生活实践形式，仪式不仅包含一个关于村落生活秩序的知识体系，也是一个唤起和强化民族认同的工具体系。村落白族文化的变迁还体现在上湾村本主节庆祝方式的点滴变化上。从人们的描述中，我们仍能感知上湾村居民时至今日仍保持对本主节的热情与期盼。主要原因是村民们已经自觉地在实践本主节文化的传承工作，并将这种在现实生活中的文化传承看成更重要的精神文化。

“接本主”正是白族人一致的、统一的社会实践活动，而这一实践活动的延续则有赖于族群共同的信仰。“接本主”仪式是白族把对本主的信仰和生活祈愿以及“子孙昌盛”的期盼联系在一起的具体表现，接本主有着一定的程序，并要求人们按照祖辈创下来的规则来履行。这一严格而复杂的仪式调节着人与神之间的关系：自然界的作用依赖人类与超人力量恰当地分布与合作，通过调节人与神的关系，村落和族群才能安享幸福生活。基于这一信念，“接本主”仪式得以代代流传，因而为民族文化的传承提供了一个持久的、生动的展演舞台。

（1）村落权力制度的传承。上湾村本主节的仪式是有目的、有组织、有计划的社会实践活动。从“接本主”仪式筹备委员会的成立开始，每一步骤都具有不同的意义。筹备委员会的成立反映出白族村落中族长制度的宽松与“民主”。在筹备委员会中，年老的族长只是“建言者”，运作的权力则交给了中青年“族贤”。中青年“族贤”是通过族人共同推荐的方式产生的，他们对村落事务的管理权力来自族中长辈的委托，他们代替长者执行节日期间的村落仪式管理，并选出四位精明能干、识文断字的后生当“会计”，负责做账。账目公开一方面是为了表明他们的管理方式是公开透明的，并不曾以权谋私；另一方面，表明他们是在为族人服务。“族贤”是村落本主节中的“关键人物”，他们将族长的决定传达给村民老小，也将村民的意见反映给族长，是本主节活动中的实际组织者和沟通者。在年复一年的本主节仪式当中，族贤群体不断地进行着管理村落事务的实践，也逐渐地将村落传统的管理方式和管理理念以及村落的民间权利制度传承了下来。

（2）村落良风美俗的传承：“接本主”的仪式由老人们主导，这一方面是因为传统社会中，“社会通过赋予老人保存过去痕迹的功能，鼓励老人把凡是自己

① 一般认为白族是没有原生性文字的民族，但也有学者认为白族有文字，如周祜《白文考证》质疑白族没有文字的观点，他用明清时期的六块白文碑所使用的白文和洱源等地白族祭文资料，指出白文的特点是在汉字上增减笔画，读音为“汉字白读”，是像日语那样既用汉字但又有自己的读音和含义的文字。作者认为，“如果说用汉字记写的都是汉文，那日本文也是汉文了”，日文与白文的类比显示出白文对白族族群性的意义。

可能仍拥有的精神能量都贡献出来，用以进行回忆”[1]，因而比较倚重年长者以及族群精英。老人们对“接本主”仪式的重视体现在他们的一言一行中，本主节这天，他们早早起身，盛装前往[2]。老人们自觉地依照约定俗成的规范来履行自己的职责，在仪式中充当什么角色完全是心照不宣的，在仪式进行的过程中也极其虔诚和尽心尽力，他们极力地为年轻人树立一个好的榜样。仪式中的人们表现出谦虚礼让的良好品德。在“接本主”过程中，老人们作为“接本主”队伍的领导者紧随本主轿子之后。本主节当天的宴席上，要请 70 岁以上的老人坐在堂屋正中的八仙桌上，先给老人上酒上菜，以示敬重。到本主庙后，要由最德高望重的老人诵读祷文，回顾村落的历史和本主的事迹，表达美好的愿望。老人朴实而真诚的讲述与庄严肃穆的仪式气氛融合在一起，使白族人的传统文化在实践中凸显出来。在仪式现场的每一个年轻人和儿童都认真倾听，通过这样的活动，他们获得的不仅是关于本民族的历史知识，更重要的是在仪式庄严肃穆的气氛中接受和谐的人神关系和人际关系的熏陶。

（3）村落儿童的社会化。以认知理论和建构理论为主流的现代儿童发展心理学的研究十分强调家庭和社区在儿童社会化过程中的重要作用。家庭无疑是儿童最重要的社会化的场所，社区和族群则是儿童社会化完成的更为广阔的教育空间。人的社会化过程从出生的那一天就开始，起初是与父母的沟通和交流，习得母语、形成思维的基本机构和树立基本的价值观念，进而是家庭角色意识和角色职能的确定，然后由家庭而社区，通过与同一个社区当中的人的社会交往，获得社会交往语言、社会技能的进一步提升，逐步了解社会、掌握生存能力的过程。仪式为人们提供了一个开放性的、多元的社会交往时空环境。“重大的公共事件在直接参与者的心灵中留下了深刻的印记，特别是在他们还处于成年身份形成的早期阶段，在他们还是年轻人的时候。”[3] 在“接本主”仪式中，村落的儿童在民族文化心理场中接受着潜移默化的熏陶。在“接本主”仪式情境中，孩子们或于一旁观摩，或直接加入活动中，切身地体会“接本主”仪式的场景氛围。在“接本主”的仪式中，不同年龄、不同性别的社会成员均被赋予了不同的角色和任务，成为上湾村

① [法]莫里斯·哈布瓦赫．论集体记忆[M]．毕然，郭金华，译．上海：上海人民出版社，2002: 85.

② 在接本主仪式中，老年男性要穿长衫马褂、戴毡帽，老年妇女要穿白族长衣、佩戴金银饰、挎绣花香包。

③ [法]莫里斯·哈布瓦赫．论集体记忆[M]．毕然，郭金华，译．上海：上海人民出版社，2002: 52.

社会分工模式的一个缩影。男人在仪式中承担着最重要的角色，年老者是主祭人，中青年是主持人，男童则要在仪式中充当仪仗队员。女性也并未被排斥在仪式之外，年老者负责本主的一切供奉活动（挂红、上香、祭拜等），中青年女性和男性一起表演娱神节目，女童们则要充当仪仗队员。① 虽然能参加“接本主”仪式的儿童只是社区中的少数，但是这些孩子无疑会成为社区儿童的榜样，他们的体验会通过儿童伙伴团体传达给更多的儿童。出于好嬉游的本性，社区中所有的儿童都会以极大的热情参与仪式的整个过程，在这种自由愉快的场合中，孩子们与成人的交往不仅促成了儿童的社会化，还给儿童提供了一个社会生活的演练场，从小培养其参与村落事务的责任心和能力。

（4）村落价值观念的传承。仪式所表现的是社会的内聚力，其功能在于把社会的价值和情景灌输给个人②。湾桥白族人关于本主节的集体记忆被一系列有序的事件唤醒，从村落的长辈们商议推选族贤成员开始，到中青年族贤群体张贴本主节筹委会的公告，再到挨家挨户筹集本主节资金，再到敲锣打鼓通知各家各户安排人员参加本主节的搭彩棚、耍龙、抬轿、采买等事宜的高音喇叭，再到本主节当天的鞭炮声、音乐声、欢笑声，这些事件在唤醒本主节记忆的同时，也成为本主节记忆的鲜活的成分。“实践不是全然有意识的。人在活动的过程中有其目的性，但是他们并不可能完全地组织和操纵活动，而是在活动实践中不断习得、复制、创造游戏规则，而且这些规则可以成为大多数人想当然的常识，久而久之变成内化和观念化了的客观结构。”③ 本主节仪式中人们的亲身事件和话语表达所构成的独特的文化场域与民族的价值体系有着密切的关系，因为“仪式所含的价值是社会成员公认的、既定的社会价值”④。参加本主节仪式的每个成员都会在这样的情境中不自觉地想到本主的神圣性和本主牵引出的族源、信仰、禁忌以及“接本主”仪式的规矩、意义等民族文化的思想和观念，从而使村落的社会价值和民族文化价值在现实场景中得到重构和传播，并完成集体“内化”的过程。

3. 本主节仪式展演中的文化传承的特点

湾桥白族本主行像仪式具有多重文化传承功能。这种文化传承可视为“仪式

① 娱神节目主要包括仪式过程中的舞龙舞狮和霸王鞭、大本曲表演以及仪式完成后的文艺演出，女性是主要表演者。男童是仪仗队中的扛旗者，女童是持花者。

② 王铭铭．社会人类学与中国研究[M]．北京：生活·读书·新知三联书店，1997: 46-47.

③ 王铭铭．想象的异邦——社会与文化人类学散论[M]．上海：上海人民出版社，1998: 295.

④ 彭兆荣．人类学仪式研究述评[J]．民族研究，2002(2): 88-96.

中的教育”，与学校教育在本质上是相同的，其最终目的都是实现文化的延续和人的发展。通过对湾桥白族本主行像仪式的教育人类学分析可以发现，“仪式中的教育”在表现形式上具有鲜明的特色，这与制度化的学校教育是不同的。制度化的学校教育具有强力而直接的目的性、计划性和组织性，“仪式中的教育”则显示出稳定性与丰富性、互动性与实践性、情感性与娱乐性这些特点。

（1）稳定性与丰富性。“接本主”仪式保持着自己原始性、独立性和继承性的实践程序，并未受经济利益的诱导而成为商业表演。其稳定性的根源表现在三方面。第一，“仪式赋予感情神圣统一的表现形式，从而修正、补充和加强了社会稳固所依赖的情感体系。”[①] 仪式中的人们有着信仰上的一致性和情感上的共鸣，他们拥有共同的祖先和本主，在本主节仪式上与祖先和本主有关的一切历史记忆和民族情感被不断地激发出来，强化了人们对本族文化的认同。第二，“接本主”仪式具有很好的纽带作用。在整个本主节仪式当中，村落中的男女老少都参与其中，将各家各户集中到了村庙当中，共同商讨本主节的各项事宜，并按照约定俗成的方式承担起各自的责任，且这种责任在年复一年的仪式过程中不断地由上一辈传到下一辈。第三，“接本主”仪式作为年度性村落集体实践活动，已成定制，时间、地点固定，有利于民族记忆的循环往复和重现。由此可见，作为实践的仪式不仅展现着人们对民族文化在时间和空间上的构筑、在生理与心理上的依赖，也孕育着对民族文化丰富的解读和期许。我们可以清楚地看到，在仪式展演过程中，民族文化的保存和延续是持久的、稳定的。

（2）互动性与实践性。通过对上湾村“接本主”仪式的分析不难看出，“互动性”是其中突出的一个特性。本主节是一个白族与祖先、神灵、自然共同分享的节日。本主节仪式不是“独角戏”，而是一个具体化与人格化的村落族群的共同表演。仪式构筑了一个独特的人际关系的空间，族群成员在这个空间中不断交流着彼此的观点，加强了彼此之间的关系纽带。久而久之，仪式便成为人们社会生活中难以割舍的一部分。“接本主”仪式也是一个人与神沟通的过程，人们向本主表达崇拜、诉说愿望，希望通过一系列的活动可以调节和本主之间的关系。另外，在实践中产生的民族记忆也是身体性[②] 的。仪式中，人必须是在场的，这增加了仪式的生动性，可以说，白族的“接本主”仪式使民族文化的记忆在“单调乏味

① [法]涂尔干．宗教生活的初级形式[M]．林宗锦，彭守义，译．北京：中央民族大学出版社，1999: 430.

② 即强调身体力行，可理解为保罗·康纳顿所说的“体化实践”。

的日常生活的常规实践中保持着鲜活"[①]。民族文化并不只是一个知识体系，更是一个行为体系。民族文化的传承应当看重文化中人们切切实实的行动与体验，把文化传承看成人的一种存在方式，人与人生命的联接。

（3）情感性与娱乐性。上湾村本主节仪式是一种宗教仪式。"接本主"仪式是现实与想象的集合体，这源于本主的特性。本主文化具有想象性与神秘性，在本主神话中，本主是拥有超自然能力的，能够护佑村庄的平安祥和，达成人们的美好愿望，仪式中对本主神圣性的崇拜与依赖慢慢融入村落文化中，代代相传。神话和仪式所代表的人类经验有其独特之处，正如卡西尔所说："神话的真正基质不是思维的基质而是情感的基质。神话和原始宗教绝不是完全无条理性的，它们并不是没有道理或没有原因。但是它们的条理更多地依赖情感的统一性，而不是依赖逻辑的法则。"[②]仪式的情感性使这一过程中的文化传承更深入人心，因为它直击人们的情感诉求。将本主接回村子里过节的举动表明人们对祖先的怀念，同时反映了白族人生命永恒的观念。在"接本主"仪式当中的祈祷和禁忌则体现了人们对超自然力量的崇拜与畏惧的情感。本主节祭祀仪式保留了"沟通人神"的功能，又传播和强化了村落的地方性知识，发展成一种"寓教于乐"的集体活动。除了精神上的传承和延续外，"接送本主"的仪式也是一种男女老少皆宜的集体娱乐活动。在这场欢快、严肃的游戏中，无论是筹委会中的族老或青年族贤、"莲池会"的年长女性、抬本主像的新婚男子还是舞龙的年轻男性、打霸王鞭的年轻女性、扛大旗的男童和持花的女童，个体在仪式中均获得了适宜的角色安排，有着相当明确的分工，每个人都清楚游戏的规则和自身的职责。人们在群体中和喧闹的锣鼓鞭炮声中迅速地进入角色，内心是诚挚的，也是愉悦的。这一"集体欢腾"以其普遍的参与性，强化了个体的存在感，促进了村民之间的情感交流，增强了集体凝聚力。

白族村落的本主节文化具有相对稳定性，这应归功于仪式的娱乐性。"接本主"仪式是浓缩的民族文化的全程展演，也是整体性传承。

---

① [法]莫里斯·哈布瓦赫．论集体记忆[M]．毕然，郭金华，译．上海：上海人民出版社，2002: 44.

② [德]恩斯特·卡西尔．人论[M]．甘阳，译．上海：上海译文出版社，2004: 113.

第四章　学校教育传承

一、湾桥教育发展史简述

（一）明清时期的儒学教育与地方教化

大理白族世俗化教育始于汉代。据史志记载，汉武帝时期，蜀郡太守文翁在四川成都创办地方官学，很有成绩，一度出现“学徒鳞萃，蜀学比于齐鲁”的盛况。同属于南中地区的大理也深受文翁兴学的影响，汉章帝时，“蜀郡王阜为益州太守，治化尤异，神马四匹出于滇池河中，甘露降，百鸟现，始兴文学，渐迁其俗”。① 历代典籍中（如李元阳《嘉靖大理府志》、刘文征《天启滇志》等）也多以此作为大理地区儒学教育之始。到唐代，大理地区为南诏政权统治的腹地，南诏向来与唐交好，尊中原文化为大统，教育也不曾偏废。宋代放弃了对大渡河以西的地区的统治，学乃寖息。元世祖平大理之后，平章赛典赤大兴儒学教育，大理地区始便有文庙、学宫。至明洪武十五年（1382 年），明朝廷设置了云南指挥使和云南布政司，标志着云南正式归入中央王朝的统治。云南各州府亦步亦趋，仿中原各项制度，在教育上则建立了书院。

湾桥因处在海西坝子“百二山河”的中间，毗邻阳苴咩城（今大理古城）和史城（今喜洲），历史上曾划归到太和县和喜洲镇，而两者均是洱海地区的教育中心。大理古城先后兴建了大理学宫、桂香书院、敷文书院、崇敬书院、西云书院等教育重地。湾桥因地理优势，历代就有不少子弟就学于太和县学宫和书院当中，但湾桥本土的古代教育状况因为史料的缺乏，详情已无法探究。有一些零星的记录折射出当时教育的概况，如据徐嘉瑞《大理古代文化史稿》中谓：“以衔名据之，则粉团侍郎当为儒官，而阇梨者应为僧官，曰释儒者，信仰佛教之儒士也。”这些

① ［晋］常璩．华阳国志·南中志（影印本）[M]. 上海：涵芬楼，1922.

释儒居住在庙宇当中，也行一方教化之职。据湾桥人称，在保和寺、福海寺、上湾村文昌宫等庙宇里以前都有释儒讲学释经。这是湾桥古代教育的一种表现，是白族处在宗教教育向世俗教育过渡阶段的体现。

公元1287年，大理路文庙落成，开学选才。湾桥毗邻大理府，具有地域上的优势，学子到大理路学宫学习是比较便利的。到明代，湾桥所在的喜洲在地方上已经有了社学，学有所成者入府、县儒学，学业特优异者进国子监[①]。社学中著名的为宏圭山寺社学，当地名儒杨宏山、杨宗尧等都曾就读其中，地方名士杨黼等也在乡里讲学。喜洲地界还设有桂丛书院、宏文书院等，在大理府有李元阳创办的名噪一时的中溪书院。至清代，进一步完善了府、州、县儒学教育体制和办学规模，增加了喜洲义学和沙村义学，大理府增加了敷文书院、崇敬书院、西云书院等。明代以来的历史文献中有不少出自大理的饱学之士，洪武年间的进士就有82人，举人、贡生更是不胜枚举，但无法确定其中是否有人祖籍湾桥。

由于政府和本土士子的大力推进，儒学教育甚至渗透到湾桥这样的小村落。据《湾桥文史资料》显示，湾桥的私塾教育始于明代洪武年间，发展至清代道光年间，基本上是每村一塾，均请德高望重的儒士任教。明清时期，私塾只招收年满9岁以上的男童，授课内容以《三字经》《百家姓》一类的蒙学读物为主，兼授《孝经》以及简单的算数。私塾的产生和发展为汉字教育在湾桥打下了基础。湾桥的私塾常年开设，但有时私塾先生离开了，私塾也就停办了。男童通常是一边上学一边务农。书院及私塾都有向学生收取“束修”的惯例，如喜洲的董氏这样族人众多而又有财力的家族自办的族塾不收取学费，但湾桥的杨氏、段氏等宗族经济实力均薄弱，宗族组织也相对松散，家族子弟的教育均由各个家庭独立承担。湾桥私塾发展的概况虽无史料记载，但在湾桥人记忆中留下了深刻的印象。湾桥的私塾多聘请本地儒士，由各家各户凑钱凑粮，校舍则多由村庙多余的房屋改建，学生家长出钱出工为私塾置办课桌椅。私塾开学前一天要举行隆重的祭孔仪式，祭拜仪式在本村的文昌阁进行。仪式前准备猪、鸡等祭品供奉，先生先拜，然后手持戒尺立于堂上督促学童一一拜过，接着请先生坐于堂上，学童跪拜老师并敬茶一盏，先生饮罢嘱咐学童“要遵圣人训，要勤勉好学”云云。私塾先生的“束脩”一般为每月数升大米，逢年过节学童家长则以茶酒鱼肉表示感谢。

（二）民国时期新式学校的进入

随着历史的发展，儒学逐渐衰落，新式的学堂逐步取代了儒学私塾和学宫。

① 李正清．大理喜洲文化史考[M]．昆明：云南民族出版社，1998: 550.

1912 年，民国政府教育部颁布《小学校令》47 条，依照西方知识体系和教育级次制度要求各地设立新式小学，并将原有的私塾纳入正规的学校教育体系中，彻底取消府州县学、庙学、科举及地方社学。湾桥于 1917 年开始设立遍布各村的新式的初等教育网络，共设 16 所乡立单级初等小学校（表 4–1）。

表4-1　民国时期湾桥的初等小学校

序　号	名　称	地　址
1	乡立第一单级初等小学校	下阳溪凤凰寺
2	乡立第七单级初等小学校	上甸中文昌宫
3	乡立第十四单级初等小学校	湾桥文华庄
4	乡立第十五单级初等小学校	上阳溪村
5	乡立第十八单级初等小学校	北溪普福寺
6	乡立第二十三单级初等小学校	南庄村尾
7	乡立第二十六单级初等小学校	中庄三教庵
8	乡立第二十九单级初等小学校	钏邑村
9	乡立第二十七单级初等小学校	古生福海寺
10	乡立第三十一单级初等小学校	林邑石佛寺
11	乡立第三十二单级初等小学校	佛堂村东南
12	乡立第三十五单级初等小学校	北庄镇江寺
13	乡立第三十六单级初等小学校	下湾文昌宫
14	乡立第三十单级初等小学校	新溪邑
15	乡立第三十三单级初等小学校	小庆洞
16	乡立第三十四单级初等小学校	上作邑文昌宫

这些小学堂是湾桥教育体系的主要部分，几经风雨，时兴时废。民国时期，这些小学校里的教科书采用全国统一教材，就语文而言，终止了《幼学》等儒学蒙学经典的讲授，以宣扬“三民主义”等内容的白话文取而代之。1937 年后，湾桥改为桂楼乡，行保甲制度，国民教育成为核心，原来的初等单级小学均改为保国民小学，并在磻溪普福寺内设立中心小学一所，名为桂楼乡中心小学，开始逐

步实施现代的课程体系。乡政府在业务上对小学进行监督和辅导，老师由政府委派，经费来源依旧以村落寺庙的公田租、护甸谷和学费为主。湾桥新式小学建立后，只招收男童，也没有家长主动送女孩入学。尽管在1938年的时候喜洲建立起了第一所女子学堂（淑川小学），但只有极少数富裕家庭的女童才去上，女性仍被制约在“女子无才便是德”的传统观念当中。湾桥女童所获得的教育都与家庭有关，学习与父母一起操持家务及农活。女童教育不受重视既是经济条件所限，更是“男主外，女主内”的传统观念在教育上的体现。

由于战乱，湾桥的新式小学时开时停，只能算是名义上存在。这个时期真正对湾桥白族产生深刻影响的是“五台中学”。五台中学由喜洲旅昆商界人士董澄农、严燮等倡导兴办，1939年正式招生。这是一所彻底的新式学校，西式的教学楼、操场、图书馆、仪器设备、标本、体育设备一应俱全。抗战期间，高校南迁，五台中学借此契机，曾聘请迁到喜洲的华中大学教育系学生到校讲学，聘请西南联大游国思、老舍等到校讲学，聘请英籍教授安德生率领学生到学校实习，激起了学生追求科学知识的热情。五台中学名噪滇西，培养出了很多人才，这对湾桥人也产生了极大的影响，新式教育的观念逐步深入人心，取代了传统的教育观念。这一时期的新式教育还与“抗敌救亡”的思想联系在一起，深刻地改变了乡村的教育生活，“弃文从武”成为一时的教育风尚，周保中曾就学于云南陆军讲武堂，杨肇骧曾就学于广州黄埔军校，民国时期的湾桥名人多是这类新式军官，与传统文人有着极大的区别。

（三）新中国成立后学校教育的发展

1950年，云南解放，在政府的帮助下，湾桥的初等小学重新开班。1951年建立了湾桥中心完全小学，此后相继建立了上阳溪完小、下阳溪完小、甸中完小、古生完小、云峰完小、石岭完小共七所小学。小学不仅重建了教学楼，还扩大了规模，增加了音乐、美术、思想政治教育等课程，政府每年都会委派教师，教师人数增加不少，学校里也开始正式招收男女适龄儿童。伴随着解放初期的中国经历了社会系统整体性的剧变，深入乡村的小学也奉行“民族的、科学的、大众的教育”，教学的课程带有浓重的意识形态色彩。湾桥的学校教育十分重视思想政治教育和劳动教育，教师和学生课余时间要到乡里宣讲毛主席语录，开办农民识字夜校。出于教育要为工农服务的理念，学生经常停课参加农业生产。小学生参加拾稻穗、捡豆子、积肥活动，中学生参与收割水稻、小麦和蚕豆等劳动。

20世纪60年代以后，湾桥小学才在真正意义上与现代高等教育相衔接，也才真正具有了培养地方人才的意义。授课内容有语文、数学、思想品德、自然、美术、音乐、体育共七门课，教师授课时用普通话，但有时为了照顾低年级学生，也会用白语来解释。1989 年湾桥保中中学建立完成，至此湾桥建立起完整的义务教育体系，课程体系与内地初中并无二致。以纪念周保中而得名的保中中学建立后，湾桥先后有不少人考上中专和高中，进而考上大专、大学等。湾桥人普遍认为，像周保中等这样的名人因有文化又懂政治和军事理论，所以后来当了大官，这都是读书的好处，便十分看重学校教育，督促儿女要努力学习，将来光耀门楣。乡村中把受教育视为改变个人命运的途径，这是普通民众对待教育的普遍心态。只要能改变家族无权无势的地位，他们并不介意孩子将要学习何种知识、何种理论，他们只是迫不及待地让孩子接受最新式的或者说是最为合法的教育。可见，对教育的功利性、实用性的关注以及对政府的衷心拥护和对新文化的认同，使湾桥人对新式教育有着非常高的热情。

二、白族文化与儒学的交融与互动

儒学对大理地区的影响可以追溯到汉代，但儒学在大理地区普遍推行则是元代才开始的。儒学在白族地区的传播与渗透是一个具有深远影响的重大文化事件，它是中央王朝对边疆民族地区的重要的统治政策。在元代，云南平章政事赛典赤、大司农张立道等政府官员大力实施教化优先的政策，大理地区始设文庙、学宫。元代在大理地区兴建了三所学宫，第一所是大理府学宫，于 1285 年由郝天挺分政大理时期建立，地址位于大理府治南，距湾桥不远，原址不可考，遗址即今大理古城文化馆及图书馆，现已重建。明代对大理地区实行了更加严格的控制，对云南实行彻底性变革，特别是在段氏统治的大理地区实行了稳固统治的一系列措施。第一个措施是“焚书”。朱元璋深知大理文明与中原文明源远流长，具有较为深厚的文化底蕴，他在《谕云南诏》中说：“盖云南土地人民，本大理所有。自汉通中国，称臣朝贡，至唐、宋皆受王封，其来久矣。”[①] 朱元璋认为，要彻底改变当地民族之夷气，教化当地族民，就需彻底摧毁其文明，故“自傅（傅友德）、蓝（蓝玉）、沐（沐英）三将军临之以武、胥元之遗黎而涤荡之，不以为光复旧物，而以为手破天荒，在官之典册，在野之简编，全付之一烬。”[②] 朱元璋的“焚书”一举将元代以前的大理文化典籍、史书几乎销毁殆尽，对大理白族地区原有的文化

① （明）姚士观编校．明太祖实录（卷二复印本）[M]．北京：中央研究院历史语言研究所校印，1968: 923-924.

② 师范．滇系·典故六·沐英传·按语（刻本）[M]．[出版地不详]：云南通志局，清光绪十三年(1887): 33.

以及教育形成了沉重的打击。第二个措施是“兴儒”。为了防止迁入滇地的汉民在“夷多汉少”的边疆地区在与当地土著杂居的过程中被“夷化”，朱元璋发诏在边地用儒家礼义进行教化，“武臣子弟久居边境，鲜闻礼教，恐渐移其性。今使诵诗书，习礼义，非但可以造就其才，他日亦可资用”。[①] 同时，他十分注重儒学对少数民族的教化作用，在洪武二十六年（1393）诏谕礼部：“边境土官，皆世袭其职，鲜知礼义，治之则激，纵之则玩，不预教之，何能由化？云南、四川边境土官，皆设儒学，选遣子弟孙侄之俊秀者以教之，使其知君臣父子之义，而无悖理争斗之事，亦安边境之道。”（《礼部志稿》卷一）所以，朱元璋下令，在大理地区各府、州、县均建立学校，让大理地区人民习礼乐诗书。第三个措施是“传佛”。朱元璋还利用大理地区佛化传统，进一步加大对大理地区人民的佛化。他希望通过规范佛教的传播来淳化民风，教化民众。第四个措施是“改土归流”。明王朝在元代的基础上，加强改革的力度，采取了逐步废除土官，改设流官的政策，使大理地区直接受中央政府的管辖。清王朝对云南乃至大理地区的儒学教育采取了“先抑后扬”的政策，所以前期发展低迷，在康熙以后儒学教育再度复兴。

（一）儒学融入湾桥白族的世俗生活中

在上述这个过程中，喜洲和大理府的书院讲会活动、文庙的祭祀活动以及地方儒士的讲学活动是儒学教化空间拓展的主要方式。首先，书院通过日常的教学活动向白族士子提供较为系统的儒学教育，传授儒学知识，灌输儒家的价值观念，培养了一批本土的儒士。定期举行的面向社会大众的讲学活动是书院执行社会教化功能、实施文化垂直传播的重要途径。《大理白族教育史稿》中提出，明代大儒杨慎为首的名士经常结伴畅游并切磋学问，曾到李元阳所在的中溪书院授徒讲学，吸引了很多本地的士子。其次，文庙内设立祭祀场所，奉祀儒学道统传承中的代表人物和地方先贤，树立理想之人格典范，经常举办有地方官员、士子、民众等共同参与的社会活动，宣扬儒家的思想观念。在赵傅弼《创大理路文庙碑》中记载：“每遇春秋二丁告朔既望，僚属学官请胥弟子环列于殿堂之下，礼毕明经（按即讲学），观者如堵。”可见，文庙的社会影响之广大。地方儒士在乡里的讲学活动则更使儒学深入每个家庭，影响到少年儿童的成长。

我们可以将朱元璋对白族文化典籍和史书的摧毁看作为儒学的渗透扫清障碍，这在一定程度上削弱了本土文化势力的影响，体现出明王朝对白族文化的防范和

---

① （明）姚士观编校．明太祖实录（卷二复印本）[M]．北京：中央研究院历史语言研究所校印，1968：33.

打击。“兴儒”运动弱化、消除了白族文化的影响，同时“传佛”政策是利用宗教来缓解儒学渗透带来的阵痛，这同汉族地区的“兴儒”必“反佛”的情境是不一样的。

儒学与湾桥本土白族文化之间的碰撞最先表现为教化空间的争夺。废除佛教寺庙和本主庙而兴建学宫、书院的举措，除了要利用原有的地基、屋宇等物质方面的考虑之外，更有通过儒、释、道之间的力量消长来改善当地文化格局的目的在其中。然而，在这个过程中本土文化是十分坚韧的，它没有那么容易被取代，因此也不乏书院、学塾的田产被寺庙侵占的现象。然后表现为两者在文化主导权上的争夺。在儒家士人建立书院学宫与湾桥本土的宗教争夺地方文化主导权的过程中，“儒学总是凭借作为国家主流意识形态的地位取得胜利，确立起自身在地方文化中的主导地位”①。儒学以自下而上的方式进入地方社会当中，与地方统治势力结合，广泛地在民间实施教化，久而久之，使儒家礼教成为湾桥村落道德教化的主要内容，并形成了“以礼为行为规范，以仁为思想核心，以义为价值准绳，以知为认知手段”的道德教化体系。湾桥白族非常崇尚儒家礼仪，举凡长幼男女、主客、婚嫁、丧葬、饮食、服饰、祭祀、起居等，无不有自己的一套礼仪规范。湾桥白族几乎家家都有传名人治家格言的习俗，恭敬地请人将格言写成中堂，悬挂于堂屋正中，以训诫和警示子孙。更重要的是儒家思想的传入也深深地影响了湾桥白族的审美心态和价值观。湾桥白族十分注重“孝道”，孝道观念不仅体现在种类繁多的祭祖仪式中，更为普遍的是把孝道教化融入日常生活以及居住空间当中，将《孝经》书写在照壁、墙面、花坛上，将孝亲故事编入大本曲、写进莲池经文当中，并在生活中形成了孝亲的传统。儒士的审美心态对湾桥白族的影响也是显而易见的。湾桥户户门楣皆贴对联，院中花木首选梅兰竹菊，房屋装饰偏爱书法国画，凡此种种，不胜枚举。

（二）儒学融入湾桥白族的宗教生活当中

在“兴儒”与“传佛”的同时进行减少儒学与本土文化的碰撞而加强了其融合，使二者合二为一，其他本土文化的元素往往也在这个过程中悄悄地渗透到儒家文化当中，在社会上形成一股文化的合力，在白族人心中塑造了一种多元复合的文化心态，正如杨黼《山花碑》中的描述：“忠实天地敬父母，教育子孙尊释儒，念礼不绝钟磬声，消灾又添福。力行仁义讲礼仪，不逞弊逆和凶恶，三教经书代

① 肖永明，于祥成．书院的发展对地区文化地理格局的影响[J]．湖南大学学报（社会科学版），2008（5）：5-11.

代传，漕溪水不浊。”儒学与本土文化的结合不仅表现在教化空间上的合二为一，更重要的是表现为民族群体对多种文化的整合。湾桥文昌宫的祭祀对象很多元，中央奉祀文昌帝君，左侧是本主段宗榜，右侧则是魁星。文昌宫的空间布局也很有多元融合的意味，文昌宫的正殿属于宗教空间，但左侧阁楼是老年活动中心，院子则是村民健身文化广场。广场上的香炉和健身器材互相对望，麻将声与健身音乐互相应和，十分有趣。洞经会是湾桥重要的老年男性组织。据史料记载，洞经会是在明代由李元阳等大理儒士从中原引入的一种士绅团体，是比较纯粹的儒家知识分子组织。起初，洞经会的活动主要有拜文昌、演洞经，其不以牟利为目的，不参加其他的宗教祭祀活动，很强调与婚丧乐手的区别。洞经会会员的甄选很严格，有细致的约束条文，非常强调个人修养和社会影响，会员自视甚高，认为自己有义务通过个人的言行修养为社区树立道德楷模。但随着历史的发展，洞经会成为一个开放而具有多元价值观的团体。笔者采访过的上湾村洞经会在选择会员时，虽然学识和品德仍然是重要的标准，但文艺才能是更为重要的一个方面。洞经会不仅参加本主庙的祭祀活动，还会在年节期间参与村落当中的演出活动，甚至在村民婚礼、新屋落成典礼、老人的寿宴、儿童的百日宴等喜庆活动中演出。今日的洞经会不仅承担着儒学所赋予的道德教化的责任，还承担着本土宗教文化所寄寓的娱神功能和社区文化所要求的公众服务功能。从洞经会的转变中可以看出，儒学已在某种程度上和地方本土文化融合为一体。

在乡村社会的眼中，儒学是一种道德修养学说。学者普遍认为，儒学是中国乡土社会伦理道德观念构建的基础，与乡土社会的日常生活实践息息相关。湾桥白族社会具有典型的属稻作文化生发出来的“农耕—宗法”文明特征，这与儒家文化有着共同的精神气质，使儒学传统作为一种道德伦理秩序能够较为有效且自然地融入白族社会。当然，我们也应该注意到这种融合并不意味着二者的完全契合，儒学与白族本土文化仍然有各居其所的时候，它们在村落不同领域、不同层次的生活中共存着。对于湾桥人而言，本主庙才是民族文化的象征，代表白族人更深层次的文化认同。如果说祭孔仪式体现的是对儒家思想的认同，那么本主仪式和祭祖仪式则表达了湾桥人对地域文化以及民族文化的认同。不同文化空间和祭祀行为的共存，反映出作为国家主流文化的儒学与湾桥白族文化的整合，使大传统获得了一个地方化的渠道，自然地融进湾桥人的生活。

三、白族文化在学校课程中的传承

通过深入调查，在国家民族政策和民族教育政策的推动下，湾桥学校教育越来越重视本民族文化在学校教育中的传承。现代的主流文化以学校、网络媒体等作为平台传入湾桥，并与湾桥本土的白族文化长期接触，其间既有碰撞又有融合，既有被动又有主动，是一个十分复杂的过程。

当前，主流文化在文化涵化过程中居于主导地位，白族文化与主流文化在学校这一空间中的交流被动适应的成分更多。在学校的教育空间当中，主流文化是以一种强势的态度深入白族青少年儿童的生活和观念中。学校的建立，使偏僻边缘处的乡村地区进入了主流文化的影响辐射范围之内，这相当于是一种现代文明的推进。推进的过程还得到了国家的支持，《义务教育法》规定所有的适龄儿童都必须进入学校学习。九年甚至更长时间的学校生活使儿童逐渐接受了主流文化的价值观及其行为方式。在现代社会中，学校作为“儒化”和“社会化”手段的教育空间，分离于一般社会和传统社会的地方性知识之外，依顺“民族—国家”提供的普遍性知识形成鲜明的学制规则和学究等级。这些规则和等级的强化，致使儿童不断地被分离于社区共同体之外，纳入一种现代公民身份 (citizenship) 的体制当中[①]。学校教育的过程就是使儿童的“身心”去地方性，从而把他们的“身心”培养成“国民”或“公民”所需的“身心”。

但随着时代的发展和教育改革的深入，被动适应的局面在逐渐转变。教育研究者和实践者的努力使人们看到教育中不能缺了民族文化，教师和教育行政官员也意识到只有重视民族文化，学校才能办得好。虽然目前并没有实质性的巨大的改观，但是我们可以看到这个转变的趋势。在前文中我们已经提到过湾桥白族儿童身处的语言环境，他们处在一个双语甚至多语言的环境中。一个普通白族儿童先从父母及家庭成员那里系统地学习了白语，年龄稍长，又在村落社会交往的过程中进一步强化了白语的学习，并随着交际圈的扩大，接触到汉语的方言。直至上小学，白族儿童才开始接受学校强化的普通话教学，从而开始打下比较好的汉语认知基础。儿童语言的习得和使用与社会活动空间的转换密切相关，进入学校的儿童不是一张白纸，他们已经掌握了不止一种语言，他们的头脑中已经带上了村落民族文化的烙印。学校拥有一套不同于村落社会的话语体系是毋庸置疑的事实，学校里所发生的第一层面的文化互动应是语言互动。在学校，学生需要实现白语向普通话的转换。这种转换是不容易的，需要外界提供条件和帮助，这也就是双语教育产生的原因之一。笔者采访了多个保中中学的学生，他们平时的课程排得很满，没有专门的白语课，学校里有乡土教材，但不知道有没有双语教材。但是，他们的课外生活中有很多白族文化的东西，因为他们的老师大多数都是白

① 王铭铭．教育空间的现代性与民间观念——闽台三村初等教育的历史轨迹[J]．社会学研究，1999（6）：105.

族，课外都是用白语交流的。学生的课间操跳的是白族的霸王鞭舞，学校的食堂也不要求学生喝牛奶吃鸡蛋，都是白族口味的食品。在小学里，懂白语的教师会用白族话讲课。在湾桥小学的语文课上，普通话语音学习是非常重要的内容。教师经常让学生朗读生字生词，有时甚至是通篇朗读，每当读完一遍，教师就不厌其烦地纠正学生不规范的普通话发音，然后让学生在老师的带领下朗读课文，最后教师表扬读得好的学生，指出读得不好的学生应该注意的地方。但是，教师在讲解课文大意的时候会在普通话中夹杂白语，特别是当学生不理解的时候，会用全白语来给学生讲解。由此可见，我们不能完全从显性课程的角度来分析学校中的文化交流。因为民族文化往往是以隐性课程的方式发挥作用的。虽然普通话作为强势的合法性话语极大地压缩了白语使用的空间，但并未完全取代白语的位置。

以民族文化为主的乡土教材正在逐步地与国家统编教材建立良好的互补关系，乡土教材没有多少课堂教学的空间，但它们能在广阔的课外空间施展。建立民族文化与主流文化之间的良性双向互动是一个长期的过程。近年来，湾桥的幼儿园、小学和初中学校中的“民族文化进校园”活动开展得轰轰烈烈。保中中学在民族文化传承方面就进行了一些有益的尝试。在学校的课程体系当中，白族的音乐、舞蹈、服饰、民间艺术有效地融入了音体美课程中，同时借助乡村少年宫，湾桥保中中学还开展了民族特色班和丰富多彩的民族特色课外实践活动（表 4-2）。

表4-2　保中中学民族文化特色课程安排表

周次 时段	周一	周二	周三	周四	周五
第 2 课时		七年级 白族美术			九年级 白族文学
早晨大课间	民族特色课间操				
第 4 课时	八年级 白族音乐		八年级 白族美术	七年级 白族音乐	
第 8 课时	特色少年宫活动（周一、三、五是特色体育活动,周二、四是特色手工活动）				

生活于湾桥村落里的人们表现出了对“民族文化流失”的担忧，但他们仍对未来充满信心。在访谈的过程中，不少人表现出了对民族文化和湾桥发展的信心。

HMX（湾桥白族村民）：“我们的娃娃现在了解白族的东西很少了，他们很少在家，学校里面又不教这些东西。我们家四五代人都是唱大本曲的，但我姑娘就死活不学，不过村子里有四五个人跟我学，我不愁将来这些东西传不下去。”

DPF（保中中学教师）：“在上课的时候，我们都只讲书本上的知识。尽管我们是少数民族，有自己的文化，应该教学生这方面的文化，但是学校里要学习的知识本来就很多，再加上民族文化的内容就更多了。虽然有时，我们也教一些白族文化的东西，但零零碎碎的，也起不了什么作用。不过，学生在家里就能掌握白族文化，我觉得民族文化学习的氛围村子里比学校更好。”

HFX(湾桥镇政府工作人员)：“我们主要是按照国家的政策办事，对学校中的事情很少干涉。但学校就是学校，村里就是村里。学校是教知识的，这些知识对学生以后的发展有用。当然，民族文化的学习也是很重要的，不掌握这些东西，就不能很好地适应村子里的生活，我们会尽力地在村子营造好的民族文化氛围。”

以上论述表明，村落中的人们正处在主流文化和民族文化交织成的文化张力场当中，他们面临着一些艰难的选择。虽然主流文化的强势让他们感受到了一些无可奈何，但他们内心深处还是希望这两种文化都得到很好的传承。

四、白族文化传承中对汉字的借用

世俗的学校教育体系的建立和发展，促进了汉白文化的交流。汉字在大理白族地区的推广和普及就是这一交流过程中的一个显著成就。白族人很早就开始借用汉字来传承民族文化，这一传统一直延续至今。白族借用汉字记录和表述本民族的文化事象既是族际文化交融整合的结果，也是白族传承文化的一种必然选择。不仅有利于各少数民族文化与汉文化之间的交融或交往，还方便了少数民族群体的文化陈述和展示。这符合国家政治理性的要求，是白族人的一种自觉文化意识，是应时代发展之要求对文化传承体制作出的一种调整。湾桥白族在文化传承过程中对汉字的借用表现在以下几方面。

（一）汉文白族文学作品和地方文献

早在汉代，据《滇考》记载，叶榆人张叔、盛览到四川若水学习汉文，归教乡里，盛览还著有《赋心》四卷（已佚）。至南诏、大理国时期，中原汉族的五古、七古、绝句、律诗和散文等文学形式已在大理流传开来，“白蛮”中涌现出一批用汉文创作的高手，如赵淑达、杨奇鲲、段义宗等人的诗作被誉为“直逼唐音”。南诏清平官杨奇鲲《途中诗》中的名句“风里浪花吹更白，雨中山色洗还青”就是描写雨中苍洱景致的佳句。文人诗歌当中多描写了大理的风土人情，成为白族文化的重要组成部分。到元明时期，白族人对汉字的使用和熟悉程度进一步加深，由本地白族士子所写的诗词歌赋、乐府、散文、诗论、史论等文学作品种类齐全，内容丰富，里面包含着非常多的白族历史文化知识。例如，《南诏野史》里段光在龙尾关打败叛军时作的诗：

雨锁金门百里城，神州花木管弦声。
齐天苍岳参云峻，界地榆河射月明。
梵宇三千朝呗朗，招提八百夜香清。
恒沙善果心无异，何思愚夷治不平。

此诗中既描写了苍山的峻拔巍峨、洱海的清明澄澈以及龙尾关的险要，也记载了元王朝征服大理的历史过程，反映了大理地区佛教兴盛的事实。

大理白族文人们用汉字书写的大理方志记录了湾桥的地理、历史、风物、民俗等，较好地保存了古代白族文化，较有影响的有李元阳、杨士云的《大理府志》《万历云南通志》、赵藩的《云南丛书》《民国大理县志稿》等。近现代以来的很多白族的历史文献均是用汉字书写，当代研究白族文化的汉文文献更是不胜枚举。

（二）湾桥白族世俗生活中对汉字的使用

汉字在湾桥白族的生活中随处可见。白族人家的祖宗牌位、家训格言、祭祀经文、经书、楹联等无一不用汉字写就。

白族是钟爱对联的民族，贴对联的历史可以追溯到很久以前。贴对联是湾桥白族日常生活中非常重要的一个文化事项，在许多重要的人生礼节当中都要写对联。结婚、生子、升学、建新居、乔迁、逢年过节、丧葬，甚至新店开张、祈福还愿等，都要写上几副应时应景的对联。村落的生活空间中充满了对联的影子：不仅村庙的大殿小阁中楹联众多，就连普通百姓家中的大门小门、中堂廊柱上也都要写上对联。对联的内容丰富，歌咏了大理的优美山水，反映了白族人独特的人生观念，表达了白族人对生活的美好愿望。

白族人还有意识地将白语和汉语结合起来，形成一种“汉字白读”的表述方式，“汉字白读”有一条严格的规律，有的是借音，有的借形，有的是自造字，是一种具有创造性的表述方式。湾桥杨黼的《词记山花·咏苍洱境》（《山花碑》）堪称其中的典型代表。《山花碑》中精确而详细地描述和记录了明代大理的山川景物、世俗民风。

词记山花·咏苍洱境

嵢洱境锵玩不饱，造化工迹在阿物，南北金锁把天关，镇青龙白虎。
山侵河处河镜倾，河侵山处山岭绕，屏面西污十八溪，补东洱九曲。
伽蓝殿阁三千堂，兰若宫室八百谷，雪染点苍冬头白，洱河秋面皱。
五华似你历霄充，三塔似你穿天腹，凤羽山高凤凰栖，龙关龙王宿。

夏云祛玉局山腰，春柳垂锦江道途，四季色花阿园园，风与阿触触。
跳仙人出克游遨，胜姮娥入宫伽舞，薮压蜀锦出名香，哫崀无价宝。
夺西天南国趣陶，占东土北阙称谱，秀雀翫景鸣轰轰，蝉吟声欲欲。
金乌騃散天上星，玉兔打开霄面雾，黄鸳白鹤阿双双，对飞嗒哢哢。
锺山川俊秀贤才，涵乹坤灵胎圣种，曾登位守道结庵，度生死病老。
尽日勤功把节操，连夜观参修求好，大夫在处栽松栢，君子种梅竹。
方丈丘烧三戒香，竟苑中点五更烛，云窗下拱大乘经，看公案语录。
煴煊茶水㟍呼着，直指心宗㟍付嘱，菩提達磨做知音，迦叶做师主。
盛国家覆世功名，食朝廷尊贵爵禄，慈悲治理众人民，才等周文武。
恭承敬当母天地，孝养干子孙释儒，念礼不绝锺磬声，消灾难长福。
行仁义礼上不轻，凶恶弊逆上不重，三教经书接推习，漕溪水阿喇。
长寻细月白风清，不贪摘花红柳绿，用颜回道謔浮身，得尧天法度。
遊翫在伪佉骨石，有去在威仪模草，风化经千古万代，传万代千古。
阿部遇时宜心欢，阿部逢劫催浪秃，天堂是荣华新鲜，飘散成地狱。
分数哽侔圡成金，时运车舛金成土，聚散侣浮云空花，实阿芣不无。
有之识景上头多，但于知心上头少，扬黼我拿空赞空，寄天涯海角。

《山花碑》是由似汉字非汉字的记音符号记录的诗碑，这种符号通称“白文”，是采用汉字的音读、训读、自造新字以及汉语借词等多种方式表达白语，这种表述方式后来在白族民间广泛地流传开来，多为民间艺人所采用，成为保存和传播白族文化的有力方式。据笔者的调查，莲池会经母们的经书、洞经会的歌谱、大本曲的曲谱等均用汉字书写，并有意地在汉字上增减笔画以示不同，读音完全是白语读音（图 4-1）。

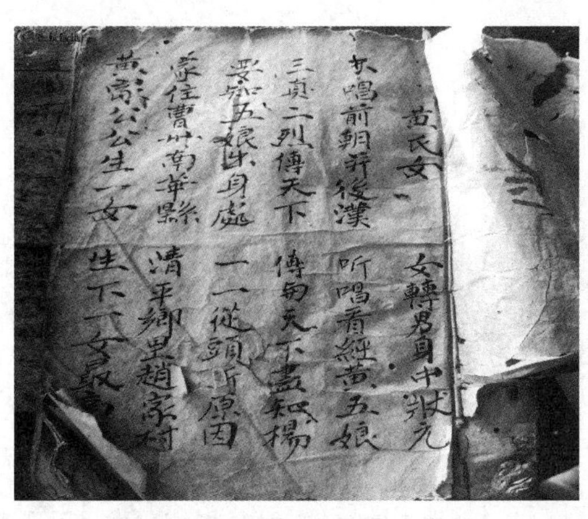

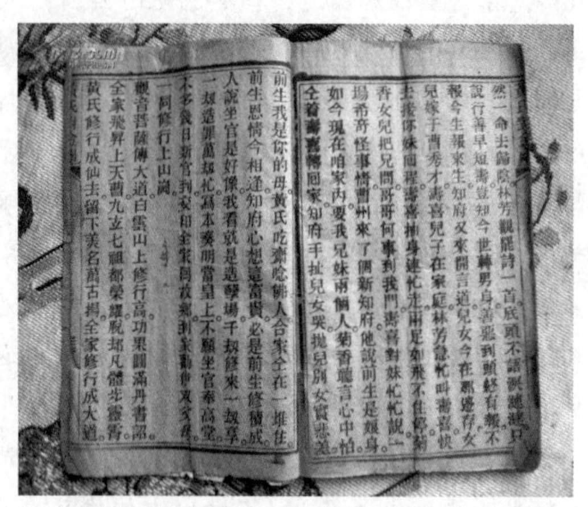

图 4-1　汉字书写的白族大本曲歌谱

白族人对汉字的借用称得上是对汉字的一种创造性的借用。他者的书写是现象性的表象，甚至文字借用也是借其形态来表达自己的文化、价值和思想等，正是借字使像白族这样的无文字民族的一些口头或其他形式的文化内容实现了文字的文本形式[①]。在这里，汉字作为一种工具性的存在，它所承载的是白族的文化信息，极好地弥补了口传身授这一传承方式过分依赖传承者本身的弊端，能在更为广阔的时空当中，以更为便捷的方式传承白族文化。更为重要的是，在白族人对汉字借用的过程中，白族文化和汉文化实现了自然而持久的融合，这不仅有利于白族文化的传承，也促进了白族文化的更新和发展。

① 罗正副．调试与演进——无文字民族的文化传承[D]. 厦门：厦门大学，2009.

第五章　湾桥白族文化传承的主体

民族文化的传承离不开传承主体的参与，整个传承过程对传承者有很大的依赖性。因此，人总是处在传和承的交织网络中。一方面，人既是传者，也是承者；另一方面，在某些特殊的时刻，传者就是传者，承者就是承者。村落中的中青年一般既是传者又是承者。他们有责任将本族的文化传递给青少年和儿童，同时要不断地从祖辈和父辈那里学习更多的自己尚未掌握的民族文化知识。中青年同侪群体中还存在横向的合作学习，通过共同的学习建立一致的价值理念，并由此获得情感上的归属和满足。村落中的少年儿童则往往作为纯粹的民族文化的承者，他们是未来的传者。在不同的年龄群体之间，传者和承者的界限是十分清晰的，他们各自在民族文化传承过程中所起的作用也是不同的。我们将民族文化能人[①]视作文化传承过程中最主要的传者，这是因为“灿烂的民族文化是由各族人民创造的，而各民族的精英分子正是这种创造的代表，倘若离开了民族文化能人分子的领导和创造活动，一切都是不可想象的[②]”。同时，我们将村落中的青少年视为最主要的承者，因为他们是最需要也是最应该学习民族文化的人。

一、湾桥白族文化能人的养成及其作用

（一）文化能人的养成

在文化传承的过程中，除了家庭中的父母、长辈、兄弟姐妹之外，不得不承

① 本书所指的民族文化能人是指那些拥有丰富的民族文化知识、才能卓越的人，注重的是他们对民族文化的掌握、理解，以及在民族文化传承过程中的威信和影响。民族文化能人不等同于政治学意义上的精英，民族文化能人没有特权，也不作为特殊利益集团的代表，因此民族文化能人并不与所谓的“草根”和“大众”相对立。民族文化能人是民族群体当中的优秀者。

② 张诗亚．西南民族教育文化渊源［M］．上海：上海教育出版社，1994: 45.

认一个事实：民族文化的某些因子必须依靠些特殊的个人和群体来传承，这些人是民族文化传承链条上最活跃、最具有示范意义的人群。如果将文化传承看作一种特殊的教育形态，那么这些特殊的人群无疑就是这种特殊形态当中的师者。但民族文化传承过程中的教师与正规教育中的教师是有差异的，正规教育中的教师是固定的、专职的，是在有意识地从事教育活动，而民族文化传承过程中没有专职的教师，形成了一种"学无常师"但又"人人皆可以为师"的状态。教师的选择是有严格标准的。韩愈有云："道之所存，师之所存。""道"到底是什么呢？韩愈在《原道》中有如下定义："博爱之谓仁，行而宜之谓义，由是而之焉之谓道。"可见，这个"道"是由"仁"与"义"构成的儒家之道。作为华夏文化固有价值系统的一种表现的儒家，儒学本身便是中华民族的文化精华，也是封建统治者用来治国安民的治世之宝。韩愈以是否"闻道"作为可否为师的条件与标准，是出于对传统文化的传承、弘扬。那么，那些熟练掌握了民族文化又深谙其核心精髓的人便可以成为"师"，人们习惯于将这类人称作民族文化能人。少数民族的文化能人有两种造就方式：第一种是自然形成，即在生产生活中通过竞技的方式产生；第二种方式是有意识、有目的的制度化培养，这种培养包含在本族中培养和留学培养两种方式[①]。

白族精英的培养以制度化专门培养为主。早在南诏时期，自郑回为南诏所虏，南诏便以之为师教王族子弟学习儒学。同时，唐王朝也主动帮助南诏贵胄学习汉文化。正所谓"赐书习读""传周公之礼乐，习孔子之诗书"。至贞元年间，剑南西川节度使韦皋还在成都办学，专供南诏王族及其大臣子弟就学。南诏派子弟留学达50年之久，子弟达数千人，培养了各方面的精英。元明以后，白族地区逐步形成了更为完备的世俗化的学校教育体系，传播儒家文化，培养民族文化能人。时至今日，学校教育一直是白族精英培养的重要方式。在湾桥社会中，精通汉文化并在其体系中获得正式的文化身份（如通过科举考试或者考上大学）是民族文化能人的重要标志。制度化的培养方式使白族的民族文化能人有着如费孝通说的"文化中间人"的特点。这是"通才"性质的民族文化能人，这种类型的民族文化能人中的佼佼者对民族文化的方方面面都有较好的把握和理解，也是熟悉国家制度的知识分子。如果说现代教育对湾桥的普通村民的影响还是浅表的，那么居住在村落社区中的这些民族文化能人对村民的影响则是深刻的，他们是民族文化与其他文化进行沟通的桥梁，他们在村落中进行着文化整合的实践。与此同时，民族文化能人对乡土文化有深厚感情，他们极度热衷于对地方性知识的传播。

① 张诗亚．西南民族教育文化渊源[M]．上海：上海教育出版社，1994：44-49.

以往关于地方精英的研究，多强调其在科举制度中的地位或者经济上的支配地位，但事实上地方精英的塑造比较复杂。地方精英的成功塑造不只是出于他自己的政治努力，还有公众塑造的成分[①]。我们在湾桥的典型民族文化能人杨黼身上也能很清楚地感受到这种塑造的复杂性。杨黼作为一个真实存在的普通人，经过代代人的努力塑造，成了一个充满神秘色彩的神仙人物，这过程是耐人寻味的。杨黼本已经是一位兼通儒、释、道三家学说的隐士，为同时代的人所敬仰。约百年之后，李元阳在《存诚道人杨黼传》中将其塑造成为一位学贯三教、孝感天地、诗书兼精、神乎其神的隐士。他所塑造的这个形象对后世产生了极大的影响。民间更是流传出很多关于杨黼的神仙事迹来。历代人齐心合力，将杨黼塑造成为一个社会的道德楷模和理想的士人形象。如今，在桂楼祠中，杨黼塑像头戴五岳冠，身披青衣道袍，手执《孝经》，在大理地方仪式中有着一席之地，遍及大理各地的团体，如“圣谕堂”和“洞经会”，在很多仪式中都将杨黼作为神仙而请降。杨黼家乡下阳溪的“洞经会”和“文德会”更将三月初十杨黼生日定为八大会期之一，称为“桂楼诞”。在杨黼这个文化能人养成的过程中，个人成长和社会塑造都扮演了重要的角色，而社会塑造的过程更是有村落舆论、社会名人等多方力量的作用。

当然，在白族人的生产生活当中的自然培养也是一直存在的。在村落当中自然形成的多是专才型的民族文化能人。他们精通民族文化的某一个方面，是这个领域的专家，具有不可替代的作用和地位。这类民族文化能人应民族生产生活中的需要而产生，如专门的神职人员“朵兮薄”和“朵兮嫫”为村落宗教生活所需要，专职的大本曲艺人、莲池会经头和洞经会会长等则为村落的婚丧嫁娶、娱乐生活所需要。巫师、歌师、能工巧匠等作为民族文化传承的重要代表人物，并不是命中注定要充当这一类角色的。他们之所以走上这条道路，是因为有着与众不同的生活环境和自身独具的素质[②]。除了生活的环境有利于文化传人的成长之外，自身具备的超越一般族众的素质也是他们一步步成长为具有一技之长的民族文化传人的重要因素。这些素质包括个人的聪明、勤奋与好学，有一定的文化知识，在生活实践中先于别人掌握各种技能，等等。现实社会中的民族文化能人都必须有广为人知的光荣事迹，他们作为文化精英的威信力是在村落生活实践当中点滴积累起来的。

① 王铭铭．村落视野中的文化与权力：闽台三村五论[M]．北京：生活·读书·新知三联书店，1999: 280.

② 索晓霞．无形的链接：贵州少数民族文化的传承与现代化[M]．贵阳：贵州民族出版社，2000: 126.

在湾桥，许多民族文化能人是在家庭环境的熏陶下，自然而然地“子承父业”。他们并不是生来就对其所掌握的技能有特殊的喜好，而是从小就在家庭环境当中耳闻目睹，较早地熟悉和掌握了这方面的知识和技能，父母辈也出于对子女未来生活的打算，积极地将技艺传授给下一代，以使他们能在社会上立足，解决生计问题。除了家庭传统的影响外，村落社会风气的影响也是民族文化能人成长的重要因素。在崇尚文化的村落中，文化能人相对于普通老百姓来说，在社会生活中更受人尊敬，有一定的社会地位。例如，婚丧嫁娶活动中的乐队、舞龙队、霸王鞭队，在表演过程中总会得到围观群众的掌声与喝彩。白族调歌手优美动听的嗓音、幽默机智的应答常令听众赞赏和崇拜。有知识而又有办事能力的人则能主持公道、带领族人顺利开展各种活动或解决各种难事，因而受到尊重和拥戴。

（二）文化能人的作用

首先，民族文化能人是民族文化传承的实践者。尽管村落居民在乡土生活的耳濡目染中已了解了民族文化的大致轮廓，但要完整无误地展现一个仪式或者一个习俗的所有程序和内容仍然不是一件容易的事情。制度化的学校教育课程当中并不包含村民日常生活中所涉及的礼仪和习俗，民族文化能人作为学校外的教师，恰好能够填补这一空缺。湾桥杨氏家族的族长就是村落中公认的民族文化能人。他拥有一整套白族文化的知识系统，包括本地的历史典故和神话传说、祖先的来历、大本曲的曲目、白族调的演唱方法，乃至祖先牌位的写法、生活中的各种仪式所需的程序等，可以算得上是民族文化的活的百科全书。杨族长的民族文化知识并非完全由自己留心于生活细节而得来，他在不断的学习过程当中虚心地向村中长辈求教，不辞劳苦地四处搜集散落于乡里民间的传说和风俗等。杨族长曾表达自己的想法，以前湾桥流传着很多有趣的传说，但知道的人越来越少了，所以他就去听老人们摆古，把传说详细地记下来，他不确定未来是否会有人看自己整理的东西，但他还是一直坚持做着，他认为这是义不容辞的责任。他是湾桥本主庙、文昌阁重建的积极组织者，是洞经会的会长，他还经常帮村民写对联，村里很多孩子的名字也是他取的。民族文化能人有着一种独特的使命感，推动着他们自觉地保存并积极地传承民族文化。

其次，民族文化能人是民族文化与他文化的沟通者。上文中我们已经提及了民族文化能人作为“文化中间人”的身份，这一身份的获得经历了痛苦的成长。在民族文化能人的头脑中常常有两种价值观念冲突的时候，对主流文化的认同使他们在正式场合中表现出对民族文化的排斥心理，而深藏在其心理和精神层面的文化和民族认同却又激发了他们的文化自尊。就他们自己而言，一方面在学校教育殿堂当中接受先进的、现代的、国家提倡的知识，努力地使自己获得一个新的文化身份，另一方面丢不下民族文化的点点滴滴，不断地在寻找认同感和归属感。他们便在两种或者多种文化的张力当中获得了成长。在现代的村落生活中，民族文化能人是思维活跃的人，也是擅长交际的人。他们能够对民族文化本身作出价值判断，深谙其对民族发展和文化多样性的重要意义。他们有清醒的头脑，能够在文化价值和现实功利之间进行合理的权衡，正确区分原生性文化和商品性文化，不为追求经济价值而歪曲民族文化来迎合消费者的口味。因此，他们能够在文化交流过程中起到一种积极的作用。在大理旅游发展的潮流中，湾桥的民族文化能人能够适时适当地将民族文化推广出去，对于国家体制的熟悉使他们懂得怎么与政府打交道，进而成功地引起了政府部门的关注，同时得到了社会的广泛关注。其中，最典型的事例就是将国家主席吸引到了村落中，让更多村落外面的人了解了湾桥和湾桥白族人的文化。另外，他们对学校教育非常支持，对主流文化和新鲜事物保持着好奇心，有些人甚至积极地引进新的潮流风尚。而对民族文化价值的坚守又使他们能保持自己民族文化的原汁原味。

二、村落年轻人的学习和发展

（一）学习的建构性

以往的研究者在谈及民族文化传承者时，多只关注“传者”，对“承者”的研究极少。这就如同在教育过程中只关注教师而不关注学生一样，肯定是不妥当的，这是文化传承过程中的“主体缺失”。不少学者声称“文化传承后继乏人”，焉知不是“主体缺失”的缘故？如果民族文化传承过程中本来就“只见文化不见人”，那“后继乏人”就是必然的。对人的关注涉及文化传承的本质。赵世林认为，文化传承的本质与内在属性包括以下八个方面：①文化传承是一种文化再生产；②文化传承是民族群体的自我完善；③文化传承是权利和义务的传递，具有强制性和不可选择性；④文化传承是民族意识的深层次积累；⑤文化传承需要社会架构作为支撑；⑥文化传承是纵向的“文化基因”的复制；⑦文化传承是符号的传递；⑧文化传承形成文化传统[①]。这其中的部分论点涉及了“本质”的探讨，但逻辑性和体系感不强。基于将文化传承看作一种特殊形态的教育的前提，我们可以参考学者关于教育本质的探讨，分析人在文化传承中的主体地位问题。20 世纪 90 年代以来，学者开始从教育本体的层面和实践的角度来研究主体问题，形成

① 赵世林．云南少数民族文化传承论纲[M]．昆明：云南民族出版社，2003：14-32.

了一些具有代表性的观点。孙喜亭把教育的功能分为本体功能和社会功能，强调教育把人作为主体来对待，把人本身的发展作为教育的目的，教育也即人的教育，教育的价值就在于使人得到完善和发展，以主体的身份参与社会生活，推动社会的发展[①]。鲁洁从实践论的角度提出教育虽然存在一种外部施加影响的过程，但其主题却应是促进、改善受教育者主体自我建构、自我改建的实践活动的过程[②]。谢国忠认为，教育的本质是主体的自助性建构[③]。荀振芳也提出，教育贯穿于人的实践过程中，教育的本质是受教育者的自我建构。依此推论，民族文化传承的本质应该是民族群体自我建构的实践活动，要实现民族群体的自我完善和发展，民族文化应该服务并服从于人的发展，这样它才是被需要的，才能代代流传，不会遗失。从这个意义上讲，民族文化传承不但要将目光放在文化上，更要放在人的发展上。

人的发展离不开学习。建构主义学习观强调：学习不是一个获得越来越多的外部信息的过程，而是在主体内部能动建构的过程。个体心理素质的改变与知识的生长是外部刺激与主体内部反应双向建构的结果，学习者不是被动的信息接收者，相反，它会对外部刺激提供的信息予以主动建构。主体与自我建构是不分离的，自我建构的发生是主体作用发挥的标志。自主建构是这样一个过程：人通过自我意识，既将自己作为主体，又将自己作为客体，通过一种主客体的交互作用而形成一定的心智结构，同时具有对自己的心智结构主动调节的功能，以使心智结构适应变化，并在不断的自我建构和改建中发展[④]。主体的自我建构被视为教育之本质，但主体的自我建构并非只在教育过程中发生。无论有无教育的介入，学习始终存在，并贯穿于生活的始终，学习过程充满着自我建构。

民族文化传承的过程也是个体的主动学习过程。学习的内容涉及民族文化、村落生活、人际关系等，且是一个终身的、持续的过程。学习的结果是使青少年拥有与民族群体一致的行为方式和价值态度等，以便他们更好地融入村落社会当中。当这种学习被阻断了，即产生了“文化中断”现象时，青少年将与自己的民族和村落产生疏离感，无法融入民族群体之中。在这个过程中，有意为之的训练和练习是外显的学习，个体在生活中的反思体悟和经验则是隐蔽的学习。在青少年的成长过程中，外显的学习必不可少，这在各种生产生活技能的学习中最为普遍。例如，女儿要从母亲那里学到制作乳扇的技术至少要经过一个星期的尝试和

① 孙喜亭．人的价值、教育价值和德育价值[J]. 教育研究，1989（5）：17-22.

② 鲁洁．教育：人之自我建构的实践活动[J]. 教育研究，1998（9）：13-18.

③ 谢国忠．教育的本质在于主体的自助性建构[J]. 教学与管理，2003（11）：3-5.

④ 鲁洁．教育：人之自我建构的实践活动[J]. 教育研究，1998（9）：13-18.

训练，配方很简单，但是难在对火候的掌握，必须由学习者在实际的操作中自己总结。隐蔽的学习虽不易察觉，但是更为重要。处在民族文化场域当中的个体更自由，这里没有强制的灌输，也没有时空的限制，每个人都有更充分的选择权。文化传承过程中的学习是典型的情境化学习，学习主体与民族文化中的人、物、气氛以及符号形态等交互性发生着复杂多样的联系与作用，通过主动的或者无意识的模仿、观察、反复练习和经验，学习者自身行为模式发生了持久的改变或建立起新的行为模式。

（二）学习的自主性

在这里，我们还要强调的是儿童在文化传承中的自主性。湾桥的儿童处在一个多元而开放的文化情境当中，这不是一个纯粹且封闭的空间，儿童所受的影响和所获得的知识是多方面的，更重要的是他们不是被动的接受者，他们不会原模原样地接受传统文化，而是会主动地去选择和构建。笔者曾经详细地记录了湾桥保中中学的白族学生在“元旦联欢会”展演中所透露出的正是一种稚嫩但生动的自主性建构。“元旦联欢会”是产生于外部世界的社会仪式，湾桥村落没有这样的节日。家长们对此毫不关心，因为那是学校里的节日，他们无法参与其中。家长们的冷淡态度并未影响到学生，学生以积极的态度和饱满的热情参与到了这项活动当中。青少年对新鲜事物总是有着比成人更好奇而宽容的态度，他们的表演以电视上的“春节联欢晚会”为模板，普通话标准的男生、女生穿上了西装、晚礼服，当起了主持人，节目形式也丰富多样，有相声、小品、武术、舞蹈、独唱、魔术……起初，笔者很悲观地以为这一定又是城市主流文化的生活形式的模仿罢了。但难得的是，在一长串节目单中，有不少充满乡土气息的节目形式，民族舞蹈有六七个，如白族草帽舞、霸王鞭舞、傣族孔雀舞和彝族烟盒舞等，还有几个女孩子唱了白族的敬酒歌，甚至有几个男孩子用白语表演了一个相声，引起了不小的轰动。当然，节目当中也有不少城市生活的元素，有一些艺术的形式是学生通过电视和网络学习到的，如那些节奏感强烈的现代舞蹈、流行歌曲、魔术表演等。这样一台杂糅着各种文化要素的文艺晚会让笔者感慨万千。我们想当然地觉得一个产生于外部世界的节日，由于在主流文化中被深刻地认同，被强行地安排到白族村落少年的生活中来，其结果肯定是一种被规定好的僵硬表演。但事实告诉我们，白族少年并不是提线木偶，不可能完全受环境的支配，都市流行文化的形式在他们心目中产生的诱惑并不会剥夺村落文化在他们心中的地位，他们在努力地适应，也许他们感受现代化所带来的矛盾的方式是千差万别的，但是每一个少年都在积极地尝试建构新的文化世界。

第六章　湾桥白族文化传承的现代危机

一、湾桥白族文化原有传承机制的变迁

（一）传承内容的碎片化

“碎片化”原意是将完整的东西分成诸多零块，是描述当前社会传播语境的一种形象化的说法。将文化从其生存发展的民族社会中挑选出来，将其解构、挪移和拼接，文化的碎片化由此产生。信息技术的发展，使文化碎片化几乎成为全球化时代普遍的文化逻辑。我们也可以把碎片化看成一种多元化，看成对统一性和整体性的一种否定。

为了迎合游客多样化的需求，政府和投资者往往以“摘要式”的形式展示少数民族文化庄严的“茶道”。三种味道的茶代表了三种不同的人生感悟，苦茶代表创业的艰辛，甜茶代表成功的甜美，回味茶代表成功后的反思，三种茶在不同的场合制作和饮用，边品茶边谈论人生。旅游产业把“白族三道茶”从白族文化的整体中选取出来，抓住其器具材料的质朴性和制作过程的可观赏性，使其成为一串视觉符号，镶嵌进舞台表演当中，形似花边，拼接的方式与手段都不要紧，娱乐性和新奇性十足就行。在制茶和品茶过程中，对人生的思考与表达甚至连茶的滋味和品质也不再追求其细节和本源。而在自媒体大量普及的情况下，网络的发展培养了不少游客“碎片化表达”的旅游习惯，他们更愿意浏览网页上关于当地的拼盘式的信息，耐心细致的交流和长篇累牍的文献在很多游客眼中是不可思议的。微博的流行更是加剧了“碎片化”解读的趋势。三言两语、现场记录、发发感慨、晒晒心情，驴友之间以碎片化的方式传播着他们眼中的白族文化。这些碎片化的表达方式向我们展现了民族文化被有意识肢解的过程，一些理性的白族人开始感受到了这种碎片化的危机。

和石林这样的旅游景点一样，大理实际上面临着两种危险。一种来自外部，

旅游者带来了外面的生活习惯，影响着当地居民的道德、服饰和行为等。第一种危险更微妙、复杂，更具有危害性。因为这种危险来自当地居民本身，为了给旅游者展示一种漂亮的外表，当地居民正在误用自己的文化。为了取悦旅游者，让他们能故地重游，当地居民把自己的文化简单化，使之能够吸引旅游者。但是，他们忘记了自己真实的文化。时间一长，他们自己也会接受了，或至少是不在乎。他们失去了真正的白文化，代之以一种伪白族文化。[①]

（二）原有传承空间场域的瓦解

在传统的湾桥社会中，以农耕为主的生计方式决定了人们的生活方式。人们依据四季节令来安排农业生产，并以此组织自己的家庭生活，家庭经济依赖土地，依赖全家人的共同劳动。因此，人们紧紧地围绕在土地周围，围绕在家庭周围，田间地头、家庭环境中的火塘、餐桌都是文化传承的场所。随着现代化的深入，人们的生计方式和生活方式均发生了不同程度的改变，人们对土地和家庭没有了强烈的依赖感，村落中的年轻人选择了更为赚钱的行业，离开了土地，离开了家庭和村落，走向了城市。这使民族村落中原有的文化传承的空间场域逐步瓦解。具体表现为以下几点。

一是湾桥村落中白族居民生计方式和生活方式的改变。村落居民原来以农耕和捕鱼为业，四季生活围绕农事活动展开，春耕夏耘、秋收冬藏，禁渔期从事小贸易，开海期追逐鱼群讨生活。自从加入了旅游业大潮之后，很多家庭不再从事农业和捕鱼业，旅游业成为支柱产业。农田不再种庄稼，而是开发成花圃，捕鱼活动则成为旅游表演项目。家庭的主要收入来源变为房屋租金和旅游业收入（以住宿、餐饮、租车、导游等旅游服务行业的收入为主）。随着生计方式的改变，人们的生活方式也越来越城市化。农耕社会“早出晚归”的劳作方式已经不复存在，村落中的生活节奏变成了“朝九晚五”，人们到外地人开的旅社、餐馆、茶室里上班，或者忙碌于自家的生意。饮食习惯也有很大的改变，年轻人喜欢上馆子，吃火锅、肯德基，喝台式奶茶、碳酸饮料，民族传统食物作为土特产出售，而本地人很少吃。传统的宗族大家庭分解为许多的主干家庭，同时出现不少的核心家庭，年轻人和父母祖辈生活在不同的空间当中。此外，年轻人日常的生活也发生了改变，生活与工作均在景区，极少和父母祖辈一起从事传统的农业和手工业活动，儿童则进入学校学习。火塘、村庙、街头巷尾这些传统的文化传承场域

① 摘自新浪博客“东洱河蛮”的博文。东洱河蛮是中国社科院王锋老师的微博账号。王锋老师是我国少数民族语文学界的后起之秀，也是白族语言文字的权威专家。

不同程度地瓦解了。如今，人们喜欢围在电视机前看五花八门的连续剧和各种现代娱乐节目，长辈们也不再讲述古老的传说和故事，年轻人的休闲娱乐更不再青睐唱山歌、弹三弦这样的传统方式，而代之以唱卡拉OK、看电影等城市化的娱乐方式。

二是村落居民的住屋逐渐融入了现代文化的特征，家庭文化空间发生了很大的改变。带有深刻少数民族烙印的“三坊一照壁”住屋在材料、结构与功能上均发生了较大变化，青瓦、墙砖、钢筋水泥部分代替了原木、石头和泥土成为房屋的主要原材料；白族农家院将旅游接待与居民自住功能合二为一，传统的堂屋、厢房、耳房、门楼、前后院的划分已不明显。例如，部分院落的耳房被用作视听室或者客房，堂屋被用作家庭旅馆的前台，融入了很多西式的建筑元素和城市的装饰风格：巨大的落地窗和玻璃门，精致的橱窗，优雅的插花，屋内流淌着流行音乐。人们充分地利用宅基地的空间，四面围合的四五层高楼取代了传统的二层住屋，院子的面积缩小了很多，有很多家庭甚至已经没有院子。房屋内部的装饰风格也十分现代化，墙壁檐角不再绘画孝亲故事和治家格言，而换成了现代油画或者民族风的装饰画。居住空间中的白族传统文化元素逐渐减少，住屋所构筑的教化空间的民族性极大地被削弱了。

三是湾桥的聚落形态发生了变化，原有的社区传承场域逐步消失。旅游开发前，田野阡陌连接着散布在洱海湖边及山坳里的“老古房”，澄净的洱海和绵延无尽的海东山脉共同组成了宁静和谐的村落。旅游开发后，临湖而居的村民开始出租其住屋，湖边出现了各种风格的旅馆，环湖公路边建起了商业街，各色店铺鳞次栉比，一到旅游旺季就出现车水马龙的景象。村落聚落形态的改变既是文化变迁的原因，也是文化变迁的结果，在其中显示出了经济转型与文化变迁之间的复杂关系。

（三）传承过程商业化

目前，湾桥白族传统文化传承与保护的动因较多来自“经济利益”的驱动，遵循的是所谓“政府引导、企业主导、项目先导”的路子。白族文化传承过程的商业化表现在以下三方面。首先，是旅游景观的产生和商业化管理。例如，将南诏保和寺、照光寺、杨黼桂楼祠、凤鸣桥、珠帘阁以及村落的街道、古戏台、文昌阁、宗祠家庙、本主庙、传统白族民居等开发为旅游景点，并提取和扩大其中的某些文化元素，使其变成谋取商业利益的手段。其次，表现为民族文化旅游产品的开发。对民族物质文化产品的批量生产，如手工艺品、土特产等。但旅游文化产品的生产是一个选择性加工的过程。再次，表现为对民族艺术元素的重新阐释。在旅游的语境中，南诏洞经古乐演奏、乳扇制作、婚俗体验、耍火把、歌舞打跳、划船、鱼鹰捕鱼等开发成为旅游体验项目，如霸王鞭舞、龙舞、薅秧歌、洱海渔歌等民族歌舞成为丰富游客旅游生活的娱乐项目。旅游景观符号作为旅游文化商品，是少数民族文化旅游资源商品化的结果，是少数民族文化的再生形态[①]。本主崇拜作为白族特有的民间宗教，相信万物有灵，崇拜祖先，有固定的宗教场所，本主庙中独特的神灵造像艺术、装饰艺术，再加上本族祭祀的用物、祭祀的典仪、典仪当中的音乐舞蹈等，构成了一个独特的宗教文化体系，这一体系作为白族标志性文化符号被广泛宣传。再生意味着民族文化元素的重新选择和重新组合，很多时候是在一种新的价值观念的指导下进行的。再生的过程就是传统丢失的过程，民族文化在这个过程中告别了原生的形态而变成次生的商品。然而，文化传统是文化的生命力之所在，传统当中包含着具有连续性的民族记忆，并将祖先凝聚的智慧通过这种记忆传达给后人。而传统的丢失预示着原有的价值体系、信仰和行为准则的消亡。村落中的白族人对此是有清醒认识的，他们知道民族文化商品和民族文化是不同的概念。

“来大理的旅游者希望看到的是穿戴民族服装的本地居民，民族服饰标志着生活在大理的白族人民独有的特色，使旅游者感到自己真正置身于另一个世界。我们白族人都知道白族传统服饰丰富多彩，各个地方服装颜色不同，包头不同。但现在市场上流行的是金花装，有漂亮包头和艳丽的颜色，现在不能算是白族服装，只能说那是旅游产品。”[②]

少数民族文化的商业符号化是一种有选择的符号化，在一定程度上对民族文化的保存是有效的，但若选择不理智，就会产生很多负面的影响。

一到云南，到处都能听到白族的歌曲，去民族村就能看到三坊一照壁了，还能天天看到人们表演白族舞蹈。只要人们有需要，各大城市里能立马建造出很多的民族文化主题公园。而在真实的大理，人们看到的仍然是主题公园中的内容，人们到了一个真实的情境中却看到了不真实的东西。这是很讽刺的事情。

民族文化的商品化过程营造出了无数有关白族文化的主题公园，“民族村”“风情园”“风情岛”层出不穷。从乐观的角度看，这一过程的确也传播了白族文化，让更多的人知道了大理，了解了白族，但是旅游情境中的白族文化的再生包含了太多对文化不合理的扬弃，为了适应“快餐式”旅游文化的需求，使原

① 桂蓉．少数民族文化遗产的旅游符号化现象探析[J]，西南边疆少数民族研究，2014(14)：154.

② 摘自新浪博客“苍洱彝人”的博文。

来丰富、立体的文化变得平庸而简单。民族文化产业化对民族文化保护与传承方面的作用是存在的，但若没有把握好度，过分地追求经济效益，则会对民族文化造成伤害。这种以“定点投资”为形式，有选择地开发民族文化产业的做法主要的“特色”在于增加了景点，增加了收入，但并没有触及扎根于民间生活习俗中的民族信仰、民族精神等“活”的民族传统文化。

（四）白族文化认同弱化

旅游开发前，湾桥居民的生活空间是相对封闭的，是费孝通所说的熟人社会，其文化生活是保守而排外的。现代化过程中，湾桥涌入了大批的投资者和游客，这些外来者进入湾桥人的生活空间，带来了他们的文化，冲击和改变着湾桥白族人的文化空间。具体表现为认同感的弱化，在这个过程中，年轻一辈所受的冲击更大，他们对民族文化的感情没有像老一辈那么深，因此在对民族文化的改造中也更加大胆。在市场经济的大潮中，他们放弃了白族人传统的生活方式和道德观念，不断地追求金钱，崇尚城市的现代生活，他们对本族文化的认同在逐渐减弱。年轻人对本族文化的认同逐步减弱，在思想观念上表现为对村落传统美德的忽视，行为上表现为对金钱的追求。湾桥文化空间的开放化经历了一个从被动到主动的过程。最初，村民与外来者的交往是比较被动的。外来者作为受政府保护的投资者和旅游消费者，总被看作强势的一方，允许他们进入文化场所和参与文化活动都是“不得不做”的。伴随着旅游业逐步成为主要的生计的过程，湾桥人享受到了旅游业带来的可观的经济效益，这在一定程度上促使白族人开始主动地去了解给他们带来金子的外地人。为了能从事旅游接待和商品贸易，白族人主动学习汉语以及外语，白语在他们心目中的地位下降得厉害。时至今日，湾桥绝大部分的中年人和几乎全部的青少年都能流利地使用汉语，有的甚至能流利地使用英语和日语，在年轻一代中，已有不少人放弃了对白语的学习和使用。为了能较好地解决旅游业发展过程中的各种事务（主要是房屋租赁、旅游服务条款、营业执照办理等），当地人开始主动学习国家法律和地方法规，原来由宗族制度和村规民约所形成的管理制度逐步失去了原有的效力。为了获得更多的经济利益，当地人开始学习外来者的客栈经营方式，甚至在为人处世的方式上也越来越趋近外来者。村民对白族文化的态度也呈现出越来越多的功利性。开始主动开放宗祠、文庙、本主庙等文化场所，收门票以获取经济利益；将本民族的丰收节庆、宗教仪式、节日庆典等办成多种文化交融的混合式大宴会，其神圣性、精神性特质已荡然无存。

二、湾桥学校教育与民族文化的疏离

现代化的进程使原有村落社会的封闭性不复存在。从广泛的视野来看，现代学校的确立是现代性 (modernity) 生成的重要组成部分。初等教育空间的兴起必然会促使原来地方社区的文化传承转变为“现代化”的、超地方的“国家事业”[①]。学校作为村落中的“国家”，它以自己的方式作用于乡土[②]。在某种程度上，学校教育所代表的是国家权力，它以一种自上而下的方式进入少数民族村落社会中，因此被视作“国家—地方关系”中霸道的强者。学校所带来的现代文化与村落的传统文化之间的互动是客观存在的，不论这种互动是主动的还是被动的，都对民族文化传承产生了重要的影响。因为缺乏与民族文化充分且适当的互动，学校成为民族村落中的格格不入者，导致校内的文化传承场域和校外的文化传承场域不能实现有效的融合。具体表现在以下方面。

（一）校内外文化传承空间的疏离

湾桥处在交通要道上，因此并不同于某些教育人类学者关注到的深山里的村落，它不是与世隔绝的，而是处在一个开放的空间当中。湾桥白族有着较为开放的心态。学校仍是湾桥村落中“国家”的代表。学校被村民归到乡政府、村委会、农林站、文化站之类的政府部门当中，是属于国家的。学校在村落中构筑的文化空间是独特的。首先，从视觉上讲，学校的文化空间是相对独立的。随着国家对义务教育的推进，乡村学校扩建的速度是惊人的。小学位于村落中心，地盘不好扩张，但楼房越建越高，在一片民居当中“鹤立鸡群”。保中中学则从一开始就建在村落之外，崭新的教学楼和宿舍楼、又长又高的围墙、宽阔的操场、气派的大门、高高耸立的国旗杆成为村落中醒目的所在。其次，在村民的观念中，学校文化空间的构筑是政府和教师的事情，从学校的选址开始，直至投资兴建，再到招生教学，村民都是置身事外的。学校是国家的，也是村落的，因此学校是有特权的。据村干部介绍，湾桥的学校硬件设施在全市（大理为县级市）的村校中是最好的。1989 年，“保中中学”挂牌的时候，省里领导和相关单位都纷纷前来祝贺。二十多年来，由于周保中将军的影响，保中中学所享受的待遇是周边其他村落不可企及的。

学校给村落带来了一些新的生活元素。学校将工作日和周末的概念带到乡村，

① 王铭铭．教育空间的现代性与民间观念——闽台三村初等教育的历史轨迹 [J]．社会学研究，1999（6）：103.

② 李书磊．村落中的“国家”：文化变迁中的乡村学校 [M]．杭州：浙江人民出版社，1999: 11.

学生有着固定的时间表，按时上学，按时放学。周一至周五从学校传出的琅琅书声常常会打破村落的寂静，欢快激昂的运动员进行曲和节奏明快的流行音乐也时不时地充斥着村落的大街小巷。每个星期一早上的升国旗仪式是村民最喜闻乐见的，教育和训诫也会随着高音喇叭传得很远。所有这些都使村民感到学校是一个特别讲究纪律的地方，学校生活是严肃而规整的，与随意散漫的村落生活形成了鲜明的对比，学校的生活方式是他们所不熟悉的生活方式。湾桥民风淳朴，村民大多没有锁门的习惯，白天大门常开，晚上也只是虚掩大门。对比之下，不由让人感到学校就是在自然散漫的乡村生活中人为设置的国家环境。学校所构筑的文化空间与村落原有的文化空间之间的差异是十分明显的。新的文化体系的进入，陌生感是在所难免的。但湾桥的村民对学校并没有拒斥、厌恶，他们积极地将孩子送到学校里读书，因此湾桥的义务教育入学率和巩固率常年居于大理市的前几名。湾桥的小学和中学里的很多教师都是湾桥本地人，但他们常常被视为“公家人”，这一身份使他们与村民之间存在一定的疏离感。

保中中学的文化空间具有十分耐人寻味的地方，从中可以看到一些民族地区的乡村中学中民族文化与校园文化互动的轨迹。学校保留了不少 20 世纪 80 年代以来国家教育在地方实施的痕迹。学校的大门是 20 世纪 80 年代那种简单的钢筋水泥平头门，门的上方嵌着大理石板，上书“大理市湾桥保中中学”，正对着大门的教学楼门口用硕大的字体书写着“前有将军，后有来者”，一方面昭示着湾桥人作为革命英雄后代的自豪感，另一方面是学校要为湾桥培育人才的宣言。由于有着周保中将军这张红色名片，保中中学的爱国主义教育是非常突出的。学校的老教学楼是 20 世纪 90 年代流行的平房，柱子上挂着名人格言，黑板上写着中学生守则，墙壁上“好好学习，天天向上”“团结奋进，爱国明理”“做合格的社会主义接班人”之类的红色大字仍清晰可见，与中原地区的学校无异，并不见白族文化的因素，而充斥着“均质化”的国家意识的培养意图，是 20 世纪 80 年代以来的国家教育大政方针在民族乡村的渗透。新盖的教学楼则体现出在教育发展和改革过程中对民族文化的关注，以及民族地区的乡村学校在调和主流文化与民族文化的关系时所作的努力。学校建筑中有诸多的白族文化元素：青瓦白墙，飞檐斗拱，墙壁上画着山水花鸟，写着名人警句和励志格言，柱子上则写着对联。“明礼诚信，厚积薄发”这样的宣传语也少了，代之以“春游芳草地，夏赏绿荷池，秋饮菊花酒，冬吟白雪诗”之类规训意味较淡的清新诗句。新教学楼内部的装饰具有混合的效果，既有名人格言、劝学警句，也加入了一些湾桥地区的风景名胜、民俗风情的照片。新教学楼的变化表明，民族文化对学校文化空间的构筑产生了一定影响，但这种影响是微弱的。

（二）校内外文化传承目标彼此孤立

当前，主流文化在文化涵化过程中居于主导地位，白族文化与主流文化的交流是一种处于不平等境遇当中的被动适应。在学校的教育空间中，主流文化是以一种强势的态度注入白族文化中的。学校的建立使偏僻边缘处的乡村地区纳入主流文化的影响辐射范围之内，这相当于是一种现代文明的推进。推进的过程还予以国家强制力量的支持，《义务教育法》规定所有的适龄儿童都必须进入学校学习。九年甚至更长时间的学校生活使儿童逐渐接受了主流文化的价值观及其行为方式。在现代社会中，学校作为“濡化”和“社会化”手段的教育空间，分离于一般社会和传统社会的地方性知识之外，依顺“民族—国家”提供的普遍性知识形成鲜明的学制规则和学究等级。这些规则和等级的强化致使儿童不断地被分离于社区共同体之外，纳入一种现代公民身份 (citizenship) 的体制当中[①]。

从教育的政治功能来看，学校要培养符合国家需要的人才。随着学校教育的普及，现代学校教育形成一个强大而复杂的系统，学校教育已经渗透到每一个村落社区，影响到每一个人的成长和发展。作为国家的“基础工程”，义务教育的使命是将“普世知识”及其信念传播开来和传承下去，无论在学校接受教育的是谁，不论他们在学校中成功与否，最终是否服务国家，每个人都或多或少地参与到这个过程当中。学校中传播的文化是经过层层筛选的，这是一个很复杂的集合，我们很难说学校里所传授的文化是怎样的性质，但能肯定其必定符合国家利益，因此国家赋予其不容置疑的权威性和合法性。现在的湾桥儿童说着普通话，看着汉语电视节目，唱着流行歌曲，在内心很早就埋下了城市生活的种子。长年累月地接受学校教育，更使他们的脑海里构筑起来的是关于外面世界的图景：高楼大厦、琳琅满目的商品、熙熙攘攘的人群、高级的时装、精致的餐点……在这种意义上，我们可以将学校称为湾桥社会空间中的“飞地”，作为主流文化的传播场所。这是一种被动的文化适应过程，也是一个不平等的文化对话过程，但在客观上形成了一股拉动湾桥向外部世界移动的力量、一种帮助白族儿童在传统的乡村社会和现代城镇生活中建立联系的力量。湾桥社会已经不是一成不变的了，在平静的外表之下，有很多潜在的文化欲望潜藏在其中。教育打破了地域身份的限制，在儿童的民族身份之上加上了公民的身份。

学校教育的主要承受者是儿童，学校或许会对湾桥儿童的认知图式产生模塑的作用。对于湾桥的成年人来讲，他们并不排斥学校的进入，人们对学校教育呈

① 王铭铭．教育空间的现代性与民间观念——闽台三村初等教育的历史轨迹 [J]．社会学研究，1999 (6)：105.

现出一种既要亲近又想排斥的矛盾态度。当问及对学校教育的看法时，村民作了如下描述。

访谈人 1: LGX，男，44 岁，小学文化，一组村民。

“我文化程度低，小学毕业，但是认得的字还是多呢。我经常到城里去，我也会讲汉话。天天风吹日晒地耙田，和考出去的人是不能比的。我希望我的孩子也能考出去，但是他考出去了之后我也担心，他现在不肯跟着我学做扎染，我们家祖传的这个手艺怕是传不下去了。”

访谈人 2: DX，男，32 岁，大学文化，六组村民。

“我 2006 年毕业考回村里的小学教书。工资不高，但是能够为乡里做点事情我很高兴。我觉得我们白族的文化很好，我也在教自己的小孩说白族话，希望他不要忘记了老祖宗的东西。但是，我也希望自己的孩子好好学习，能够去大城市工作，能出国更好。人是不能忘本，但是也要出去闯世界。”

访谈人 3: YYX，女，16 岁，初中文化，二组村民。

“我现在跟着我阿妈做乳扇，读不进去书了，就只能回来了。在村子里，学校学的那些就用不上了，最多就是看得懂字、不算错账也就行了。父母教我的东西很有用，学得一样本领，能够自食其力，将来嫁人了也能好好过日子。当初没有读高中，主要觉得自己成绩不好，读了也考不上大学，走不出去，还不如早点到社会上打拼。”

在人们的“读得出去”与“读不出去”这一普遍描述中，隐含着个人行为背后更为宽泛的对教育的期望：学校是一个相对公平的权利分配场，每个人依靠自己的努力，将学校教育作为走向外面世界的平台和通道。人们对教育的看法仍局限在“学而优则仕”的思想里。接受学校教育的目的是要脱离乡土，“培养人才”并不属于民族村落，白族人通过接受学校教育这条途径实现向城市社会的流动。而掌握白族文化则能使人们留住祖先的遗产，保住民族的根，也能让他们更好地适应村落的生活。湾桥白族人既希望通过学校教育走到外面的世界中去，也希望将自己民族的东西传承下去。他们面临着两难的选择。

（三）校内外文化传承内容衔接不足

湾桥的学校教育与白族传统社会的地方性知识是疏离的。尽管学者和教育行政官员都在强调民族文化的重要性，但实际情况并没有实质性的改观。在前文中我们已经提到过湾桥白族儿童身处的语言环境，他们处在复杂的语言环境中，白族儿童先在家庭环境中系统地学习了白语，年龄稍长，又在村落社会交往的过程中进一步强化白语的学习，并随着交际圈的扩大，儿童还学习到了汉语方言，当然也包括从电视上学到的普通话。进入学校的儿童不是一张白纸，他们已经掌握了不止一种语言，他们的头脑中已经带上了村落民族文化的烙印。学校拥有一套不同于村落社会的话语体系是毋庸置疑的事实，那么学校里所发生的第一层面的文化互动应是语言互动。在学校中，学生需要实现白语向普通话的转换。这种转换是不容易的，需要外界提供条件和帮助，这也就是双语教育产生的原因之一。笔者采访了多个保中中学的学生，他们平时的课程排得很满，没有专门的白语课，学校里有乡土教材，但不知道有没有双语教材。但是，他们的课外生活中有很多白族文化的东西。因为他们的老师大多数是白族人，但是他们只有在课外才用白语交流。在小学中，懂白语的老师会用白族话讲课。在湾桥小学的语文课上，普通话语音学习是非常重要的内容。老师经常让学生反复朗读课文，并且不厌其烦地为学生纠正读音。学校里到处可见“请讲普通话”的标语。由此可见，在学校的教育空间中，以语言作为载体所进行的文化互动是非常少的，即便有也只是一种被动的互动。普通话作为强势的合法性话语极大地压缩了白语使用的空间，虽然并未完全取代白语的位置，但在两种语言之间并未形成很好的衔接。

以民族文化为主的乡土教材并未能与国家统编教材争夺课堂空间，它们往往被束之高阁，只有在相关部门来检查的时候才拿出来。民族文化进校园的尝试只是学校常规教学活动之外的一点小花边，或多或少地在音体美活动中加入一点白族文化的元素。在学校所构筑的教育空间中，民族文化并不能占据一席之地。没有多少课堂教学的空间，民族文化内容只在课外空间施展。建立民族文化与主流文化之间良性双向互动还是一个长期的过程。

生活于湾桥村落里的人们表现出对“民族文化流失”的担忧，也从侧面反映出学校教育与民族文化的疏离。

HMX（湾桥白族村民）：“我们的娃娃现在了解白族的东西很少了，他们很少在家，学校里面又不教这些东西。我们家四五代人都是唱大本曲的，但我姑娘就死活不学，娃娃都去上学了，不学这些了，将来这些东西是传不下去了。”

DPF（保中中学教师）：“在上课的时候，我们都只讲书本上的。虽然说我们都是少数民族，有自己的文化，应该教学生，但是学校里要学习的知识本来就很多，再加上民族文化的内容就更多了。有时，我们也教一些白族文化的东西，但是零零碎碎的，也起不了什么作用。不过，学生在家里就能掌握白族文化，我觉得这个民族文化学习的氛围村子里更好。”

HFX(湾桥镇政府工作人员)：“我们主要是按照国家的政策办事，对于学校中的事情我们很少干涉。但学校就是学校，村里就是村里。学校是教知识的，这些知识对学生以后发展有用。当然，民族文化的学习也是很重要的。不掌握这些东西，就不能很好地适应村子里的生活。我们尽力地在村子营造好的民族文化氛围。”

以上论述表明：村落中的人们正处在主流文化和民族文化交织成的文化张力场中，他们面临着一些艰难的选择。虽然他们从内心深处希望两种文化都得到很好的传承，但是主流文化的强势也让他们感到无可奈何。

第七章　湾桥白族文化传承机制的调适

一、确立科学的民族文化传承观

在民族文化传承的过程中，文化交流是不可避免的，对于民族文化的发展来讲也是必需的。每一个文化都是与其他文化交流以自养的，但它应当在交流中加以某种抵抗，如果没有这种抵抗，那么它很快就不再有任何属于自己的东西可以交流①。实际上，民族文化传承是对民族文化基因的复制，是民族文化的再生产和重组，从历史发展角度而言，是文化需要在新的社会秩序下的结构性调整。因此，文化传承不只是一个简单的文化元素或知识的传递和保存，更是多元文化交织下的文化发展、文化认同和文化融合。文化传承中出现的整合正是文化传承体系自身作出调整的表现。白族文化的传承应该是一个传承与创新辩证发展的过程。传承是指辩证地继承白族历史文化中的精华部分。创新则是指在全球化的大背景下，吸收其他地区和其他民族的先进文化，将其与传统的白族文化整合起来，以适应时代发展和民族发展的需要。创新是一个民族进步的灵魂，对白族文化的创新必须是在传承基础上的创新，对白族文化的传承必须是有创新的传承。这是白族文化发展的内在规律。过分强调白族文化的原生性，要求原模原样地传承白族文化，或者过分重视文化的创新，一味地以现代文化的眼光来审视白族文化，都是不可取的。

（一）有为传承：积极主动地采取措施促进白族文化传承

我们应该清楚地认识到，白族文化的延续和发展才是白族文化传承的目的。我们不能以一种极端的自然主义的态度去对待白族文化传承问题，不能放任自流，让其自生自灭。树立积极有为的文化传承观念是必要的，我们不能在真空的环境

① 张诗亚．强化民族认同——数码时代的文化选择[M]．北京：现代教育出版社，2005.

中，以一种保守的心态来保护和传承白族文化。因为白族文化显然已经卷进现代化的大潮之中，忽视和躲避现代化对民族文化的巨大影响是不理智的。我们必须迎难而上，采取积极的措施来促进白族文化的传承。人必须在文化传承的过程中发挥主观能动性。民族文化产业开发、文化遗产保护项目申报、文化保护政策制定、民族文化传习所建立等都是保护和传承民族文化的有效手段。开发白族历史文化资源，当然也是为了促进地方经济发展，改善白族人民的生活，但根本性的目的是为了更好地保护和传承白族历史文化。

（二）无为传承：顺应白族文化发展的客观规律来促进民族文化传承

促进白族文化传承，外部力量的积极促进固不可少，但内在的动力因素更不容易忽视。湾桥的白族文化本身就具有多元复合的特质，这是白族文化对他文化“内化的整合”的结果。白族文化具有的包容性使其在不同的历史时期总能吸收他文化的精华以“自养”，这说明白族文化有着自我调适和发展的能力。这里强调的“无为”首先是指在采取积极行动时不违背白族文化的内在发展规律，将民族文化看成一个有生命力的实体，重视其自我调适的能力。其次，“无为”是指要尽量减少以“保护民族文化”为由而造成的对民族群体生活的打扰和干预。在促进传承的过程中要充分考虑白族人自己的意愿，不能随意地对白族文化进行切割，既不能为了保护其文化而要求他们放弃过现代生活的权利，也不能要求他们为了追随时代的步伐而放弃原有的生活方式。不干预白族人民的生活，尊重文化发展的客观规律，尊重少数民族的生活，适时、适当地“顺其自然”。文化传承需要在具体的实践中遵循自主、自觉、自动的原则。

二、理性地运用旅游发展来传承白族文化

（一）旅游发展与民族文化重构

从民族生存和发展的角度看，少数民族既要考虑民族文化的保存与传承，又要顺应时代的发展，融入现代社会，旅游发展也不失为一个好的选择。湾桥处在云贵高原的高山峡谷之中，传统的经济类型不易向工业和高新产业转型。但湾桥有着与内地截然不同的独特的自然环境和多样的奇风异俗，因此发展旅游业成为必然的选择。旅游发展不仅能改善民族群体的生活条件，也能保留住民族地区的青山绿水，还在一定程度上宣扬了民族文化。文化传承的机制正好可以利用旅游发展的契机，实现“传统的复兴”。在旅游发展过程中，白族文化处在被动与主

动、自觉与不自觉的合力之下，文化传承的方式也作出了与时代和处境相适应的调整。

民族群体的“文化自觉”是文化传承的内源性动力。旅游人类学的研究表明，通过旅游开发传承民族文化具有合理性，适当的旅游开发可以推进民族记忆的恢复，可以帮助少数民族逐步建立起与本民族文化传统相适应又与时代要求相符合的生活方式，也能在一定程度上延续民族的传统，而这正是民族文化保护的关键所在。旅游开发不仅使民族文化得以传播，也促成了民族文化在新的时代情境下的重构。

旅游产业大举重塑少数民族文化，一切适于被游客关注的文化特质都被精挑细选出来，参与进这场轰轰烈烈的文化重构之中。白族文化中一切具有特色的部分都将在湾桥这个地方被放大、被凸显。与此同时，一切与特征无关的部分则将被掩饰或者淘汰，而选择的准绳则是游客的需求以及市场的喜好。所以，它必将比白族古镇更具“白族”特色。它将是一个被重新表述的湾桥，是一幅被重新构建的白族文化图景。这就是我们这个时代的少数民族文化——它们正被重新想象与重新建构。从表层上说，传统文化得以延续甚至彰显，但细细看去，原来是传统已被重新发明。所有少数民族的文化都永无止息地在进行着文化再生产的过程，没有静止存在着的“原生态”。翁乃群关注的“文化再生产”落在当下语境里，就是“文化重构”。那在市面上热闹展销的“原生态”正是被剔选出来、依照现代审美尺寸被重新塑形的传统。但是，当旅游前台展示的符号与景观获取了广泛的社会认同，以至被凝铸成新的文化模式时，它们就成了被重新发明的传统。

旅游发展中的文化重构过程是一个文化认同感弱化和文化自觉并存的过程。旅游文化是一种基于游客消费习惯和个人喜好的一种消费文化。它影响着以旅游业为生的旅游区少数民族的文化价值观，为了获得更多的经济利益，人们往往以旅游文化作为标准，采择出民族文化中的要素投游客之所好。游客对独特的民族文化的兴趣使村民们意识到民族文化蕴含的经济价值，并开始有意识地去保护传统文化。年轻人也逐渐意识到，掌握更多的关于民族文化的技能和知识可以帮助他们获得更多的就业机会，他们开始去了解、研究自己的民族文化。这是费孝通所说的“文化自觉”概念的第一个层面，即对自我文化有“自知之明”。当然这是不够的，旅游所激发的文化自觉只是第一步，白族人应当以“文化的自知之明”为基础，在现代社会中实现自主的发展和转型，以达到文化自觉的第二层次。

我们不能否认，旅游的发展并非只对传统造成削弱和伤害，在有效利用的前提下，其副作用是可以转变成积极因素的。旅游发展改变了湾桥白族人的生活，促使白族人在新的文化交流空间中传承自己的民族文化。

（二）依托“少数民族特色村寨建设”促进村落民族文化传承

2009 年，国家民委办公厅、财政部办公厅联合下发了《关于做好少数民族特色村寨保护与发展试点工作的指导意见》。国家民委在 2014 年 10 月和 2017 年 9 月公布了两批“中国少数民族特色村寨”名单。事实证明，少数民族特色村寨建设对少数民族地区的民族文化传承与保护、改善国计民生具有重要作用。

目前，在以旅游业发展为主的少数民族特色村寨建设实践中已经形成了丰富的经验。自 2009 年国家民委办公厅、财政部办公厅联合下发《关于做好少数民族特色村寨保护与发展试点工作的指导意见》以来，国内各少数民族地区也展开了广泛的实践探索。例如，丁健、彭华从空间角度将民族旅游的开发模式分为原地开发模式和异地开发模式。罗永常根据开发历史和开发现状的不同，将民族村寨分为盛名热点型、重点文物型、新兴热点型和待开发型。黄萍、王元珑认为，建立“文化生态村”是实现四川民族旅游可持续发展的一种有效模式。钟洁将民族村寨旅游分为原生村寨型和主题公园型。张华明、滕健比较分析了梭嘎模式、深圳民俗村模式、郎德上寨模式，并以西双版纳勐景来村寨为例，提出 CCTV (Conservancy, Company, Topic, Villager) 模式。罗琳以四川北川羌族自治县五龙寨为例，从社区居民参与、利益分配、社区发展等角度对五龙寨社区参与式发展模式进行了深入的探讨。

湾桥白族民俗文化浓郁，环境优美，旅游资源得天独厚。目前，湾桥镇以古生村作为试点开展了特色村寨建设，效果卓著。

古生村中的古桥、古树、古碑、古庙、古戏台等文物至今保存完好，见证了古生村的悠久历史。另外，据一些地方史志和村中碑刻记载，古生村历史上曾出现了杨雄（南诏大理国时期）、杜冲（明代）、何浚（清代）、杜朝选（清末）等一大批名人。这使古生少数民族生态文化特色村的创建活动具有了历史文化基础。

2015 年以来，大理市编制了《古生村美丽乡村建设规划》及实施方案，时间跨度为十五年，力求一次规划到位，防止重复设计与建设。“按照美丽乡村建设‘八有’的要求编制方案，其内容涵盖了完善基础设施、村容环境综合整治、传统村落保护、产业发展富民、村民自治综合改革试点、省级民族特色旅游示范村创建等‘六大工程’，以期把古生建成洱海之畔生态良好、风景优美、民族文化浓厚的幸福家园。”

当前，古生村立足于“传承传统理念，创新乡愁空间”的总体布局理念，重点保护和延续古村格局，融入村庄发展的新功能，完善公共服务与交通体系，形成东西向由山至海的核心风貌轴线和南北宅绿相依的宜居片区。村落建筑布局错落有致，地域民族风格浓郁，公共空间彰显文化底蕴，并将古生村塑造为承载美丽乡愁，具有浓郁文化特色的当代宜居乡村典范。为此，古生村提出了六大规划重点，即规划突出了“六个一”的示范重点[①]。

1. 一条古街展历史

以东西向的村心路串联起村口、村史馆、水晶宫、福海寺、大青树广场直至龙王庙、回春阁，集中体现了古生村悠久深厚的文化传统，在规划中使村民公共活动与旅游观光、特色产品等相结合。

2. 一条主巷载乡愁

南北方向村心路贯穿古生全村，是村民日常工作的主轴线。规划保持原有街巷的空间尺寸和比例，在改造和整治中采用传统的风格与传统的材料，在景观种植上增绿添彩，使其每个细节都体现出传统的文化印记。

3. 一条溪河护清源

一条溪河即村北的阳溪河，通过采用生态岸线、净化湿地等生态举措，把文化、观光与自觉生态保护相结合，成为“三清”以及洱海水资源保护的示范。

4. 一条景带引新产

洱海以西的旅游景观带，以沿海为先导，以街巷和内部小广场田园为引导，带动古生融入大理海西的旅游体系，促进村庄的产业转型，发展民宿客栈、观光体验、特色产品等。

5. 一个节点纪本生

滨海龙王庙节点是古生村放生活动的重要组成部分，打造“古生放生”为世界知名的非物质文化遗产，将之作为古生旅游的标志和特色。在规划中结合滨海湿地，向北拓展龙王庙放生广场用地，进而形成集文化体验、庆典集会、科普教育、旅游服务为一体的综合性景区。

6. 一个中心便民生

打造以大青树广场为核心的文化旅游设施和以新村委会为核心的生活服务设

① 李小石．云南大理古生村美丽民族乡村建设研究[D]. 大理：大理大学，2017.

施，包括村史馆、村委会、老年活动室、党员活动室等。

在古生村的特色村寨建设实践中，白族传统文化始终是最核心的东西，也是古生村旅游发展源源不断的动力和生长点。应该说，当前民族文化的传承与乡村旅游发展、乡村经济振兴以及乡村文化建设是一个密不可分的整体。

三、积极借助政府部门的推动力传承白族文化

（一）颁布相关的政策和法规保护和传承民族传统文化

政府部门的推动力来自以政府的名义颁布的政策和法规。通过颁布相关法律和政策来促进少数民族文化的保护与传承的做法已相当普遍。就大理地区而言，政府颁发的与民族文化传承和保护有关的法规有《中华人民共和国非物质文化遗产法》《云南省非物质文化遗产保护条例》《大理州非物质文化遗产项目保护与管理办法》《云南省大理白族自治州大理历史文化名城保护条例》《湾桥镇民族文化保护管理办法》等。政府部门通过制定法规和政策的方式将民族文化保护纳入国民经济和社会发展的规划中，并通过一系列的方式使这些法规在村落中产生一种保护和传承民族文化的强制力量。例如，要求基层村委会制定有关的民族文化保护和管理办法；对民族文化遗产进行分类和选择；组织实施古城、古镇、文物等的保护规划及措施；征收、管理重点保护区的维护费；行使行政处罚权；等等。相关政策的制定和颁布能够为民族文化传承与保护提供保障。

（二）政府组织和开展民族文化保护和传承活动

首先，由镇政府主导设立社区文化活动中心，推动民族文化传承。一方面，镇政府可以和镇文化站协同工作，制定相应的规章制度，将民族文化活动发展为社区的日常活动之一；另一方面，政府可为村落社区提供部分活动资金，并为其规划活动场地，以保证社区的民族文化传承活动可以顺利开展。例如，湾桥镇古生村本为湾桥一带的民族歌舞之乡，村中仍保留有明代修建的古戏台和打歌场。城镇化过程中，村民的生活方式发生了较大的改变，霸王鞭舞、草帽舞、桑林舞、本子曲、白族调等民间文艺形式濒临消失。2007 年，湾桥镇政府和古生村委会重修了古戏台和打歌场，设立了乡村民族文化活动中心，动员村落中的中青年人组织了民族歌舞队，把白族歌舞的传承和创新作为乡村文化活动的重要内容。同时，制定了相应的激励措施，为歌舞队提供资金购买服饰和道具，资助民间艺人们搜集和创编新舞蹈、新曲目。在镇政府支持下，古生村相继建立了四个民间文艺团体，他们不仅在白族的重要节庆时组织演出，还将民族歌舞的表演带入千家万户，

在村民们办喜事的时候演出。每次演出都能吸引全村的男女老少，许多儿童也在耳濡目染的过程中学会了白族的传统歌舞。

政府除了可以通过白族文化专题讲座、汉白双语广播、宣传板报、民族文化长廊等形式开展民族文化宣传活动，还可以专门组织较大规模的民族文化活动，借以宣传和保护民族文化。民族传统节日指的是一个民族每年在一定的时间点或时间段发起的或民众参与的公开的或规范的民俗活动。因此，政府可以组织并开展大型民族传统节日活动，由此促进儿童和村民了解和学习民族文化知识和技能，并能激起他们对本民族文化的热爱，进而自觉地去传承民族文化。例如，湾桥白族的民族节日丰富，除了传统的春节、中秋节等一系列的汉族节日以及大理白族共同的节日三月街、火把节等之外，湾桥还有一系列地区独有的民族节庆，如保和会、蝴蝶会、绕桑林、祭海会等。在镇政府的主导下，一些民族文化的记忆被重新唤起，如湾桥古生村的祭洱海仪式已随着洱海禁渔政策的实施逐渐消失了，但在政府的民族文化抢救工程中它又得以复苏，又回到了人们的生活中。上湾村的“三月三”在政府的宣传话语中被强化，“三月三”的活动规模扩大了，文化内容也被扩充了，节日中的某些元素被放大了，由此带来了节日知名度提升，强化了村民们对本族文化的认同，也吸引了大批邻近村民和外来游客，促进了文化交流。

但我们也需要谨慎地看待政府部门的推动力。因为政府部门的推动力来自行政权力，政府在权力范式之下参与民族文化活动。政府部门作为特殊的参与者，其在民族文化传承和保护过程中是强势的，其作用也是利弊兼具。它所营造的“民族文化心理场”中也融入了更多的社会教化目的和商业炒作元素。显然，政府部门已成为民族文化传承和保护的一个主要力量，尤其是在民族文化遗产的制度化管理过程中，政府往往具有对民族文化“改造”的权力，应当对政府的此种权力设计一个规约的机制，以避免对民族文化造成异化。

四、合理利用现代科学技术传承白族文化

不论是政府组织还是民间艺人自发组织，湾桥白族人已经开始用现代的媒介来传承民族文化了。最为普遍的做法就是对光碟等现代媒介的使用。例如，2000年以来，湾桥地区涌现出很多白族调和本子曲光碟，湾桥北腔大本曲传承人黑明星、张亚辉的演出光碟随处可见。政府组织专门人员拍摄了《白族人的狂欢：绕桑林》《古生祭海》《湾桥生皮节》等地方文化宣传片。村落中的自发文艺群体也经常将表演的歌舞等拍成视频，因为所拍摄的节目本就是村民喜闻乐见的，所以歌舞光盘的销量很好，无意中使得白族歌舞得到了广泛的传播。

还有一些人无意识地利用现代网络技术传承民族文化，随着因特网的普及和智能手机的普及，会使用电脑和网络的村民越来越多，以讨论分享白族文化为主的网络平台也越来越多，博客、论坛、QQ交流群、贴吧、微博、微信等已成为人们常用的网络交际手段。村落中的年轻人也利用手中的摄像机、手机等将村落节庆生活中的习俗仪式拍摄下来，上传到网络空间进行分享。

由此可见，现代技术并非必然对传统文化造成损害，现代技术反而可以成为民族文化传承的利器。技术并不能决定社会，而只是改变了人们认识世界的方式，重塑了我们的生活场景。计算机网络技术的出现不但具有通达全球、整合所有沟通媒介形式以及潜在的互动性等特点，而且正在改变着我们的文化，这项改变将会行之久远。少数民族在网络空间中整合各种文化传承方式，在全球范围内传达文化信息，并在本民族和他民族之间形成互动关系，同时调整、转化和改变自己的文化以适应新型的技术发明。

五、建立与学校教育和谐共生的文化传承机制

民族文化传承机制本身具有一定的自组织和自适应的功能，在社会剧烈变革的过程中，它不断调整自身，力图弥合传统与现代之间的裂缝，建立传承机制新的和谐。但这种努力是有限的，因为现代学校教育已经成为一种新的且是重要的文化传承的类型，所以新的和谐教育的构建必须是传统的文化传承机制与学校教育之间的和谐共生。

（一）营造多元的校园文化环境

儿童从小生活在民族文化的氛围中，民族文化在他们身上留下了深深的烙印。来到学校中的少数民族青少年们并不是一块“白板”，在民族村落中的长期生活使他们形成了具有本民族特色的思维方式和表达方式。倘若学校教育不主动与学生的生活世界发生联系，那么学校势必对自己的学生一无所知，成为民族村落中的一个“文化的孤岛”。现代的村落社会本来就是一个多元的文化空间，因此营造多元的校园文化环境也是将学校和村落社区联系起来的一种方式。

校园中多元文化环境的营造要基于对民族文化的尊重和理解。尊重民族文化不光是开设一两门民族文化课程就能达到目的，要在学校教育中营造一种对民族文化认可的氛围。在学校中树立白族文化和主流文化同等重要的意识尤为重要。意识是文化的重要组成部分，要想使白族文化更好地传承，首先要把人们头脑中那些错误的意识转变过来。但意识的转变是一个长期的过程，也是一个需要政府、社会、学校以及家庭共同配合的过程。政府在文化传承以及基础教育发展等政策

规定上，要着重强调白族文化传承的重要性。更重要的是，要从教育观念、教师培养、教学等方面给予民族文化一定的空间和位置，在观念和行动两个层面上都体现对民族文化的尊重和吸收，创设学校主流文化与民族文化互相学习、互相包容的学校文化环境。教师应当持一种开放的文化心态，尊重白族学生与生俱来的文化身份，不贬低白族文化的地位，不排斥白族学生的宗教信仰。在学校统一课程中添加反映少数民族文化的内容，让全体学生体验多元文化，以此来改善民族学校教育教学环境，提高教学质量。

（二）开发适宜的民族文化校本课程

建立和谐共生的民族文化传承机制的目标定位要求对校内外的文化内容进行整合。文化传承是一个复杂的过程，并受到各种因素的影响与制约。协调好各方面因素，使之能够和谐共生是促进民族文化得以更好传承必须思考的一个问题。学校教育的发展不应当只关注主流文化的学习和传播，而应该同时发挥其传承民族文化的作用。这就需要将民族文化资源整合到学校教育中来。当然，并不是将所有的民族文化内容都整合到学校教育中。因为学校教育也有其自身的使命，在很大程度上还是以主流文化教育为主，因此只能将部分民族文化内容整合到学校课程中。而且，为了确保开发的校本教材在现实的学校教育中能较好地被使用，从而发挥其作用，我们在选择将那些白族传统文化整合到学校课程中来的时候，就必须慎重地考虑。需要遵循以下原则：第一，校本课程的内容选择要以学生的身心发展规律为基础，要符合现代学校教育的特点和条件；第二，校本课程内容要以提高白族学生的“教育竞争力”为目标，不增加学生的负担，不影响学生接受主流文化教育的选择权和发展潜力；第三，校本课程的内容要突出“民族精神”，重视民族文化的系统性，而不是将民族文化分解成小的要素，用以点缀学校课程。基于此，本书认为那些与主流文化价值观相吻合且又极具民族性的文化内容才是适合学校教育整合的资源，即将校内“普适性”主流文化与村落社会民族文化内容进行整合。这些资源主要包括：第一，村落和族群的历史；第二，文化物品，包括历史传承下来的文化遗产和文化不断更新产生的新的物品，如文物、古迹、服饰、书籍、民谣等；第三，生活习俗和礼仪等。

将湾桥的历史和湾桥白族的历史融入学校的校本课程中是必要的，也是可行的。爱国主义教育都是从深入认识自己的家乡开始的。在每个人成长的过程中，对“我从哪里来”这一问题的追索是必要的，它所涉及的是人的“根骨意识”，是为自己的生命找一个坐标。每个人都会对如下问题感兴趣：自己从哪里来（家世来历如何），自己的先祖是些什么人，打小生长的家乡是在什么时候由什么人开拓的，后来又是如何发展成今天的这个样子，在本省和全国范围内其影响如何，家乡出过什么样的名人，地理环境有何变化，有何名胜古迹，有些什么样的独特物产，等等。而这些问题的答案往往都包含在村落和民族的历史文化中。湾桥的历史和白族的文化发展史是很好的爱国主义教育的素材。这是因为湾桥白族文化是湾桥的地域文化与中原汉文化等相交融的结果，其本身就是家国一体的明证。因此，在学校教育中，在学生学习历史课程和思想政治课程时，可以介绍湾桥的历史和白族文化发展的历史，既有利于激发白族学生的乡土情感，也有助于加强他们的对国家的认同感。

湾桥白族村落中的文物、古迹、服饰、本子曲、民谣等这些文化物品也是可资利用的课程资源。湾桥白族传统歌谣和本子曲流传广泛，表现形式生动活泼，内容富有生活气息，蕴含着朴素而深刻的哲理，这些歌谣在学校的审美教育和品德教育中发挥着潜移默化的作用。我们可以有选择地将白族传统本子曲及歌谣融入学校的艺术课程和德育课程中，利用本子曲及歌谣朗朗上口、易于记诵且寓意深刻的特点来影响学生的心灵，将他们的学习和生活导向积极健康的轨道上。白族传统的本子曲及歌谣等易于收集成册，且为校本课程提供了“活态”的教育素材，适宜在学校中的多种教学场合运用，学生通过诵读、传唱、表演、游戏等多种形式，在不知不觉中领悟和感受白族人的价值观念。学校还可以依托村落中的古迹遗址来构建社区学习中心。学校将“课堂”延伸到学校之外的村落社区里去，定期组织学生深入村落内部进行观察，如手工作坊的观摩、文化古迹的了解、民俗事象的参与，以让学生明了村落白族文化的实感。民族传统文化及精神不可能在学校教育中完全获得，需要学生到各种民族传统文化活动中去感悟，因为这样的知识往往是一种内心体验，不可能通过说教来获得，而只有参与到活动中体验传统文化活动的“喜怒哀乐”方可有所得。可以依托桂楼祠建立湾桥白族民间文学学习中心，围绕古戏台开展白族民歌赛、白族舞蹈表演，等等。利用文物古迹所营造的文化空间和文化氛围感染学生，促进学生的情境化学习。

孝敬父母、与人为善、积极进取等是整个中华民族的传统美德，这些美德在大理白族地区体现得十分明显，融于人们日常的生活习俗和礼仪中。儒家文化中“知书达礼”“诚信至孝”等观念普遍存在于白族人民生活中。湾桥白族非常崇尚儒家礼仪，举凡长幼男女、主客、婚嫁、丧葬、饮食、服饰、祭祀、起居等，无不有自己的一套礼仪规范。湾桥白族几乎家家都有传名人治家格言的习俗，恭敬地请人将格言写成中堂，悬挂于堂屋正中，以训诫和警示子孙。更重要的是，儒家思想的传入也深深地影响了湾桥白族人的审美心态和价值观。湾桥白族人十分注重“孝道”，孝道观念不仅体现在种类繁多的祭祖仪式中，更为普遍的是把孝道教化融入日常生活以及居住空间中，将《孝经》书写在照壁、墙面、花坛上，将孝亲故事编入大本曲、写进莲池经文中，并在生活中形成了孝亲的传统。因此，学校可对体现这些美德的传统礼仪进行挖掘、筛选和加工，形成学校的校本课程，以引导学生健康发展。

（三）形成校内外民族文化传承者共同体

首先，吸收民族文化课程讲授者进入研究机构。在民族文化校本课程实施的过程中，民族文化研究的专家一般不会到学校里直接参加教学实践。国家制定的民族文化传承与保护的政策是比较宏观的，其具体落实最终都还须依靠政府的规划，最后的落实责任在学校，而学校则是依靠教师来进行教学实践的。所以，学校的教师是实施校本课程的关键。让民族文化课程的讲授者进入研究机构中与专家进行面对面的交流是必要的。课程讲授者进入研究机构的方式可以是多样的，如参与研讨会分享研究成果，让教师参与短期的培训或者研修班，或者根据教师的能力范围参与课题研究。

其次，组织专家与教师进行关于民族文化校本课程规划的双向交流。民族文化校本课程是有组织、有目的、有规划的民族文化传承，课程的合理性要经过反复探讨，一旦出现不适用的现象，就应当及时调整。这是一个周期性的过程，稳定的师资队伍需要培养，专家也要亲自进入现场进行交流。而且，这应当是双向的交流，而不是专家的一次指导或者视察。

再次，建立村落文化能人与学校师生的互动。村落中的文化能人对民族文化的了解往往比教师要深入，他们在村寨各项传统文化活动中发挥代言人的作用，非常熟悉村寨各项活动的传统程序，他们可以成为学校师生“民族文化课”的老师。邀请村落中的老年协会、莲池会、洞经会、族贤群体或村委会等组织成立“民族文化顾问团”，并请他们将传统的白族文化活动程序等编成文本，作为校本课程编制时的参考资料。学校也可以直接邀请他们参与校本课程的开发过程。学校也可请这些人借助家长会或儿童节等时机和学生交谈村落的传统文化，学生就此可以提出自己的疑惑，学校则通过查阅文献、整理修改文本获得更多的课程资源，这既解决了学生在民族传统文化活动中遇到的困惑，也对传统文化的保护起到积极作用。

（四）突出民族文化在教育评价制度中的地位

一般来讲，校本课程是国家基础教育课程计划给学校预留出来的 10%~25% 的课程。校本课程在国家课程体系中位于从属地位，在现实的学校教育中，教育评价只关注国家课程，民族文化课程并不纳入学校教育评价体系之中。民族地区学校中的师生以升学为最高目标，师生就会舍弃校本课程的学习，尽管知道它有诸多的好处，也可能更适合少数民族师生的教学与学习。因此，要使民族文化校本课程在学校教育中得以实行，改革民族地区的学校教育评价制度势在必行。

但教育评价制度的改革并不是一件容易的事情，全国统一的人才选拔制度在短时间内较难改观，当前这套全国统一的教育评价机制的根基是比较深厚的，它已经实施多年，在短期内也难找到比此更先进、合理、更容易让人接受的评价机制。当前的教育评价制度里，国家对少数民族学生已有一些政策上的倾斜，但是“降分录取”或者“加分”政策等都是一种无条件的照顾政策，并未关涉对少数民族文化的重视。我们可以设想将这些优惠政策与学习民族文化知识挂钩，将学校的民族文化“特色”纳入考核教师、学校教学质量的指标体系中，给学生多一些选择。正如学者陈沛照所言，“单独一所学校只是中国民族教育浩瀚海洋中的一滴水，师生无论怎么努力，都不能改变乡土教育不能纳入国家的考核体系的现实……政府部门应该对现行的教育体制进行反思和探索，以切实可行的施政来激发民族地区干部群众和学校师生的积极性，本着服务于少数民族和民族地区的目的，使学生接受对他们来说合适的学校教育，实现对乡土文化和主流社会的双重适应”[①]。因此，民族地区教育评价制度的改革是一个循序渐进的过程。

① 陈沛照．变迁与调适：苗族学校教育的文化选择[J]．广西民族大学学报（哲学社会科学版），2009（4）：74-79.

结论与反思

第一节 结论

一、白族文化传承有着稳定而持续的传承机制

民族文化传承是一个古老的研究课题，人类学、民族学对此都多有研究，研究结果丰富，使人们对文化传承的重要性和独特性形成了广泛的共识。人们常用“口耳相传”来描述少数民族的文化传承，尤其对无文字民族的文化传承更是如此。人在文化系统中，既要适应自然环境，又要适应社会环境以及精神环境，在这些适应中，既有对自然事物的认识和利用，也包括对非自然物的发明和创造，更有行为和精神信仰的塑造，这些都是非常精彩的思维过程。民族文化生态系统不同，与之所匹配的文化传承的体系也会不同。文化体系的复杂性决定了文化传承体系的复杂性。在深入湾桥白族社区调研之后，我们发现，诚如索晓霞分析的那样，白族的文化传承绝非“口耳相传”四个字就能概括。白族有着自己的一整套文化传承方式和传承渠道，并在历史过程中积淀起来，形成文化传承的运行机制。

白族文化传承的方式是多样的以文化传承的载体作为分类标准，我们可以将白族文化传承方式分为物质文化的传承和非物质文化的传承两类。非物质文化的传承又可细分为语言的传承、行为的传承和信仰的传承三类，按照表现形式的不同，可分为显性传承和隐性传承。一般情况下，为了强调民族成员在文化传承中的主体地位，又可以从主体参与文化传承的形式将其分为一对一的传承、一对多的传承和多对多的传承三种方式。湾桥作为一个稳定的时空环境，其间的白族文化交织成一个完整的文化之网，因此任何一种传承方式都不是孤立地在发生作用，

往往多种传承方式同时存在、同时起效。割裂多种文化传承方式之间的联系，而单独进行某一文化要素的传承是不科学的，破坏的不仅是民族文化的整体性，也是对传承方式的简化，会打破民族文化原有的传承体系的和谐。

文化的传承方式是操作性的手段，操作性的手段背后必有一个普遍的理论在支撑，从而将繁杂的民族文化诸因子整合在一起。民族文化传承是民族文化在其族群内部的代际间的纵向传递过程。但这一传递过程并非简单的传递，而是文化在与主体结合的过程中，受内在机制的支配而具有稳定性、完整性、延续性的实践过程，并在整个社会发展中呈现出再生性和创造性。从表面上看，人创造文化体系，文化体系又反过来成就了人，文化与人的结合都是通过“传”和“承”这两个并存而又连续的环节实现的。但这一过程并非对文化因子简单的积累，而是一个有机的整合过程，所有的这些文化基因都被整合到民族文化心理场中。人在被文化缔造的过程中也不是消极被动的，人不但在积极地适应环境，适应文化，同时在不断地改造文化。而人的适应和改造活动本身也将成为文化的一部分。所以，文化传承的过程有着丰富而深刻的内涵，并不是用“口耳相传”就能够道尽的。民族文化传承是民族发展之必须，也是民族成员生命发展之必须。文化传承的过程是民族成员之生命获得发展和被赋予意义的过程。

二、白族文化传承运行机制的产生有其深刻的文化根源

通过对湾桥白族文化系统的分析，我们不难发现，湾桥白族人在其独特的天地系统中创造了属于自己的独特的民族文化。湾桥正好处于一个十字路口的中央地带。在历史发展过程中，各民族的迁徙、贸易、战争等促进了民族文化的交流。白族与汉族、藏族、彝族、纳西族、傣族等民族有着长期的文化交流，儒家、佛家、道家等思想与白族本土文化不断地碰撞融合，形成了今天的白族文化。从有关白族族源的诸多争论中我们可以看出白族文化的多个来源。

每个民族都在其发展过程中创造了民族文化，民族文化也造就了个人。民族文化既是个人的，又是集体的，它的存在不取决于某个人，却又与每个人息息相关，在每个社会成员的身上留下深刻的烙印。就成长在民族文化中的个体而言，传统文化是其“存在的方式”“行为的模式”和“心灵的框架”。每一个湾桥人都是湾桥白族文化的承载者，因为每一个湾桥人从出生到死亡都受着祖辈创造的、为本民族所认同和共同遵守并且已成地方权威的风俗习惯的滋养和约束。因而，在一个湾桥白族村落里，每一个白族人的社会化过程实际上就是白族文化的一种集体传承过程，每个白族人正是在传承共同的民族文化过程中而成为这个民族的合格一员的。拒绝一种文化，也就等于拒绝了这种文化所代表的群体和社会，

个体将会沦为没有根基的浮萍，因失去精神的归属而失去生存的意义。民族传统文化属于全民族所共有，它对民族群体而言所具有的聚合力是不可估量的，文化是一个民族的精神命脉，能够把民族成员紧密地团结在一起。文化的传承是全民族发展的内在需要，而非族内某个人或某一阶层的需要。因此，人们总是自发地、习以为常地遵守社会生活中的传统、习俗和道德规范。

通过以上分析我们不难得出这样一种结论：从宏观上看，文化的传承是任何一个民族持续发展的需要；从微观的角度看，适应传统文化和承袭传统文化是任何一个社会成员获得社会生存权的唯一选择。我们将文化传承过程中这种不可抗拒的内在推动力称为“民族文化传承心理场”，这是民族文化传承机制的内核，围绕这一内核，各种文化传承形式之间交叉互补、纠缠互动，在文化共同体中同时发挥各自的作用。文化传承的运行机制使民族文化在传承过程中呈现稳定、延续、再生的特点。

文化传承并不是我们表面上看到的那样纷繁芜杂，透过这些“乱花渐欲迷人眼”的表象，我们不难发现其固有的内在调适机制和演变发展的规律。事实上，我们生活中的每一种文化的传承都是人类文化传承过程中的一部分，有其存在的独特意义和价值，每个民族的每种传承方式都有其独特的意义、价值和功能。文化传承的方式与文化产生的根源紧密联系，文化传承是有根基的，因此具有稳定性和持续性。但文化的复杂性也决定了文化传承方式的多样性，厚此薄彼，过于强调某种文化传承方式，或者持一种偏颇的文化传承理念，往往会导致文化断裂、断层，会造成文化传承内在机制的失调。文化传承也是一个自成体系的生态系统，这个系统不是一成不变的，而是一个发展的动态系统，会随着文化的变迁而作出调整。

三、应在尊重白族文化内在发展规律的基础上促进白族文化传承

文化传承是每个民族生存和发展之需要，每个民族也都有自己的文化传承方式。就传承方式而言，各民族文化传承中都有运用广泛、带有普遍性的传承方式。这些传承方式通常情况下都具有传承主体、传承时间、传承的地点和具体的传承内容等共同要素。但每个民族的传承方式也都有各自的一些特点，这是民族个性的体现。湾桥处在滇西北的交通要道上，自古以来被称作“文化江心洲”，其多元复合的文化特色非常突出，在文化交流的过程中，既能吸收其他文化的精华以“自养”，又能保持自身文化的特点以“抵抗”其他文化的同化。这种“既交流又抵抗”的文化姿态的形成需要民族群体在文化传承的过程中把握文化发展的规律，需要在文化“涵化”与文化“濡化”之间找到一个平衡点。世间万物发展，“静”

是暂时的，“动”才是永恒的，动静相宜是万物存在的规律，民族文化亦如是。要以发展的眼光来看待民族文化，这样才能以理性的态度来看待民族文化的变迁，而不会将之视为“洪水猛兽”。文化变迁包含了“涵化”和“濡化”两个过程。“濡化”是将本民族文化保存和传递下去的过程，也就是一般意义上的民族文化传承，强调民族成员对民族文化的习得与传递。但任何一种处于开放社会中的民族文化都不可能只有“濡化”，“涵化”亦是普遍存在的。现代文化或者说以现代文化为主的主流文化以非常强劲的传播势头冲击着民族文化，形成了不同文化之间的或主动或被动的互动。完全抵抗就会产生文化冲突，甚至引发更为严重的社会冲突；完全接受则会使民族丧失自我，完全被同化。因此，“既交流又抵抗”是每一个民族的文化持续发展的必然选择。

根据本研究的结果来看，湾桥白族文化之所以能获得延续并不断发展，其原因就在于保持了这种“既交流又抵抗”的文化态势。在与中原儒学互动的过程中，吸收了儒学中的道德伦理精神，并将之应用于世俗生活和宗教生活的实践中，很好地完成了融入中华民族大家庭的过程；在与现代文化碰撞的过程中，较好地利用现代的旅游文化产业论促进了民族文化的重构，也较好地利用了汉语言文字和现代传媒技术来促进民族文化的传承。湾桥白族的文化传承有两方面的经验：要保持民族文化的“民族性”，必须重视民族社会内生的传统教育形式；要实现民族文化的“现代性”，必须以开放的心态积极地融入时代的发展潮流中。最终要实现二者的和谐共生。

第二节　研究反思

教育人类学将教育看作文化的传承与习得，认为学校教育只是其中的一种特殊形式。教育应当有更广阔的含义，而不应该局限于学校教育。研究民族文化传承，一方面是因为民族文化传承是民族教育中的应有之义，另一方面是想通过剖析文化传承来思考民族教育之本。文化传承是少数民族传统的教育方式，其中饱含着极具启发性的教育智慧，吸收和利用好这些智慧对民族教育之发展是十分必要的。

一、关于“民族教育”内涵的思考

对“民族教育”下定义，均从“民族”和“教育”这两个关键词入手。第一种观点认为，民族就是指少数民族，民族教育就是少数民族教育。在《教育大词典(第4卷)》中就定义为："民族教育是中国少数民族教育的简称，特指除汉族以外，对其他55个民族实施的教育。"① 《中国大百科全书·教育卷》中将少数民族教育定义为："在多民族国家内对人口居于少数的民族实施的教育。简称民族教育。在中国，指对汉族以外的其他民族实施的教育。"② 上述两种定义并未对"民族"的内涵进行探讨，也未对"教育"的本质含义进行探讨，只是从一般意义上将"民族"默认为少数民族，并未阐明民族教育的特殊性。滕星认为，上述两种说法在理论上和实践上都严重地将民族教育的内涵人为地缩小了。他在批判了诸如"单一民族教育说""国民教育说"等之后，提出了自己的观点：广义的民族教育应该包括一切民族的教育，而狭义的民族教育是指对少数民族成员实施的多元文化教育。他的定义中首先考虑到了"民族"之所指，并将民族理解为一切拥有共同文化的群体，认为民族教育的概念说明了民族教育要做两个事情，一是适应社会，二是传承民族文化，进一步指出狭义的民族教育即多元文化教育。他的广义的民族教育概念与一般对教育的定义并没有太大不同，但对多元文化教育的强调则是有意义的，提醒我们从文化的角度来分析民族教育的民族性。

基于此，本书认为，民族教育中首先要见"民族"，即民族教育要服务于民族社会文化发展。

虽然汉文化在我国历史发展中的地位和作用是不能忽视的，但是更应该看到汉文化与少数民族文化之间的关系。诚如费孝通在论证中华民族多元一体格局理论时所说："中华民族形成多元一体格局，有个从分散的多元结合成一体的过程，在这个过程中必须有个起凝聚作用的核心。汉族就是多元基层中的一元，由于它发挥凝聚作用把多元结合成一体，这一体不再是汉族而成了中华民族，一个高层次认同的民族。"③ 从这一论述中我们也基本能够明了汉文化与少数民族文化之间的关系，我们必须承认汉文化的主导地位，但也绝不能忽视少数民族文化作为中华民族文化之重要组成部分的意义。民族性是在民族文化中体现的，不考虑其文化而谈其教育，将民族地区的学校教育等同于民族教育是错误的。不能正确认识少数民族文化的价值，民族教育在发展中必然遭遇困境。民族教育是从外在帮助者的角色进入民族地区的，是外生的教育形式，而不是内生于民族发展的需求的。

① 教育大辞典编撰委员会．教育大辞典(第四卷)[Z]．上海：上海教育出版社，1992: 776.

② 中国大百科全书出版社编辑部．中国大百科全书·教育卷[Z]．北京：中国大百科全书出版社，1985: 568.

③ 费孝通．代序：民族研究——简述我的民族研究经历与思考[M]//中华民族多元一体格局(修订版)．北京：中央民族大学，1999: 13.

要真正站在民族的立场上去思考教育、设计教育。学校教育是民族地区加入现代发展阵营的重要工具，发展学校教育是必要的。但我们也必须意识到，学校教育只是教育的一部分，更是社会生活的一小部分，尊重民族文化传统，尊重民族社会原有的教育制度，才是真正对一个民族实现现代化负责的态度。这样的教育也才能成为推动中华民族实现现代化发展的动力。民族教育这一概念应包括学校教育与学校外教育两部分，是一个应该囊括一个民族所有教育实践活动的概念。①

对民族村落来讲，以民族性为特征的传统教育是内生的，以现代性为特征的学校教育是外发的，二者都是民族教育必不可少的部分，二者各有所长，互为补充。民族传统教育与民族本土文化交织在一起，不是一种独立形态的教育活动，因而存在着较多的不可控因素；学校教育则是以国家政权为依托，是有计划、有组织的教育活动，因而受政策的调控性强。学校教育在民族社会现代化过程中处于主导地位，能否构建和如何构建新的和谐教育在很大程度上取决于学校教育推行的理念和实施的方式。学校教育应当尊重民族文化，尊重民族社会原有的教育制度。所谓尊重民族文化不是开设一两门民族文化课程就能达到目的，而是要在学校教育中营造一种对民族文化认可的氛围，在教育观念、教师培养、教学方面都给予民族文化一定的空间和位置，在观念和行动两个层面都体现对民族文化的尊重和吸收，创设学校主流文化与民族文化互相学习、互相包容的学校文化环境。学校教育有其自身的教育使命，一味地强调对学校教育的改造也是不合适的，民族文化自身也要进行积极的适应和调适。民族教育的发展应该是学校教育和以民族文化传承为主的传统文化的和谐发展，而如何将少数民族内生的传统的教育方式维持下去并保持生命力是更重要的事情。因此，不应走向任何一个极端，学校教育至上和文化传承至尊都是错误的，我们不妨让学校教育和学校外的教育都各居其所，各展所长。

二、关于民族文化传承之教育属性的思考

不论何种形态的、属于何民族的教育，其终极目标都只有一个，那就是人的生命充分、完满地发展，使人成其为人，让人的生命过程具有价值和意义，这才是教育的最终归宿。教育本体论认为，教育通过人的实现来体现自身存在的价值。受教育者的价值越高，教育的存在就表现得越充分。教育的存在必须以人的本体性为支点。教育的本体就是要遵循自然规律，进行对人的本体的塑造和促进人的

① 张诗亚．祭坛与讲坛：西南民族宗教教育比较研究[M]．昆明：云南教育出版社，1992: 3.

本体表现。教育的核心是人的灵魂的转向，是人的人格和心灵的不断净化和提升。教育所教的人是物质和精神的结合，物质是维持有机生命的需要，而精神则是生活意义所在，因此适合人的教育应当是充满自由的，它充分尊重人的主体性，让人的身心自在成长，同时它应该是一种充分的教育。

教育人类学的诸多理论模式都基于这样一个基本的学理，即教育是文化的传承与习得，而学校教育只是其中一种特殊的形式。民族教育不应被局限在学校教育的藩篱内，而应该具有更广阔的含义，包含着学校正规教育系统之外的民族的一切教育实践活动。用“濡化”来表述和形容民族社会的教育，指的是特定文化中的个体和群体继承和延续传统的过程，濡化的核心是人以及人的文化的获得。在“濡化”概念的基础上，“社会化”意指儿童获得社会行为规范、被社会“结构化”的过程，这里的社会就不再局限于民族社会了，而是在更大范围内的社会概念。学校外的教育相对学校教育来说，对少数民族社会文化及民族成员影响更为深刻，也是民族文化传承最重要的途径。教育根植于日常生活中，与人类活动密不可分。“教育并不常是特设的社会制度。家庭、亲属、地方、年龄、职业团体、技术、巫术、宗教会社——这些制度在它们的次要功能上，是和我们的学校相当的，担任着教育的职务。”① 传统文化习俗中所隐含的教育的作用是深刻的，潜藏在人们意识深层结构中的“历史记忆”和“群体价值取向”在不知不觉地影响着人们的处世态度、行为方式，这是一股强大的隐性制约力量，对人的成长产生重大影响。“传统文化习俗作为一种历史的积淀，在民间源远流长，根深蒂固，它是一个族群在长期发展过程中逐渐积淀起来并作为体现该族性特征和生存基础的文化体系，是一个族群形成并得以发展的重要根基，与现代教育的产生和发展是密不可分的。”② 民族文化传承与教育活动有着诸多的相似性，两者都是人探索世界、理解生命的实践形式，都能对个体的生命历程产生重要影响。在传承文化的过程中，人能反思自我，完善自我，从而与世界建立一种亲切而适当的联系。文化传承是一种以口授为主的社会实践活动，它综合语言传承、行为传承和心理传承等诸多文化传承方式，向生于斯长于斯的人们传递着民族文化和知识。它是一种分散的、目的性和计划性相对较弱的文化传习活动，它与族群、村落紧密联系，是一种灵活而生动的教育方式。

① 马林诺夫斯基．文化论[M]．费孝通，译．北京：商务印书馆，1944: 45.

② 袁同凯．传统文化习俗与学校教育——教育人类学的视角[J]．西北民族研究，2009(1):184.

三、白族文化传承机制研究未来努力的方向

本书从教育人类学视角出发探究了一个白族村落湾桥的白族文化传承的机制。白族文化以其悠久的历史以及开放包容、多元复合的特色曾引起一些学者的关注，然而对白族文化整体传承及其传承机制的分析目前还很少。湾桥身处苍洱之间，是白族文化腹地，其村落文化丰富而完整，一直以来较好地保留了白族文化的特色，这与其内生的文化传承机制有着密切的关系。但在现代化的过程中，湾桥白族文化传承也出现了危机，原有的文化传承机制的作用在一定程度上弱化了，文化传承过程中出现了碎片化、商业化、认同弱化等问题，学校教育也与白族文化呈现出疏离的趋势，极大地影响了文化传承的效果。如何适应现代化以及更好地传承白族文化是湾桥白族文化面临的重要发展难题。在教育人类学者眼中，教育是文化的传承，文化传承的过程不仅实现了文化知识的传递，更重要的是完成了民族成员的社会化，使他们顺利地融入族群中，将白族的民族性代代延续。本书以湾桥白族文化传承为例，从而拓展开去，思考其他少数民族应当如何保存和延续民族文化以及保持民族性的问题，进而思考民族教育的本质问题。

本书从湾桥白族文化生态系统出发，分析其内生的将“文化基因”延续下去的传承机制，从而总结出白族文化传承的内在动力，进而分析白族文化传承机制在文化变迁的语境中应如何调适的问题，为解答“少数民族文化应该如何应对现代化冲击”这一问题提供一些参考，同时对民族文化传承与学校教育之间的关系进行思考，探讨民族教育的本质。

但由于笔者本身的学养和素质的局限，本书仍有许多待完善的地方。

首先，对白族文化传承机制的分析还不够透彻，对“民族文化传承场”中的“心理场”的分析还不够深入，未来还可能对民族文化传承机制中的“民族文化心理场”深刻的教育意蕴作进一步分析。

其次，对白族文化传承的机制在文化变迁过程中的调适研究不够全面，传承机制的调适是一个动态的过程，需要跟踪式的研究来考察其调适的效果。

再次，本书将民族文化传承看作民族传统的教育形式，那么这一传统的教育形式与现代学校教育之间应当是一种和谐共生的关系。和谐共生关系要如何建立呢？本书对这一问题已经意识到了，但是分析不够，这也将成为笔者未来努力的一个方向。

最后，本书以大理湾桥白族文化传承为案例进行分析，对于其他少数民族地区文化传承的促进和实现具有一定的借鉴意义。但是不同地区因其不同的自然环境和社会环境，有不同的历史和现实问题，本书中总结的经验是否可以推广到其他地区，还需要进行进一步的论证。

参考文献

[1] 巴登尼玛，卢德生 . 文化视野下的藏区道德教育 [J]. 中国教育学刊，2007(6).

[2] 巴战龙 . 人类学视野下的学校教育与地方知识：中国西北一个乡村社区现代性百年历程 (1907—2007)[D]. 北京：中央民族大学，2008.

[3] 白庚胜 . 民间文化传承论 [J]. 河南大学学报 (社会科学版)，2007(1).

[4] 白族简史编写组 . 白族简史 [M]. 昆明：云南人民出版社，1988.

[5] [法] 布留尔. 原始思维 [M]. 丁由，译 . 北京：商务印书馆，1981.

[6] 曹能秀，王凌 . 少数民族地区的学校教育和民族文化传承 [J]. 云南师范大学学报 (哲学社会科学版)，2007(3).

[7] 常璩 . 华阳国志・南中志（影印本）[M]. 上海：涵芬楼，1922.

[8] 陈继扬 . 云南大理白族本主崇拜中的教育功能研究 [D]. 重庆：西南大学，2007.

[9] 陈沛照 . 变迁与调适：苗族学校教育的文化选择——小茅坡营村的个案研究 [J]. 广西民族大学学报，2009（7）.

[10] 陈文 . 景泰云南图经志书（卷一）[M]. 刘景毛，点校 . 昆明：云南民族出版社，2003.

[11] 陈学红 . 世界、民族国家与现代学校：重思我国学校教育制度的产生 [J]. 教育学报，2009（10）.

[12] 大理白族自治州文化局 . 白族民间歌谣集成 [M]. 昆明 : 云南民族出版社，1997.

[13] 戴留喜，鲍晓艳 . “多元文化整合教育理论”对民族教育的启示 [J]. 内蒙古农业大学学报（社会科学版），2007（2）.

[14] 党乐群 . 云南古近代学制 [M]. 昆明：云南教育出版社，2006.

[15] 丁钢 . 文化的传递与嬗变 [C]// 中国文化与教育前沿 . 桂林: 广西师范大学出版社，2009.

[16] 段波 . 文化互动中的白族信仰流变 [D]. 北京：中央民族大学，2009.
[17] 恩斯特・卡西尔 . 人论 [M]. 甘阳，译 . 上海：上海译文出版社，2004.
[18] 樊绰. 云南志［M］// 方国瑜. 云南史料丛刊 (卷一). 昆明：云南大学出版社，2001.
[19] 费孝通 . 代序 : 民族研究——简述我的民族研究经历与思考 [M]. 中华民族多元一体格局 (修订版). 北京 : 中央民族大学，1999.
[20] 顾明远 . 民族文化传统与教育现代化 [M]. 北京：北京师范大学出版社，1998.
[21] 桂蓉 . 少数民族文化遗产的旅游符号化现象探析 [J]. 西南边疆少数民族研究，2014（14）.
[22] 贺能坤，张学敏 . 构建少数民族非物质文化遗产传承的新机制——促进西南少数民族非物质文化遗产传承的学校教育改革研究 [J]. 民族教育研究，2008（6）.
[23] 和晓蓉，和继全，顾霞 . 民族非物质文化传承场及其维护与再造 [J]. 思想战线，2009(1).
[24] 何志魁 . 白族母性文化的道德教育功能研究 [D]. 重庆：西南大学，2008.
[25] 侯冲 . 白族白文新论 [J]. 中央民族大学学报 (哲学社会科学版)，2000(4).
[26] 黄雪梅 . 云南大理白族祖先崇拜中的孝道化育机制研究 [D]. 重庆：西南大学，2008.
[27] 贾馥茗 . 教育的本质——什么是真正的教育 [M]. 北京：世界图书出版公司，2006.
[28] 江净帆 . 空间中的社会教化——以喜洲白族传统民居为例 [D]. 重庆：西南大学，2010.
[29] 教育大辞典编撰委员会 . 教育大辞典 (第四卷)[Z]. 上海 : 上海教育出版社，1992.
[30] 金东朝 . 中国云南大理白族传统宗教研究 [D]. 北京：中央民族大学，2003.
[31] 金尤国 . 中国少数民族文化史图典（西南卷下）第七册 [M]. 南宁：广西教育出版社，1999.
[32] [美] 克莱德・伍兹 . 文化变迁 [M]. 施惟达，胡华生，译 . 昆明：云南教育出版社，1989.
[33] [美] 克利福德・戈尔茨 . 文化的解释 [M]. 韩莉，译 . 北京：译林出版社，1999.
[34] [法] 克洛德・列维・斯特劳斯 . 野性的思维 [M]. 李幼燕，译 . 北京：商务印书馆，1987.

[35] 李朝 . 民族民俗文化传承形态研究 [J]. 青海民族学院学报 (社会科学版), 2006(1).

[36] 李东红 . 白族的起源、形成与发展 [J]. 中央民族大学学报 (哲学社会科学版), 2004(1).

[37] 李福军 . 白族农耕文化与儒家重农思想探析 [J]. 云南师范大学学报，1998（4）.

[38] 李福军 . 论大理白族本主崇拜与儒家思想的关系 [J]. 广西民族大学学报（哲学社会科学版），2008（12）.

[39] 李辅敏 . 少数民族原生态文化传承中的伦理思考——以贵州为例 [J]. 贵州民族研究，2008(5).

[40] 李红凯 . 大理洱海地区白族传统教育研究 [D]. 北京：北京师范大学，2006.

[41] [元] 李京 . 云南志略 · 诸僰风俗 [M]// 方国瑜 . 云南史料丛刊 (卷三). 昆明：云南大学出版社，2001.

[42] 李书磊 . 村落中的国家——文化变迁中的乡村学校 [M]. 杭州：浙江人民出版社，1999.

[43] 李运奎 . 共生教育：时代诉求下的教育新理念 [J]. 教书育人，2010(7).

[44] [明] 李元阳 : 嘉靖大理府志 [M]. 大理白族自治州文化局翻印本，1983:77.

[45] 李晓斌 . 明清时期大理白族文化变迁探析 [J]. 云南师范大学学报，2000(1).

[46] 李宣林 . 哈尼族的原始宗教与民族文化传承 [J]. 云南民族大学学报 (哲学社会科学版)，2003(11).

[47] 李晓岑 . 白族的科学与文明 [M]. 昆明：云南人民出版社，1997.

[48] 李膺宇 . 浅论汉文化对南诏文化及其社会发展的影响 [A]// 南诏人理历史文化国际学术讨论会论文集 [C]. 北京：民族出版社，2006.

[49] 李正清 . 大理喜洲文化史考 [M]. 昆明：云南民族出版社，1998.

[50] 李正清 . 白族“绕三灵”的起源和性质 [J]. 昭通师专学报（哲社版），1985（2）.

[51] 李正清 . 白族绕三灵的发展和演变 [J]. 昭通师专学报，1986(1).

[52] 李缵绪 . 白族文化 [M]. 长春：吉林教育出版社，1991.

[53] 梁永佳 . 地域的等级：一个大理村镇的仪式与文化 [M]. 北京：社会科学文献出版社，2005.

[54] 梁永佳 . 海外人类学者对大理的研究 [J]. 大理学院学报，2005(6).

[55] 梁永佳 .“隐”的社会价值——以大理杨黼为例 [J]. 西南民族大学学报（人文社科版），2008(5).

[56] 林耀华 . 民族学通论 [M]. 北京：中央民族大学出版社，1997.
[57] 刘春花 . 学校教育的责任边界与有限性 [J]. 教育发展研究，2009（21）.
[58] 刘慧群 . 民族地区学校教育与民族传统文化接轨问题研究 [J]. 教育文化论坛，2010（1）.
[59] 刘培军，丁红兵 . 校本课程——少数民族传统文化传承的主要媒介 [J]. 内蒙古师范大学学报（教育科学版），2007(7).
[60] 刘珩 . 儒家思想在云南及洱海地区的传播及其对本主崇拜的影响 [A]// 赵怀仁 . 大理民族文化研究论丛 (第一辑)[C]. 北京：北京民族出版社，2006.
[61] 刘宗碧 . 我国少数民族文化传承机制的当代变迁及其因应问题——以黔东南苗族侗族为例 [J]. 贵州民族研究，2008(3).
[62] 刘正发 . 凉山彝族家支文化传承的教育人类学研究 [M]. 中央民族大学出版社，2007.
[63] 鲁洁 . 教育：人之自我建构的实践活动 [J]. 教育研究，1998（9）.
[64] 卢家楣等 . 心理学——基础理论及其教育应用 (修订本)[M]. 上海：上海人民出版社，2004.
[65] 陆启光 . 壮族儿童社会化研究 [M]. 北京：中国社会科学出版社，2004.
[66] 罗正副 . 调适与演进：无字民族文化传承——以布依族为个案的研究 [D]. 厦门：厦门大学，2009.
[67] 罗雄岩 . 羌族舞蹈文化传承与发展规律的探索 [J]. 阿坝师范高等专科学校学报，2007（2）.
[68] [英]C.P · 费茨杰拉德 . 五华楼：关于云南大理民家的研究 [M]. 刘晓峰，汪晖，译，北京：民族出版社，2006.
[69] 马林诺夫斯基 . 文化论 [M]. 费孝通，译 . 北京：商务印书馆，1944.
[70] 孟妍，徐人平，邵雨 . 大理白族服饰的视觉符号解析 [J]. 贵州大学学报，2010(1).
[71] 徐嘉瑞 . 大理古代文化史稿 [M]. 北京：中华书局，1978.
[72] [法] 莫里斯 · 哈布瓦赫 . 论集体记忆 [M]. 毕然，郭金华，译 . 上海：上海人民出版社，2002.
[73] 彭静 . 失落与新生——从广西民间歌咏习俗看民族文化传承 [J]. 黔东南民族师范高等专科学校学报，2003（2）.
[74] 彭兆荣 . 人类学仪式理论的知识谱系 [J]. 民俗研究，2003（2）.

[75] 彭兆荣 . 人类学仪式研究述评 [J]. 民族研究，2002(2).
[76] 彭兆荣 . 人类学仪式的理论与实践 [M]. 北京 : 民族出版社，2007.
[77] [法] 皮埃尔 · 布迪厄，[美] 华康德 . 实践与反思——反思社会学导引 [M]. 李猛，李康，译 . 北京 : 中央编译出版社，1998.
[78] 钱民辉 . 多元文化与现代性教育之关系研究——教育人类学视野与田野工作 [A]// 教育人类学研究丛书（第二辑）[M]. 北京：民族出版社，2009.
[79] 邱关军 . 共生教育析 [J]. 教育导刊，2010（8）.
[80] 任胜洪 . 现代性与民族性——侗族歌班的教育人类学考察与分析 [D]. 重庆：西南大学，2008.
[81] 任志宏 . 少数民族文化认同与民族学校教育的发展 [J]. 河北学刊，2010（6）.
[82] 沈海梅 . 空间、物与洱海区域白族人的族性 [J]. 西南民族大学学报(人文社科版)，2010（7）.
[83] 沈海梅 . 白族人的族性与白族研究学术史 [J]. 学术探索，2010（1）.
[84] 沈海梅 . 明清云南妇女生活研究 [M]. 昆明：云南教育出版社，2001.
[85] 沈再新 . 从“中华民族多元一体格局”到“共生互补”[J]. 湖北民族学院学报（哲学社会科学版），2010（3）.
[86] 石中英 . 教育学的文化性格 [M]. 太原：山西教育出版社，1999.
[87] 石宗仁 . 苗族文化的传承机制 [J]. 中南民族大学学报 (人文社会科学版)，1993(3).
[88] 施珍华，段伶 . 白族民间文艺集萃 [M.] 昆明 : 云南民族出版社，2003.
[89] 孙杰远 . 文化共生视域下民族教育发展走向 [J]. 教育研究，2011（12）.
[90] 孙杰远 . 教育的文化范式及其选择 [J]. 教育研究，2009（9）.
[91] 孙杰远 . 论自然与人文共生教育 [J]. 教育研究，2010（12）.
[92] 孙九霞 . 试论族群与族群认同 [J]. 中山大学学报，1998(2).
[93] 孙喜亭 . 人的价值、教育价值和德育价值 [J]. 教育研究，1989（5）.
[94] 索晓霞 . 贵州少数民族文化传承运行机制探析 [J]. 贵州民族研究，2000(3).
[95] 索晓霞 . 西部大开发与民族文化传承——以贵州为例 [J]. 贵州社会科学，2000(5).
[96] 索晓霞 . 无形的链接：贵州少数民族文化的传承与现代化 [M]. 贵阳：贵州民族出版社，2000

[97] 滕星主编 . 多民族文化背景下的教育研究 [M]. 教育人类学研究丛书第二辑 [C]. 北京：民族出版社，2009.

[98] 滕星，哈经雄 . 民族教育学通论 [M]. 北京：教育科学出版社，2001.

[99] 滕星 . 文化变迁与双语教育 [M]. 北京：教育科学出版社，2001.

[100] 田夏彪 . 文化认同视域下的大理白族教育互补机制研究 [D]. 重庆：西南大学，2011.

[101] 童绍英 . 教育人类学视野传统文化传承与学校教育结合——以汤堆小学校本课程开发为例 [J]. 黑龙江史志，2008(12).

[102] [法] 涂尔干. 宗教生活的基本形式 [M]. 渠东，译. 上海：上海人民出版社，1999.

[103] 汪晖 . 现代中国思想的兴起 (上卷第一部)[M]. 北京 : 生活 · 读书 · 新知三联书店，2004.

[104] 王鉴 . 当前民族文化与教育发展所面临的主要问题及对策 [J]. 民族教育研究，2010(2).

[105] 王景 . 学校教育传承民族文化初探 [J]. 当代教育论坛，2009（1）.

[106] 王军 . 文化传承与教育选择 [M]. 北京：民族出版社，2002.

[107] 王铭铭 . 村落视野中的文化与权力：闽台三村五论 [M]. 北京：三联书店，1997.

[108] 王铭铭 . 社会人类学与中国研究 [M]. 北京：生活 · 读书 · 新知三联书店，1997.

[109] 王铭铭 . 想象的异邦——社会与文化人类学散论 [M]. 上海：上海人民出版社，1998.

[110] 王铭铭 . 教育空间的现代性与民间观念——闽台三村初等教育的历史轨迹 [J]. 社会学研究，1999（6）.

[111] 王彦达 . 全球化视野下民族文化传承与发展问题的几点思考 [J]. 中国民族，2004(11).

[112] 王若涵 . 脍不厌细：中国古代的食脍习俗小考 [J]. 文化透视，2010（6）.

[113] 王晓军 . 全球化背景下桂西南地区少数民族文化传承的几点思考 [J]. 桂林师范高等专科学校学报，2005(3).

[114] 乌兰杰 . 北方草原民族音乐文化传承交流中的整合现象 [J]. 音乐研究，2002(10).

[115] 伍雄武 . 论民族文化的多元融合——以白族文化为例 [D]. 昆明：云南师范大学，2002.

[116] 吴晓蓉 . 仪式中的教育：摩梭人成年礼的教育人类学分析 [D]. 重庆：西南大学，2003.
[117] 吴晓蓉 . 共生理论关照下的教育范式 [J]. 教育研究，2011(1).
[118] 肖永明，于祥成 . 书院的发展对地区文化地理格局的影响 [J]. 湖南大学学报（社会科学版），2008（9）.
[119] 谢雄洲 . 滇略・俗略 [M]. 昆明：云南人民出版社，2000.
[120] 徐嘉瑞 . 大理古代文化史稿 [M]. 北京：中华书局，1987.
[121] 薛丽娥 . 论学校教育传承少数民族文化机制的构建 [J]. 贵州民族学院学报（哲学社会科学版），2010（5）.
[122] 杨红梅 . 大理白族绕三灵中“执树舞”的文化解读 [D]. 武汉：中南民族大学，2011.
[123] 杨玲丽 . 共生理论在社会科学领域的应用 [J]. 社会科学论坛，2010（16）.
[124] 杨明宏 . 断裂与链接——少数民族地区学校教育少数民族传统文化传承之联动共生 [J]. 民族教育研究，2011（4）.
[125] 杨文辉 . 白语与白族历史文化研究 [M]. 昆明：云南大学出版社，2009.
[126] 杨瑞华 . 白族“绕三灵”起源考 [J]. 大理师专学报（哲社版），1993（2）.
[127] 杨镇圭 . 白族文化史 [M]. 昆明：云南人民出版社，2002.
[128] 杨政业 . 白族本主传说故事 [M]. 昆明：云南民族出版社，1999.
[129] 杨政业 . 大理文化管锥 [M]. 昆明：云南民族出版社，2004.
[130] 晏鲤波 . 少数民族文化传承综论 [J]. 思想战线，2007(3).
[131] 喻良其 . 白族舞蹈论 [M]. 昆明：云南民族出版社，2007.
[132] 禹志云 . 佛教与大理白族文学 [J]. 云南师范大学学报，2002（7）.
[133] 袁同凯 . 传统文化习俗与学校教育——教育人类学的视角 [J]. 西北民族研究，2009(1).
[134] 云南各族古代史略编写组 . 云南各族古代史略 [M]. 昆明：云南人民出版社，1977.
[135] 云南民间文学集成办公室 . 白族神话传说集成 [M]. 北京：中国民间文艺出版社，1986.
[136] 云南省少数民族古籍整理出版规划办公室 . 白文《山花碑》译释 [M]. 昆明：云南民族出版社，1988.
[137] 赵橹 . 白文“山花碑”译释 [M]. 昆明：云南民族出版社，1998.

[138] 赵世林 . 云南少数民族文化传承论纲 [M]. 昆明 : 云南人民出版社，2011.
[139] 赵寅松 . 白族的文化 [M]. 北京：民族出版社，2006.
[140] 赵泽生 . 大理白族自治州教育志 [M]. 昆明：云南民族出版社，1992.
[141] [美] 那培思，彭文斌 . 对云南大理白族的表述与自我表述的再思考 [J]. 赵玉中，蒋晓军，译 . 西南民族大学学报（人文社科版），2008（8）.
[142] 张爱琴 . 我国少数民族非物质文化遗产学校传承的政策分析 [J]. 民族教育研究，2010（1）.
[143] 张福孙 . 大理白族教育史稿 [M]. 昆明：云南民族出版社，2008.
[144] 张福三 . 论民间文化传承场 [J]. 民族艺术研究，2004(2).
[145] 张海超 . 空间视角下的白族本主庙与村庄的宗教生活 [J]. 云南社会科学，2011（4）.
[146] 张海超 . 白族民间忠义故事的历史人类学研究 [J]. 民族文学研究，2010（1）.
[147] 张海超 . 对明清白族本主庙碑文的历史人类学解读 [J]. 云南社会科学，2008（5）.
[148] 张丽剑 . 明代大理白族地区汉文化传播的主要途径之一——儒学教育 [J]. 云南教育学院学报，1999（2）.
[149] 张文勋 . 一个白族农村的教育变迁 [J]. 云南民族学院学报（哲学社会科学版），1998(2).
[150] 张文勋 . 白族文学史 [M]. 昆明：云南人民出版社，1983.
[151] [清] 张泓. 滇南新语［M］// 方国瑜 . 云南史料丛刊 (卷十一). 昆明：云南大学出版社，2001
[152] 张蓉蓉 . 教育与文化传承：贵州少数民族教育存在的两个问题 [J]. 贵州民族研究，2006(4).
[153] 张诗亚 . 祭坛与讲坛——西南民族宗教教育比较研究 [M]. 昆明：云南教育出版社，2001.
[154] 张诗亚 . 西南民族教育文化溯源 [M]. 上海：上海教育出版社，1994.
[155] 张诗亚 . 强化民族认同——数码时代的文化选择 [M]. 北京：现代教育出版社，2005.
[156] 张诗亚 . 和谐之道与西南民族教育 [J]. 西南大学学报 (人文社会科学版)，2007(1).
[157] 张诗亚 . 多元文化与民族教育价值取向问题 [J]. 西北师大学报 (社会科学版)，2005(6).

[158] 张霜．民族学校中的文化适应研究——贵州石门坎苗族百年学校教育人类学个案考察 [D]. 北京：中央民族大学，2008.

[159] 张锡禄．南诏与白族文化 [M]. 北京：华夏出版社，1992.

[160] 张锡禄．大理白族佛教密宗 [M]. 昆明：云南民族出版社，1999.

[161] 张锡梅．白族民间歌谣所体现的白族文学精神——以《鱼调》为例 [J]. 大理学院学报，2007（6）.

[162] 张旭．大理白族史探索 [M]. 昆明：云南人民出版社，1990.

[163] 张学强，许可峰．论“多元一体教育”的实质与我国民族教育的出路 [J]. 贵州民族研究，2007（5）.

[164] 张焰铎．说不完的大理 [M]. 昆明：云南少年儿童出版社，1999.

[165] 郑新刚．脍食文化论考 [J]. 语文学刊，2011（11）.

[166] 周祜．大理历史文化论集 [M]. 北京：中国社会科学出版社，1993.

[167] 周家瑜．佤族的原始宗教与民族文化传承 [J]. 楚雄师范学院学报，2005，20（2）：75–79.

[168] 中国少数民族社会历史调查资料丛刊修订编辑委员会．白族社会历史调查（四）[Z]. 北京：民族出版社，2009.

[169] 中国大百科全书出版社编辑部．中国大百科全书·教育卷 [Z]. 北京：中国大百科全书出版社，1985.

[170] 钟志勇．民族传统文化传承与教育现代化 [J]. 湖北民族学院学报（哲学社会科学版），2008，26(4)：25–28.

[171] 邹丽娟．多元文化互动语境下的大理白族传统习俗 [J]. 贵州民族研究，2009(2)：64–68.

[172] 庄孔韶．教育人类学 [M]. 哈尔滨：黑龙江教育出版社，1989.

[173] ANGELINA KEWAL RAMANI. Status & Trends in the Education of Racial & Ethnic Minorities[M]. DIANE Publishing，2007.

[174] BORMAN KATHRYN M，AMY E FOX，BRADLEY A U LEVINSON. Culture Production and Reproduction in Contemporary Schools[M]// Bradley A U Levinson,ed.，Schooling the Symbolic Animal：Special and Cultural Dimensions of Education. Lanham，M.D.：Rowan & Littlefield Publishers，2000.

[175] DOUGLAS FOLEY. The Rise of Class Culture Theory in Educational Anthropology[J]. The American Anthropological Association：Anthropology & Education Quarterly，

2010，41（3）：215-217.

[176] EISENHART M. New Directions in the Study of Culture, Learning, and [M]// Bradley A U Levinson, ed., Schooling the Symbolic Animal: Special and Cultural Dimensions of Education. Lanham, M.D.: Rowan & Littlefield Publishers, 2000.

[177] GEORGE DEARBORN SPINDLER. Education and Anthropology[M]. Stanford University Press, 1995.

[178] GEORGE DEARBORN SPINDLER, LOUISE S SPINDLER. Fifty Years of Anthropology and Education, 1950-2000: A Spindler Anthology[M]. Routledge, 2000.

[179] HANSEN M H. Lessons in Being Chinese: Minority Education and Ethnic Identity in Southwest China[M]. Hong Kong: Hong Kong University Press, 1999.

[180] HEATH S. What No Bedtime Story Means: Narrative Skills at Home and School[M]// Bradley A U. Levinson, ed., Schooling the Symbolic Animal: Special and Cultural Dimensions of Education. Lanham, M.D.: Rowan & Littlefield Publishers, 2000.

[181] HENRY T . TRUEBA. Multiple Ethnic, Racial, and Cultural Identities in Action: From Marginality to a New Cultural Capital in Modern Society[J]. Journal of Latinos and Education, 2002, 1（1）.

[182] HOLLAND, DOROTHY, NAONI QUIMN, eds. Cultural Models in Language and Thought[M]. Cambridge: Cambridge University Press, 1987.

[183] HUNTER A. Local Knowledge and Local Power: Notes on the Ethnography of Local Community Elites[M]. Hertz, Rosanna, and Jonathan B. Imber, eds. Studying Elites Using Qualitative Methods. Thousand Oaks, CA.: Sage Publications, 1995.

[184] JAMES A. Banks, Race[M]// Culture And Education: The Selected Works of James A. Banks[M]. London: Taylor & Francis press, 2006.

[185] Jing, Jun. The Temple of Memories: History, Power, and Morality in A Chinese Village[M]. California: Stanford University Press, 1996.

[186] KATHRYN M., ANDERSON-LEVITT. Anthropologies of Education: A Global Guide to Ethnographic Studies of Learning and Schooling[M]. Berghahn Books, 2001.

[187] KEVIN MICHAEL FOSTERA. Coming to terms: a discussion of John Ogbu’s

cultural - ecological theory of minority academic achievement[J]. In Intercultural Education, 2004, 15 (4).

[188] L. Guofang. Literacy, Culture and Politics of Schooling: Counter narratives of a Chinese Canadian Family[J]. In the American Anthropological Association: Anthropology & Education Quarterly, 2003, 34 (2): 182–204.

[189] OGBU, JOHN U. The Next Generation: An Ethnography of Education in An Urban Neighborhood[M]. New York: P. Lang, 1974.

[190] OGBU, JOHN U. Minority Education and Caste: The American System in Cross–cultural Perspective[M]. New York: Academic Press, 1978.

[191] OGBU, JOHN U. School Ethnography: A Multiple Approach[J]. In the American Anthropological Association: Anthropology & Education Quarterly, 1982, 13 (4): 290–307.

[192] OGBU, JOHN U. Cultural Discontinuities and Schooling: A Problem in Search of An Explanation[J]. In the American Anthropological Association: Anthropology & Education Quarterly, 1978,18 (4): 312–334.

[193] OGBU, JOHN U. Immigrant and Involuntary Minorities in Comparative Perspective[M]// Gibson Margaret A. and John U., Ogbu, eds. Minority Status and Schooling: A Comparative Study of Immigrant and Involuntary Minorities. New York: Garland, 1991.

[194] OGBU, JOHN U. Understanding Cultural Diversity and Learning[M]// In Bradley A. U. Levinson, ed., Schooling the Symbolic Animal: Special and Cultural Dimensions of Education. Lanham, M.D.: Rowan & Littlefield Publishers, 2000.

[195] RICHARD H. THOMPSON. Basing Educational Anthropology on the Education of Anthropologists: Can Bilingualism and Biculturalism Promote the Fundamental Goals of Anthropology Better than Multiculturalism?[J]. In the American Anthropological Association: Anthropology & Education Quarterly, 2003,34 (1): 96–107.

[196] WALTER E. HARPER (Jr). Educational and Social Worlds in Context: An Anthropological Study of an Urban Elementary School Fifth Grade Classroom[M]. Brown University Press, 2006.

[197] YOUNG PAI, SUSAN A. ADLER, LINDA SHADIOW. Cultural foundations of education[M]. Pearson/Merrill/Prentice Hall, 2006.

附　录

附录一　湾桥白族文化传承调查提纲

一、调查地点

本次考察以大理市湾桥镇为考察地点，选择湾桥镇的上湾村、古生村、下阳溪、上甸村、石岭村、云峰村、钏邑为考察点。其中，上湾村是湾桥镇的中心村落，村落历史悠久，是镇文化教育中心，也是坝区稻作型村落的代表；石岭村是融合了坝区稻作和湖滨渔业特色的村落；古生村是由传统的渔村转为旅游开发区的代表村落；云峰村是丘陵稻作村落的代表。村落的选择是根据湾桥镇环境和文化类型的立体分布的特色，按照国内通用的对民族地区经济文化类型的划分选择的，力图能较为全面地考察湾桥镇的白族文化。

表附录 -1 为主要调查地地名汉白对照表。

表附录-1　主要调查地地名汉白对照表

汉语地名	白语地名	地名含义
上湾村	斗耶	上边的村子
古生村	告亥	放生之地
下阳溪（羊溪）	耳企	溪边放羊之地
上甸村	剥蔑登	溪旁边的平地

汉语地名	白语地名	地名含义
石岭村	邹耳	水边石崖
云峰村	摩用	母亲之地
钏邑	寸耶	钏姓的村子

二、调查内容

（一）考察点概况调查

1．社区背景（概况）（文献、访谈）

（1）村落的形成与历史沿革（口述史及地方史志）。

（2）民族、语言（语言调查表另附）。

（3）人口构成与分布、人口流行的情况、族际关系、生计类型。

（4）自然地理特征与自然资源（包括气候资源、耕地资源、林地资源、水资源、动植物资源等）。

2．村落管理访谈提纲

访谈的主要对象是现任的和已退休的村落管理者（村长、族长），访谈的问题大致如下。

（1）村址的选择标准与方法（包括风水观、占卜法等）。

（2）村落的布局与规定（包括家族的分布状况、民居和公共设施的分布格局以及这些分布是按什么原则进行的等）。

（3）公共建筑及用地的管理（如学校、戏台、魁阁、打场、庙宇、宗祠、灌溉渠、医院、墓地等及用地的管理）。

（4）村落的防火、防洪设施及措施。

（5）村落的救助方法。

（6）村落冲突的调节（包括村与村之间和村落内部冲突等）。

（7）村规民约。

（8）村寨传统管理机制以及这些机制的演变情况和原因（包括族长制、生产队、村民委员会等决策机制的演变）。

（二）民俗活动

1. 生计方式（简单的访谈）

这部分主要专门访谈每个村委会相关人员。

（1）耕种技术（包含人均耕地面积、主要的农作物、收成情况等）。

（2）饮食风俗（包括主食的种类、主食的加工方式、肉食蔬菜的种类、茶酒饮料的种类及其加工等）。

（3）贸易活动（贸易商品的种类、集市的分布及具体情况等）。

（4）畜牧养殖业（主要的饲养什么动物、收入情况等）。

（5）森林资源利用与管理。

（6）手工业（有哪些手工业、收入情况等）。

（7）渔业活动（捕鱼的方式、收入情况等）。

2. 礼俗的访谈提纲

（1）诞生和命名习俗。调查中包括举行诞生礼和满月礼的时间、地点、参与者、仪式的过程以及习俗和禁忌。命名的习俗主要包括命名有什么规则？谁给婴儿取名？命名仪式在什么地点举行？什么时候命名？

（2）成年礼。成年礼举行的时间（多少岁？在哪个季节举行？）；谁主持成年礼；成年礼举行的地点（家中还是社区中的公共场所）；举行成年礼时宣讲的内容；有没有专门的“考验”方式。

（3）婚礼。主要考察婚礼日期的选择；婚礼物品（包括礼服、嫁妆、证婚人的邀请、彩花松枝楼的搭建等）的准备；婚礼的日程安排；婚礼中的仪式；迎娶的过程；婚宴中吃什么、有何讲究、闹房习俗以及婚礼后的活动（如压箱底、会亲、回门等）。

（4）寿礼。主要考察什么年龄的老人可以办寿礼、寿礼的仪式、寿宴要求等。

（5）葬礼。调查内容：关于死后世界的各种信仰；去世前有什么特殊的习俗和禁忌；遗体的处理和安置（如遗体停放在什么地点、有什么特殊的标志、如何报丧、来奔丧的人与死者家庭的关系、奔丧的过程等）；如何守灵、需要多长时间；送魂与招魂仪式；入殓的习俗；送葬的习俗（如送葬时间、送葬队伍的组成等）；丧葬的类型及其各种习俗（如土葬、火葬等，不同的类型中还有若干具体规定，在调查中要认真询问和观察）；葬后祭祀；等等。在上述内容的调查中还要特别注意分清不同死亡类型的不同丧葬习俗，如正常死亡的、非正常死亡的，其丧葬习俗中有哪些异同。

表附录 -2 为湾桥白族人生礼俗调查统计表。

表附录-2　湾桥白族人生礼俗调查统计表

		习　俗	禁　忌
出生礼	诞生礼		
	满月礼		
	赐名礼		
成年礼			
婚礼			
寿礼			
葬礼			

3．生活习俗及其传承概况访谈提纲

此部分主要根据笔者自身的生活经历以及对村中重要的村老的访谈而搜集的资料，主要调查的主题包括以下几方面。

（1）穿戴习俗。当地传统的服饰主要采用什么原材料？不同性别、不同年龄的服饰特征是什么？已婚和未婚的服饰在颜色和款式上有什么区别？在不同的场合服饰的穿着有什么特别的规定？女性服饰及其装饰物包含的文化意义是什么？是否喜欢穿着民族服装？

（2）饮食习俗。主要的食物种类；食物的传统保存技术；酿酒的工艺；在各类节日、仪式中有哪些特殊的食品；饮食方面都有哪些禁忌，这些禁忌与民族、宗教、文化有什么联系；宴席有什么讲究，如主人、客人、小孩、妇女、老人等如何排座，席间有什么习俗，以前的习俗和现在的习俗有什么不一样，是如何学习到关于饮食习俗的知识的。

（3）居住习俗。其主要包括如何选址；当地的住屋以什么形式为主；是以户为单位的小型房屋，还是以家族为单位的大型房屋；房屋的具体建筑形式是什么；水泥平房、四合院还是传统木石结构的三坊一照壁；房屋的装饰方法；房屋的结构与功能。在调查中要特别详细地了解居住习俗是怎样延续下去的。

（三）村落中的宗教文化及其传承

1. 宗教信仰调查表

附录表 1–3 为白族村落的宗教文化调查表。

表附录–3　白族村落的宗教文化调查表

	位　置	建筑年代	供奉对象	一年中的主要活动			
				活动名称及由来	日期	参与者	活动内容
本主庙（四座）							
佛寺（两座）							
宗祠（四座）							
土地庙（两个）							
山神庙（两个）							
其他							

2. 宗教信仰的访谈提纲

（1）村庙中的本主名讳是什么？有什么来历？有哪些跟本主有关的神话故事？这些故事在什么场合讲？年轻人爱不爱听？

（2）本主庙中的祭祀活动一般有哪些？有谁参加？由谁主持？村落中有什么样的宗教组织？会组织什么样的活动？

（3）村中有没有宗祠？宗祠里什么时候举行祭祀？有谁参加？家庭中有没有神位？家祭的过程是怎样的？

（4）山神、牧神、龙王、土地公、老太（生殖神）、树神等，有关这些神灵的传说及其祭拜仪式。

（5）日常生活中还有些什么神？各种神有什么传说？这些神以及祭神的仪式是否还存在？

（6）有没有巫术？巫术活动在什么时候进行？搜集记录仪式的全过程，了解有多少传统的宗教仪式消失了，有多少还保存着。

三、调研的日程安排

附录表 1–4 为调研的日程安排表。

表附录–4　日程安排表

调查日期	工作事项
2013.6—2013.7	持续时间：五周
	调查地点：上湾、石岭、古生、云峰、下阳溪
	调查内容：村落环境、生计方式、家庭生活、婚姻、宗教信仰等的概况。重点调查了其中的烤烟生产、捕鱼、集市贸易、婚俗、葬礼、火把节、中元节
2013．9	持续时间：一周
	调查地点：上湾、钏邑
	调查内容：秋收、中秋节，本主庙中莲池会和洞经会的活动
2013.12	持续时间：四周
	调查地点：湾桥中心完小、湾桥保中中学
	调查内容：学校的教学活动、教师和学生的日常生活、学校运动会和元旦联欢会，教师和学生访谈
2014.3—2014.5	持续时间：7 周
	调查地点：上湾、古生
	调查内容：以湾桥白族的重要节庆为主，包括“三月三”保和会、“绕桑林”活动、“四月十五”蝴蝶会，并访谈民间艺人，搜集民间的传说故事
2015.2—2015.3	持续时间：4 周
	调查地点：上湾、古生、下阳溪
	调查内容：以湾桥白族的宗教生活以及仪式为主，全程参与上湾村“接本主”仪式和古生村的祭洱海仪式，访谈相关人员

附录二 主要访谈人信息

1. YZL，女，白族，1929 年生，湾桥古生村人，古生村“莲池会”的“经母”。

访谈时间：2013 年 8 月 12 日、2014 年 5 月 13 日、2014 年 7 月 13 日、2014 年 8 月 17 日。

访谈地点：古生村福海寺。

访谈内容：古生村村落沿革；庙宇、家庭、地域等的变迁；村落传说；村落妇女生活个人口述史；个人学经历程、“莲池会”经文、莲池会会期、庆典、祭祀仪式及家庭日常事务；等等。

2. YJZ，女，白族，1936 年生，湾桥古生村人。

访谈时间：2013 年 6 月 14 日。

访谈地点：古生村 YJZ 家中。

访谈内容：家族历史；家族事务管理；个人口述史；家庭经营及分家；庙宇、家庭及土地使用状况的变迁；“莲池会”组织与活动；等等。

3. HJX，女，白族，1940 年生，湾桥古生村人，古生村“莲池会”的“经母”。

访谈时间：2014 年 7 月 6 日。

访谈地点：古生村福海寺。

访谈内容：古生村村落沿革；庙宇、家庭、地域等的变迁；村落传说；村落妇女生活个人口述史；个人学经历程、莲池会经文、莲池会会期、庆典、祭祀仪式及家庭日常事务；等等。

4. ZYL，女，白族，1940 年生，湾桥上湾村人，上湾村本主庙的庙祝。

访谈时间：2014 年 8 月 4 日。

访谈地点：上湾村 ZYL 家中。

访谈内容：上湾村村落沿革；庙宇、家庭、土地等的变迁；本主传说；村落妇女生活个人口述史；个人学经历程、莲池会经文、各种会期；庆典、祭祀仪式及家庭日常事务；等等。

5. HMX，男，白族，1952 年生，湾桥向阳溪村人。湾桥地区远近闻名的塑佛匠人。

访谈时间：2014 年 8 月 17 日。

访谈地点：向阳溪村 HMX 家中。

访谈内容：地方传说、历史沿革、村落历史、个人口述史、土地种植、本主庙修建、村落祭祀仪式“耍香龙”、本主节、中元会、家庭日常生活等。

6. ZFX，男，白族，1949 年生，湾桥向阳溪村人，向阳溪村“洞经会”会长。

访谈时间：2013 年 8 月 13 日、2014 年 7 月 22 日。

访谈地点：向阳溪村 ZFX 家中，即本主庙内。

访谈内容：向阳溪村历史沿革、洞经会的组织和管理、洞经会参与的村落祭祀仪式、洞经会经文及谈经、洞经会社会活动和影响力等。

7. ZZC，男，白族，1940 年生，湾桥上湾村人，上湾村老人协会会长。

访谈时间：2013 年 8 月 27 日。

访谈地点：上湾村村老年协会。

访谈内容：地方传说、历史沿革、村落历史、个人口述史、土地种植、本主庙修建、村落祭祀仪式“耍香龙”、本主节、中元会以及村社组织的组织和管理、村落祭祀仪式等。

8. ZWC，男，白族，1945 年生，湾桥石岭村人。

访谈时间：2014 年 7 月 15 日。

访谈地点：石岭村 ZWC 家中。

访谈内容：地方传说、历史沿革、村落历史、个人口述史、土地种植、本主庙修建、村落祭祀仪式“耍香龙”、本主会、中元会、家庭日常生活等。

9. ZTB，男，白族，1956 年生，湾桥石岭村人，石岭村第 4 村民小组组长。

访谈时间：2014 年 8 月 10 日。

访谈地点：石岭村 ZTB 家中。

访谈内容：村落基本情况、村落日常管理、村落节庆活动的组织和参与、对湾桥白族文化的评价及看法等。

10. ZYB，男，1953 年生，湾桥石岭村人。

访谈时间：2013 年 8 月 23 日。

访谈地点：石岭村 ZYB 家中。

访谈内容：村落捕鱼传统、家庭教育、日常家庭经营及对白族传统文化的评价及看法等。

11. HXZ，女，白族，1958 年生，湾桥石岭村人。

访谈时间：2014 年 7 月 5 日。

访谈地点：石岭村 HXZ 家中。

访谈内容：村落妇女入会仪式、学习经文、“本主节”祭祀仪式、大家庭分家、小家庭的家庭经营、娘家与婆家关系、日常家庭事务等。

12. HJM，女，白族，1953 年生，湾桥甸中村人。

访谈时间：2014 年 5 月 12 日、2014 年 7 月 6 日。

访谈地点：甸中村本主庙。

访谈内容：村落日常祭祀仪式、节庆会期、家庭教育、大家庭分家及日常家庭事务等。

13. LSF，女，白族，1953 年生，湾桥甸中村人。

访谈时间：2013 年 8 月 24 日。

访谈地点：甸中村本主庙。

访谈内容："本主"祭祀仪式、大家庭分家、小家庭的家庭经营、娘家与婆家关系、日常家庭事务等。

14. ZSS，男，白族，1983 年生，湾桥上湾村人。

访谈时间：2014 年 7 月 9 日。

访谈地点：上湾村 ZSS 家中。

访谈内容：大家庭分家、个体家庭经营、生计方式、现代婚姻礼仪、饮食习惯以及对白族传统文化的看法及评价等。

15. HYC，男，白族，1932 年生，湾桥南庄村人。

访谈时间：2014 年 8 月 12 日。

访谈地点：南庄村老年协会内。

访谈内容：地方传说、历史沿革、村落历史、个人口述史、土地种植、本主庙修建、村落祭祀仪式"耍香龙"、本主节、中元会，以及村社组织的组织和管理、村落祭祀仪式等。

16. YCS，男，白族，1958 年生，湾桥佛堂村人，湾桥大本曲艺人。

访谈时间：2012 年 4 月 25 日。

访谈地点：佛堂村 YCS 家中。

访谈内容：湾桥大本曲的历史、湾桥大本曲的曲调、唱本、演唱技艺、演唱者培养等，以及村落的历史、湾桥白族的族源等。

17. ZFY，男，白族，1935 年生，湾桥云峰村人，湾桥竹编艺人。

访谈时间：2013 年 8 月 12 日。

访谈地点：云峰村 ZFY 家中。

访谈内容：湾桥竹编手工艺的历史、个人学艺的经历、竹编的种类与用途以及竹编手艺的传承等。

18. DRL，女，白族，1937 年生，湾桥云峰村人。

访谈时间：2014 年 7 月 18 日。

访谈地点：云峰村 DRL 家中。

访谈内容：家庭教育、家庭经营、莲池会日常活动、祭祀仪式及其节庆活动等。

19. HH，男，白族，1968 年生，湾桥钏邑人，湾桥文化站站长。

访谈时间：2014 年 7 月 18 日。

访谈地点：湾桥镇文化站内。

访谈内容：湾桥的民间故事、歌谣、传说、湾桥白族文化保存的现状、湾桥的文物古迹等。

20. DFZ，女，1948 年生，湾桥上湾村人。

访谈时间：2014 年 5 月 2 日。

访谈地点：上湾村 DFZ 家中。

访谈内容：家庭教育、家庭经营、“莲池会”日常活动、祭祀仪式及其节庆活动等。

21. HYX，女，白族，1961 年生，湾桥中庄村人，湾桥著名的刺绣能人。

访谈时间：2014 年 7 月 6 日。

访谈地点：中庄村 HYX 家中。

访谈内容：湾桥白族刺绣的特点、常用的纹样、刺绣的用途等；大家庭分家、小家庭的家庭经营及日常家庭事务等。

22. ZCL，女，白族，1973 年生，湾桥南庄村人，湾桥完小教师。

访谈时间：2014 年 7 月 5 日。

访谈地点：南庄村 ZCL 家中。

访谈内容：小学教育、家庭教育、家庭经营以及对白族传统文化的看法。

23. DPF，男，1965 年生，湾桥保中中学校长。

访谈时间：2014 年 6 月 27 日。

访谈地点：保中中学校长办公室。

访谈内容：学校教育、双语教育、家庭教育、社会文化的概况以及对白族传统文化的看法。

24. YDF，女，1968 年生，湾桥大宁邑人，湾桥“杨老三饭店”老板。

访谈时间：2014 年 6 月 27 日。

访谈地点：大宁邑 YDF 家中。

访谈内容：湾桥生皮、家庭个体经营及湾桥的旅游发展等。

25. HFX，女，白族，1984 年生，湾桥南庄村人，湾桥镇副镇长。

访谈时间：2014 年 7 月 18 日。

访谈地点：湾桥镇政府内。

访谈内容：村落历史、村落史志、村落民族文化保护、村落科教文卫事业等。

26. ZYH，女，白族，1968 年生，湾桥大宁邑人，湾桥白族调歌王。

访谈时间：2014 年 5 月 26 日。

访谈地点：大宁邑 ZYH 家中。

访谈内容：湾桥白族调的种类、唱法、传承人培养以及湾桥的民歌协会和三月三歌会的状况等。

27. YYQ，女，白族，1976 年生，湾桥北甸村人，北甸村霸王鞭舞蹈队队长。

访谈时间：2014 年 7 月 6 日。

访谈地点：北甸村 YYQ 家中。

访谈内容：白族“绕桑林”和“霸王鞭”舞的历史、传承的现状等。

28. HF，男，白族，1947 年生，湾桥向阳溪村人，湾桥杨氏家族族长。

访谈时间：2014 年 7 月 25 日。

访谈地点：向阳溪村 HF 家中。

访谈内容：向阳溪杨氏家族的历史、村落的历史、家族事务管理、杨黼的事迹以及对白族文化的看法等。

29. HYJ，女，白族，1982 年生，湾桥杨家登人。

访谈时间：2014 年 8 月 24 日。

访谈地点：杨家登 HYJ 家中。

访谈内容：湾桥旅游业发展、家庭经营、个人经历、关于本主祭祀口述等。

30. ZGZ，男，白族，1953 年生，喜洲庆洞庄人，庆洞庄神都本主庙庙管会会长，曾担任庆洞庄村委会主任。

访谈时间：2014 年 4 月 23 日、2014 年 5 月 5 日。

访谈地点：喜洲庆洞庄 ZGZ 家中。

访谈内容：地方传说、历史沿革、“绕三灵”节日以及对村落白族文化的看法与评价等。

附录三 湾桥白族“桑林舞”

图附录 -1 等候开演

图附录 -2 执树开嗓

图附录 -3 对歌

图附录 -4 “霸王鞭舞”起跳

图附录 -5 “霸王鞭舞”动作 1

图附录 -6 “霸王鞭舞”动作 2

图附录 -7　霸王鞭舞动作 3

图附录 -8　霸王鞭舞动作 4

图附录 -9　霸王鞭舞结束动作

图附录 -10　舞者换上扎染帕

图附录 -11　轮流对唱及合唱

图附录 -12　执树舞

附录四　湾桥本主节仪式①

图附录 –13　仪式前清扫本主庙

图附录 –14　预备本主华盖

图附录 –15　点门口大香

图附录 –16　唱诵本主神话

图附录 –17　焚香祝祷

图附录 –18　演奏洞经乐

① 部分图片来源于网络。

图附录 -19　唱诵本主祭文

图附录 -20　接驾仪仗队出发

图附录 -21　护送队伍出发

图附录 -22　护送队过桥

图附录 -23　接驾仪仗队到达约定地点

图附录 -24　两队汇合

图附录 -25　洞经会老人接驾

图附录 -26　莲池会老人接驾

图附录 -27　本主轿辇

图附录 -28　本主起驾

图附录 -29　回村途中祭山神

图附录 -30　沿途路祭的老人

图附录 -31　仪仗队进村

图附录 -32　到达本主驻跸地

图附录 -33　本主落轿安顿

图附录 -34　莲池会诵经

图附录 -35　女性主祭人

图附录 -36　男性主祭人

图附录 -37　祭拜本主

图附录 -38　跪接本主

图附录 -39　主祭人祝祷

图附录 -40　莲池会沿途拜祭

图附录 -41　仪仗队到达本主庙

图附录 -42　本主神像进庙

后 记

三月的校园里，樟树的嫩芽缀满枝头。我的论文也接近尾声了，心境便也如这三月天气般舒缓明亮起来。在断断续续的近两年的写作中，紧张、亢奋、焦虑不安等诸多的情感充斥着我的头脑。对于我来说，写作是紧张而枯燥的，但思考是一个痛并快乐着的过程，看着日渐增多的文字，心中不由泛出丝丝喜悦来。

掩卷之际，回首六年的求学生涯，那些曾经的酸甜苦辣都已过去，心境终归平和坦然。考博的艰难历程、学习的紧张而又欢乐的场景以及曲折的开题过程，幕幕场景似乎还在眼前。在这六年里经历的一切，我心怀感激。首先感谢我的导师。先生是位严师，也是位慈父，他不仅学识渊博，且为人豪迈正直，真性真情，得以师从先生，是我此生之幸。这种庆幸也给我带来了无形的压力感，时常深恐有负先生的期望。我不敢有违先生的嘱咐，也时常督促自己要勤奋学习，然而中途有些迷路，幸而能时时得到先生的指引，重拾信心，坚持前行。感谢导师这六年里的不嫌弃和不放弃，与我耐心剖析选题之关键，指明研究之方向；感谢先生在我有过退缩、无奈甚至放弃的念头的时候，及时鼓励、指点迷津，使我一路坚持了下来。先生的谆谆教诲，我铭记于心。

我感谢在读期间所有给予我帮助的老师。在学期间，感谢诸位教授的辛苦教诲，他们的课程知识丰富、见识卓越，时时激发我的思考，拓展了我的视野，让我获益匪浅。感谢开题过程中教授“狠批”，为我提出了建设性的意见，诸位老师犀利的批评和中肯的建议督促我不断地思考自己的选题，一步步向前走。我衷心地感谢中心的各位老师，感谢他们对我的关心和帮助。

本研究得以顺利进行，离不开许多基层单位的支持。感谢湾桥镇人民政府为本研究提供的诸多便利，感谢湾桥保中中学的师生们、湾桥各村的白族乡亲们以及莲池会老奶奶们与洞经会的老爷爷们，在调研过程中，他们的信任、善意和热心给我很大的支持，他们不厌其烦地为我讲解，还不断地给我出主意，让我获得更多的资料。

我还要感谢我的同窗好友，三年多的时间里，我们一起学习，一起思考，一起流泪，一起欢笑。说乎斋小办公室里的讨论、桃花山的豌杂面……都是美好的回忆。我们一起走过了这段难忘的岁月，与你们的同窗之谊、手足之情我必将铭记一生。同时，我要特别感谢我的室友，我最亲密的战友和闺蜜，感谢你在最艰难的时期与我同行，给我鼓励和安慰，并不厌其烦地帮我改格式、理思路。还要特别感谢师兄们，谢谢你们对我的无私帮助。也感谢几位热心的研究生助管小师妹，谢谢你们帮我处理了许多烦琐的事情。

最后，感谢我的家人。谢谢爸妈和公婆对我的默默支持，谢谢他们以年迈之躯费心费力帮我操持家务、照顾小孩。感谢老公的理解、信任和陪伴，陪我去调研，还忍受我的坏脾气，包容我的坏毛病，感谢小家伙在我困顿时候的那一声“妈妈加油”。感谢大弟和弟媳的理解与担当，不辞劳苦，独自带小弟四处求医。感谢小弟的坚强与乐观，在病痛之余还开解我心怀。感谢他们在最艰难的日子里给予我爱和阳光，给我信心和鼓励，让我勇敢前行。

博士学习过程中的风风雨雨锤炼了我的心智，对我来说这是莫大的财富，在未来的人生路上，我将不再畏惧任何艰难险阻。本书虽然还有很多不足之处，但且将这作为博士研究生学习与生活的一个交代，告别人生的一个小阶段，然后再重新启程。

丙申年初春于重庆